History of
Economics

学ぶほどおもしろい

経済学史

木村雄一・瀬尾 崇・益永 淳

晃洋書房

はしがき

　経済学史は，大学等で「経済学説史」や「(現代)経済思想史」といった科目名で開講されていることも多い．経済学説史は，経済学の理論的側面の歴史的変遷に焦点をあてるものであるのに対し，経済思想史は，経済学の歴史の思想的側面に注目するものであるが，広義においては同じものである．

　この経済学史の教科書を編もうとした問題意識を述べておくならば，ミクロ経済学・マクロ経済学・政治経済学という理論系科目をしっかりと理解するためには，それらの背景にある経済学説や経済思想をある程度理解しておくことが重要ではないか，ということである．例えばミクロ経済学では，需要曲線と供給曲線が描かれ，均衡取引量と均衡価格がどのように決まるかについて，マクロ経済学では国民所得をはじめとする様々なマクロ経済変数がどのように決まるかについて，理論的・思想的背景はほとんど学ばないだろう．世界的に標準化された教科書を用いて，体系的かつほぼ無批判的に理論を学ぶ（あるいは暗記する）ことが中心である．しかし，こうした体系的な理論がどのように成立しているのか，どのような問題意識で提唱されたのか，といった本質的な問いかけを行うことは，重要なことではないだろうか．

　アダム・スミスやリカードウ，ケインズといった経済学者の理論や思想をロジックとして理解していけば，多少の数学的知識は必要であるが，ミクロ経済学やマクロ経済学の理解は格段に深まる．ミクロ経済学やマクロ経済学のように表舞台に立つ学問に対して，経済学史は，舞台の裏方もしくは楽屋から理論や政策が生まれた背景や経済学者の人物像を語りながら経済学全体を俯瞰する学問である．そのため経済学史は，補完的な分野であるというよりも，経済理論をよりよく理解するための特別な「クラウン（王冠）」なのである！

　このように本書は，ミクロ経済学・マクロ経済学・政治経済学等の，経済理論の発展や変遷を様々な角度から眺めることで，一つ一つの理論の意義やつながり，理論の背後にある思想や歴史を，図や表を用いて，理論的・歴史的・体系的に学ぶことができるように編まれた経済学史の教科書である．本書の全体は，第Ⅰ部：古典派経済学の生成と展開，第Ⅱ部：近代経済学の生成と展開，第Ⅲ部：現代の異端派経済学の諸潮流，参考文献，用語集，年表，索引から構

成されている．各々の章は，できるかぎり図や表を用いて，理論体系の説明に
スペースを割きつつ，密接に関連づけて学べるように工夫しているので，どの
章からでも独学で読み進めて学ぶことができる．また専門用語は，本文中で基
本的に説明されているが，追加の説明が必要な用語については，巻末に「用語
集」としてまとめてある．参考文献は，各自一次文献に当たることができるよ
うに，一次文献（原典の邦訳）と二次文献（原典に関連する解説書）に分けて記載
しているが，原典は表記していない．また，専門論文のように，本文中で参考
文献に言及して示すことは最小限にとどめている．本文中に明記されていない
が，この教科書を執筆する際に依拠した参考文献はすべて巻末にまとめている．
　それでは，ようこそ経済学史の世界へ！

　　2021 年 10 月 30 日

　　　　　　　　　　　　　　　　　　　　　　　　　　　　　著　者

● **第 II 部　近代経済学の生成と展開** ●

イラスト　立川 小夜仔（ashino farm）

第 I 部

古典派経済学の生成と展開

第1章 アダム・スミス以前の経済思想
——重商主義・重農主義・その他の諸思想——

は じ め に

　この章では，アダム・スミスの『国富論』（1776 年）以前の多様な経済思想を学ぶ．その代表格は重商主義と重農主義である．しかしこの時期には，経済に関する他の見方・考え方も現れた．これらの経済思想を知ることは，経済学の歴史を深く理解するために役立つ．

　経済学の主な考察対象は，経済が市場を中心に回る市場経済である．ここで市場経済は，「しじょう」経済と読む．だが市場には「いちば」という読み方もあり，これら二つは時に区別して用いられる．魚市場や花市場のように，モノを売り買いする具体的な目にみえる場所を指す場合，「いちば」と読むことが多い．他方，株式市場や外国為替市場のように，価格変動を通じて需要と供給を調整する抽象的な目にみえないメカニズムが強調される場合，「しじょう」という読み方が使われる．

　この区別に基づくと，中世以前の市場（しじょう）の存在感は極めて薄かった．というのも当時は自給自足が基本であり，それで賄えないものを市場（いちば）における交換によって入手するのが通例だったからである．価格はしばしば支配者によって恣意的に決められたし，経済全体でみた場合に自由な売買が行われることもなかった．しかし，農具の改良などに伴う農業生産力の増加につれて，以前よりも少ない数の農業従事者で十分な食料が生産できるようになった．その結果，手工業や商業に専門的に従事する職人や商人が増え，都市が発達した．彼らは，自分の職業で稼いだお金で食料のような生活に必要なものを交換によって獲得した．一国内においても，一国と他の諸国との間においても，交換の範囲が徐々に拡大していった．こうして，単なる交換の場としての市場（いちば）をこえた経済を動かす原理としての市場（しじょう）の作用を考察する条件が歴史的に整う．

　それ以前の経済の支配的な原理は，伝統（慣習）か命令（勅令）であった．何

3

をどれくらい生産するか，社会に必要な仕事をどのように割り振るかという経済問題に対して，伝統という原理は，先祖代々のやり方や仕事の継承という形で対処する．経済が命令という原理で動く場合，これらの経済問題は支配者の意向によって決められる．他方，経済が市場(しじょう)という原理で動く時，何をどれだけ生産するか，どんな仕事に就くかは昔からの慣習や誰かの命令ではなく，人々の自由に任せられる．その場合，一見すると人気のモノや仕事に人々が集中して社会がうまく回らないと感じるかもしれない．だが第2章でみるように，市場(しじょう)という原理で動く経済では，人々が自己利益によって自由に活動する結果として社会全体の利益も実現されるのである．

　中世の末から18世紀後半ごろまでに，イギリスでは単なる市場(いちば)から市場(しじょう)を中心とする経済に移り変わりつつあった．少し遅れて，フランスやドイツなどがそれに続く．こうした時期の支配的な経済思想として，重商主義と重農主義が特に重要である．

①　重商主義の特徴とヒュームの批判

(1) 重商主義とは

　重商主義とは，スミスが『国富論』第4編で自分の考えに反する経済政策思想を指すためにつくり出した用語であった．スミス自身は，その例としてトマス・マン（1571〜1641年）の死後に出版された『外国貿易によるイングランドの財宝』（1664年）を挙げている．だが現在では，国民国家の形成と関連づけてもう少し広い意味で重商主義を理解している．中世の時代には，公爵領や伯爵領などの領地がひしめきあっていた．それらをイギリスやフランスのような国民国家にまとめ上げていく際に，国境の画定，国内制度の整備および国力の増強が求められた．当時は戦争によって容易に領土が変更される時代であり，国力は何よりも軍事力とそれを支える経済力によって左右された．そこで広い意味での重商主義とは，こうした時代に国力増強をはかるために唱えられた諸政策の基礎となる思想を意味する．

(2) 重商主義の特徴

　他国に負けない軍事力をもつためには，兵隊の数（人口）や最新の武器・軍事施設が必要である．武器の入手や軍事施設の建設のためには，多くの金銀貨

幣をもたなければならない．こうして重商主義では，一般に富を金銀貨幣と考えるようになる（**重金主義**）．

　金銀貨幣は，鉱山で採掘された金銀からつくられる．だが鉱山をもつ土地は量的に限られる以上，土地の征服は金銀の一般的な獲得方法ではない．そこで，当時のイギリスやフランスは貿易に力を入れた．外国から買う分よりも外国に売る分を増やせば，その差額だけ外国から金銀を獲得できるからである．こうして重商主義では，貿易差額（貿易収支）の黒字化が重視された（**貿易差額主義**）．

　金銀貨幣を富とみなす認識と貿易差額の重視が重商主義の根幹である．そこから派生して，重商主義には以下の特徴もある．貿易は自国と外国との間のモノの売買だから，重商主義では富である金銀貨幣が（生産過程ではなく）**流通過程**から生ずると把握された．そして貿易によって富である金銀貨幣をできるだけ多く獲得するためには，外国に売れるモノが国内に存在しなければならない．こうして重商主義では，国内産業の振興の他に，安価な原料の調達先や自国商品を高く売りつける市場として**植民地の獲得**が重要になる．例えば，18 世紀後半の七年戦争やアメリカ独立戦争などの大きな戦争は，この考え方に起因していた．また，輸出と輸入の差額つまり貿易差額の黒字を維持・拡大させるために，重商主義では輸出補助金や輸入制限のような**保護貿易政策**も唱えられた．

（3）ヒュームの貨幣数量説と貿易差額説批判

　18 世紀後半以降，国力増強に関する重商主義思想への批判が強まっていった．その一例として，デイヴィッド・ヒューム（1711〜1776 年）の貨幣数量説を取り上げよう．

　貨幣数量説とは，貨幣量の増減が諸商品価格（物価）の騰落をもたらすという学説である．この学説自体は，アメリカからの金銀の略奪・流入を背景として 16 世紀のスペインですでに唱えられていた．しかしヒュームはこの貨幣数量説を用いて，人口と生産活動が順調な国では貿易差額の赤字を懸念する必要はないと主張したのである（図 1-1）．

　輸出よりも輸入が上回り，貿易差額主義をとる重商主義者が恐れるように金銀が外国に流出すると仮定しよう．この場合，貨幣量の減少に比例して貨幣の価値は上昇し，諸商品の価格は下落する（貨幣価値の上昇分だけ諸商品は以前よりも少ない貨幣量，つまり低価格で購入できる）．諸商品価格が下落すれば，輸出は増加して輸入は減少する．その結果，輸出が輸入を上回り，外国から金銀が流入す

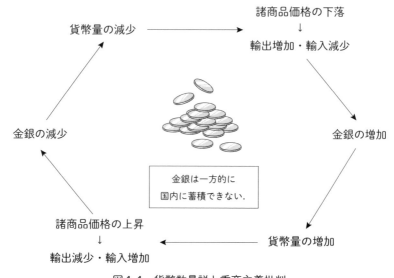

図 1-1　貨幣数量説と重商主義批判

出所）筆者作成.

る．しかし，それにより貨幣量が増加すれば貨幣の価値が低下し，諸商品価格は上昇する．それは輸出減少と輸入増加を引き起こし，金銀の流出を招く．以後，同様のことが繰り返される．

　この議論で重要なのは，一国に金銀が一方的に流入し続けることはないし，一国から金銀が一方的に流出し続けることもない，という点である．ここでヒュームの貨幣数量説は，富を金銀貨幣とみなし，人為的な保護貿易政策によって貿易差額の黒字化を実現しようとした重商主義を批判する役割を果たしていた．

(4) 機械的数量説と連続的影響説，貨幣の中立性

　貨幣量の変化は諸商品価格を即座に増減させ，一国の雇用・産出量に影響を与えないという立場を**機械的数量説**と呼ぶ．他方，貨幣量の変化が諸商品価格を増減させるまでの間，貨幣量の変化は短期的に一国の雇用・産出量（実物経済）に影響を与えるという立場を**連続的影響説**と呼ぶ．ヒュームの立場は連続的影響説とみなせる．彼自身は，貨幣量の増加が諸商品価格を騰貴させるまでの間に一国の雇用・産出量を増加させる経路を次のように考えていた．すなわ

ち，「貨幣量の増加 → より多くの労働者の雇用 →（労働者が不足すると賃金上昇 →
賃金上昇分だけより多くの労働を要求される）→ 産出量の増加」，である．

　貨幣数量説からは，貨幣量の変化は長期的には物価を騰落させるだけであり，
一時的な影響を除いて一国の雇用・産出量という実物経済とは関係しないとい
う認識が出てくる．こうした考え方を**貨幣の中立性**と呼ぶ．貨幣の世界と財の
生産（実物経済）とが切り離されているという意味で，**古典派的二分法**ともい
われる．

(5) 重商主義に関するその後の評価

　話を重商主義に戻そう．重商主義はスミスによって批判され，その後のイギ
リスでは影響力を失っていった（**第2章**参照）．だからといって，重商主義は完
全に無意味で誤った思想であったわけではない．例えば，重商主義政策によっ
て蓄積された金銀は国内産業を発展させる資本として役立った面もあった．19
世紀ドイツのシュモラー（**第5章**参照）のように，国民経済の形成を推進した点
に重商主義の意義を見出す解釈もある．また，1930年代のブロック経済化や
最近の米中貿易戦争など，貿易収支の不均衡を口実にして保護貿易主義が台頭
する動きは，**新重商主義**と呼ばれることもある．

2　重農主義とケネーの経済表の諸前提

(1) 重農主義──自然の支配──

　18世紀半ば以降のフランスで影響力をもった経済思想が**重農主義**である．
重農主義もまた，『国富論』第4編に現れるスミスの造語であった．重農主義
者たち自身は，みずからの理論と政策の体系をフィジオクラシー（自然の支配）
ととらえ，エコノミストと自称していた．自然の支配という言葉から連想され
るように，重農主義は政府の保護や規制を批判する自由放任（レセ・フェール：
laissez-faire）の思想である．重農主義の代表者は，ルイ15世の医師でもあった
フランソワ・ケネー（1694〜1774年）である．

(2) 重農主義の特徴

　重農主義によれば，農業部門のみが剰余生産物としての富を生み出す．なぜ
ならば，土地本来の自然の恵みに人間の労働と資本が加えられることにより，

農業では耕作に必要な投入量を上回る産出量が得られるからである．これに対して，毛織物や綿織物のような製造品は，農業部門ですでに生み出された富である原材料（羊毛や綿花）を変形させたものとみなせる．その意味で，工業は富を新たに生み出さない．モノの販売を担う商業も，すでに生み出された富を移動させるにすぎず，富の創造とは無関係である．

　こうした重農主義は，重商主義に対抗して登場した．ルイ 14 世の財務総監であったコルベールが輸出奨励と国内産業の保護・育成を推進したように，フランスでも重商主義政策がとられていた．その目的は，貿易差額の黒字化を通じた富すなわち金銀貨幣の獲得である．これに対して重農主義者が唱えたのが，富は農業部門でのみ生み出される剰余生産物（モノ）であるという思想であった．そして，重商主義政策という人為的な規制の撤廃は「自然の支配」を実現させ，フランスでは農業を起点とした経済発展が可能になる．それを最も典型的に示したのがケネーの『経済表』（1758 年）である．

　ケネーの経済表は，同時代人および後世の人々から高く評価されている．フランス革命期に国民議会の設立に貢献したオノレ・ミラボーの父のヴィクトル・ミラボーは，ケネー門下の重農主義者であった．彼によれば，文字，貨幣および経済表が世界の三大発明である．またマルクス（**第 12 章**参照）も，経済表を天才的な着想と称賛した．

(3) 経済表の諸前提
　経済表を理解するための予備知識として，(1) 純生産物と良価の意味，(2) ケネーのモデルに登場する三つの階級，および(3) 前払いの意味を説明しよう．

　(1) **純生産物**とは産出量と投入量の差である剰余生産物を指し，農業部門でのみ発生する．また**良価**とは，生産の維持・拡大を可能にする利潤を保証しうる価格であり，穀物の自由な取引のもとで実現する．これに反して，当時のコルベール主義では，穀物は自由に取引されていなかった．なぜならば，製造品の輸出競争力をもたせるために低賃金政策がとられ，賃金を左右する穀物価格は不当に低く据え置かれていたからである．

　(2) 経済表の世界は生産階級，地主階級および不生産階級という三階級から構成される．**生産階級**は，地主から土地を借りて耕作を行う借地農である．彼らは耕作の継続のために種子や農具や倉庫を用意し，農場で働く労働者に賃金を支払い，土地のレンタル料として**地主階級**に地代を支払う．**不生産階級**は，

農業以外で生計を立てる職人などの人々のことである．彼らは生産階級に農具や倉庫を提供する．この意味で，経済表は農業と工業という二部門三階級モデルであった．

(3) 前払いとは，生産に必要な資本のことである．① **年前払い**（流動資本：種子，労働者の賃金，借地農の生活手段）と ② **原前払い**（固定資本：農具，牛馬，倉庫）に区別される．なお，**図1-2** の経済表（範式）では表示されていないが，②の原前払いの額は 100 億（単位はリーブル，以下省略）であり，耐用期間は 10 年と仮定されている．その結果，固定資本の減価償却分として毎年 10 億が必要になる．ケネーはそれを**原前払いの利子**と呼んだ．

 ③　経済表における経済の再生産

(1) 経済表の範式

一国経済の循環・再生産を図示した経済表には原表，略表および範式という異なるバージョンがある．ここでは，重農主義者たちがその考え方を広めるために利用し，完成形態とされることもある範式を用いて経済表を説明しよう．

図1-2 は，自由な取引のもとで良価が実現する場合に今年度から次年度にかけて二部門三階級から成る一国経済がいかに再生産されるか，を凝縮的に示している（①〜⑤は以下の説明のために筆者が書き加えたもの）．最初に，(1) 今年度の始めの状態，(2) 今年度の生産活動，および(3)今年度の終わり（すなわち次年度の始め）の状態を確認しておこう．

(2) 経済表の出発点と終着点

(1)　今年度の始めの三階級の状態
生産階級：20 億（穀物）　**地主階級**：20 億（貨幣）　**不生産階級**：10 億（貨幣）

(2)　今年度の生産活動
生産階級：資本 30 億（年前払い 20 億＋原前払いの利子 10 億）　⇒　穀物 50 億
不生産階級：資本 10 億　⇒　製造品 20 億

(3)　次年度の始めの三階級の状態
生産階級：20 億（穀物）　**地主階級**：20 億（貨幣）　**不生産階級**：10 億（貨幣）

まず，(1)と(3)が完全に同じ状態になっていることを確認してほしい．これは，

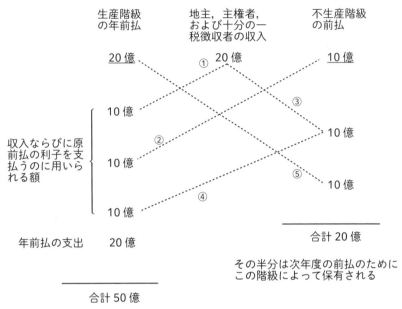

経済表の範式
再生産総額 50 億

生産階級　　　　　　地主，主権者，　　　　　　不生産階級
の年前払　　　　　　および十分の一　　　　　　の前払
　　　　　　　　　　税徴収者の収入

20 億　　　　　　①　20 億　　　　　　　　　10 億

　　　　　　　　　　　　　　　　　　　　　③

10 億

　　　　②　　　　　　　　　　　　　　　　　10 億

収入ならびに原
前払の利子を支
払うのに用いら　　　10 億
れる額

　　　　　　　　　　　　　　　　　　　　⑤

　　　　　　　　　　　　　　　　　　　　　10 億

10 億　　　　　　④

年前払の支出　　　20 億　　　　　　　　　　　　合計 20 億

　　　　　　　　　　　　　　　　その半分は次年度の前払のために
　　　　　　　　　　　　　　　　この階級によって保有される

合計 50 億

図 1-2　ケネーの経済表（範式）

出所）ケネー 2013：訳 121.

今年度の生産・流通の結果，次年度の始めには今年度と同じ条件で経済が営まれる条件がつくり出されたことを意味する．それにより，一国経済は年々同一規模で繰り返される（循環する）．これを**単純再生産**と呼ぶ．

　次に，(2)の生産階級が生産した穀物 50 億のうち 20 億は，(3)の生産階級の 20 億（穀物）にそのまま充てられる（生産階級の 20 億（穀物）のうち，半分の 10 億は次年度の生産階級の生活維持に，残りの 10 億は種もみなどに充てられる）．こうして(2)今年度の生産活動の成果のうち，穀物 30 億と製造品 20 億が流通に投じられる．経済表の①〜⑤の線は，この「30 億＋20 億＝50 億」の部分がどのように売買されるかを表している．

(3) 経済表の 5 本の線の意味

経済表の①～⑤の 5 本の線の具体的な取引のプロセスとその結果を図 1-3 から図 1-6 によって示してみよう．それらの図は，経済表の線①と線②（図 1-3），線③と線④（図 1-4），および線⑤（図 1-5）の具体的な取引と，最終的結果（図 1-6）を説明したものである．

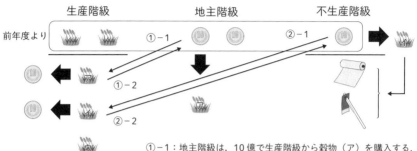

①－1：地主階級は，10 億で生産階級から穀物（ア）を購入する．生産階級は地主階級から 10 億を得る．

①－2：地主階級は，生産者階級から購入した穀物（ア）を今年度中に消費する．

②－1：不生産階級は，10 億で生産者階級から穀物（イ）を購入する．

②－2：不生産階級は，穀物（イ）を原料として，今年度中に 10 億で製造品を 2 つ生産する．

図 1-3　経済表の範式（図 1-2）の線①・線②の取引

出所）筆者作成.

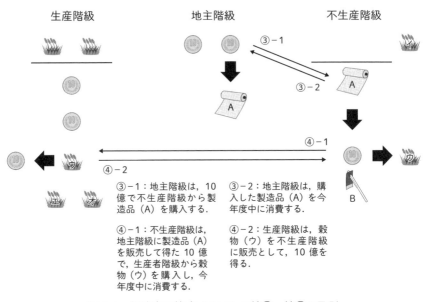

図1-4　経済表の範式（図1-2）の線③・線④の取引

出所）筆者作成.

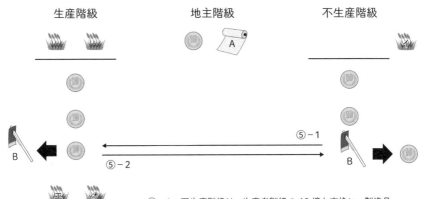

⑤-1：不生産階級は，生産者階級の10億と交換に，製造品（B）を販売する.

⑤-2：生産階級は，10億で不生産階級から製造品（B）購入する.

図1-5　経済表の範式（図1-2）の線⑤の取引

出所）筆者作成.

　なお，経済表の範式（図1-2）の線⑤は，「生産階級の年前払」の下の20億（図1-5の薄くなった二つの穀物）に向けて引かれている．その理由は，⑤で不生産階級から購入された農具は次年度に向けた補填分つまり「原前払いの利子」になるからである（図1-6を参照）．今年度には図1-5の⑤-1と⑤-2の取引が行われる．そこで図1-6によって今年度の生産・流通の結果を示してみよう．

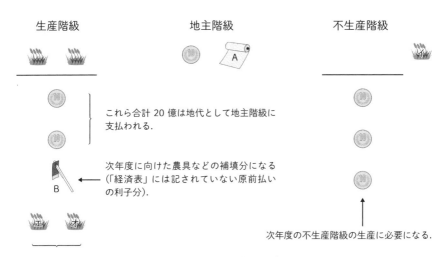

今年度に生産された穀物（50億分）のうち，残り（20億分）は，次年度の年前払いとして繰り越され，そのうち半分（10億分）は，次年度中に生産階級によって消費され，残り（10億分）は次年度の種もみなどに用いられる．

図1-6　今年度の取引の結果と次年度の状態

出所）筆者作成.

(4) 経済表の意味

　以上の結果，(a)地主は今年度の始めにもっていた貨幣20億で穀物10億と製造品10億を購入・消費し，今年度の生活を維持した．(b)不生産階級は前年度に得た貨幣10億を今年度に投下して20億の製造品を生産し，そのうちの10億を地主に販売して得た貨幣で生産階級から穀物10億を購入・消費した．と同時に，残りの10億を生産階級に販売した不生産階級は，次年度の生産に必要な貨幣10億を得た．

　(c)生産階級は前年度から繰り越した穀物20億と「原前払いの利子」10億を投下して今年度に穀物50億を生産した．このうち20億は次年度の「年前払

い」として穀物のまま繰り越される．残りの穀物30億のうち，最初の穀物10億は地主に販売され，次の穀物10億は不生産階級に販売されて彼らの資本となり，最後の穀物10億は不生産階級に販売されて彼らの生活維持のために消費される．こうして生産階級は貨幣30億を得るが，そのうちの10億で不生産階級から製造品（農具）を購入して次年度の「原前払いの利子」に充て，残りの貨幣20億を地代として地主に支払う（経済表では線で明示されていない）．

　下線部に注目すれば，今年度の生産・流通の結果，次年度の始めに今年度の始めとまったく同じ条件が再生産されたことがわかるであろう．その意味で経済表は，一国経済が年々同一規模で繰り返される**単純再生産**の世界を描いている．

　その際，不生産階級は貨幣10億を投下して製造品20億を生産した．しかし，そのうちの製造品10億は最終的には今年度中の生活維持に使われる分に変わる．それゆえ，不生産階級は今年度中に新たな価値を創造したわけではない．他方，生産階級は30億の資本を投下して50億の価値を生み出した．その差額の20億は地代として地主に支払われるが，今年度の生産活動によって新たに生み出された価値である（今年度の生産階級の生活は，前年度から繰り越した今年度の年前払いの20億のうちの10億によって維持される）．こうして経済表は，生産階級すなわち農業部門だけが新たな富または価値を生むという重農主義の思想を体現していた．

　さらにこの思想に基づいて，重農主義では**土地単一税**が推奨された．なぜならば，新たな富または価値は，地代という形で農業部門でのみ生み出されるからである．

 ## その他の諸思想

(1) レセ・フェール

　スミス以前の経済思想には，イギリス古典派経済学や後の経済学と重要なつながりをもつが，重商主義・重農主義という枠組みではとらえきれないものも含まれていた．以下，レセ・フェール，奢侈論争，および企業者概念の三つについてみてみよう．

　レセ・フェールとは為すに任せること，または自由にさせておくことという意味のフランス語であり，この用語は18世紀の初めごろから学問的に用いら

れるようになった．レセ・フェールはその後，イギリス古典派経済学の思想的基礎にもなる．

　欲求・消費を起点とした経済学を構想したボワギルベール（1646～1714年）は，市場取引では売り手も買い手も自己利益を一方的に押し通せず，両者の間に利益が配分されることを示唆した．そこでは自己利益で動く世界を秩序づける原理として自然（神慮）という名の市場の力が注目されている．そして自然の働きに任せること，つまり各人の利己心の自由な発揮が競争を刺激し，一般的富裕の実現に導くとされた．

　ボワギルベール自身は，生産活動や労働の自由を含む経済活動一般の自由までは主張しなかった．だが彼は取引の自由，特に**穀物貿易の自由化**を求め，穀物の自由な流通を阻害していた当時のコルベール主義を批判した．しかも彼は，貨幣それ自体を富とする当時の通俗的な見解を批判し，モノを富とする見方すら示していた［米田 2016: 52-80］[1]．

　またボワギルベールの経済学は，**奢侈**や消費を重視した点に特徴があった．彼によれば，奢侈的欲求は労働へのインセンティヴとなって人々の活動水準を高める一方で，そうした欲求は消費需要にもなって経済の活動水準を高める．

　人々の欲求を社会発展の原動力とみた点では，オランダ生まれで後にイギリスに帰化したバーナード・マンデヴィル（1670～1733年）も同様であった．彼の主著は『蜂の寓話――私悪すなわち公益――』（1714年）である．彼の思想の特徴は，この本の副題に凝縮されていた．公共の利益を考えずに自己の欲求を追求することは，人々を勤勉ないし努力に駆り立てる一方で，その欲求は様々な財貨の消費に現れ，財貨をつくるための雇用を生み出す．そして欲求の拡大・多様化は，人々の勤勉ないし努力をさらに促し，様々な財貨およびそれをつくる仕事を生み出して，社会を発展・高度化させるであろう．人間本性の衝動によって公共の利益を顧みずに自己の欲求を追求すること（私悪）が，社会の繁栄（公益）に導く．こうしてマンデヴィルは，**奢侈**を肯定した[2]．

(2) 奢侈論争

　マンデヴィルの主張は，18世紀のヨーロッパを舞台として**奢侈論争**を引き起こした．その背景には，奢侈を否定してきたキリスト教の道徳観があった．当時は，伝統的なキリスト教社会から人間の欲望が本格的に解放されていく商業社会への過渡期にあった．マンデヴィルの議論は，当時における世俗の人々

の現実に沿ったものとみてよい．フランスのジャン・フランソワ・ムロン
（1675～1738 年）は，奢侈が消費を通じて生産を活発化させるという奢侈肯定論
を唱えた．なお，奢侈品輸入は貿易差額の赤字につながるから，奢侈をどう考
えるかは重商主義とも関わっていた．他方，『社会契約論』（1762 年）で有名な
ジャン・ジャック・ルソー（1712～1778 年）は，商業社会における奢侈が徳の衰
退を招いたとし，徳の源泉である農業・農村の再生を訴えた．

　とはいえ，18 世紀半ば以降になると，奢侈を擁護する陣営の中でも華美な
ぜいたくを含むあらゆる奢侈を無条件に認める主張はなくなっていった．例え
ば，ヒュームは奢侈一般から悪い奢侈を区別し，奢侈そのものは肯定しつつも，
度を越した奢侈を批判した．自分の経済力の範囲内で生活の洗練をはかるとい
う意味での奢侈は，否定すべきではなかった．奢侈は勤労を刺激する要因にも
なる．だが，自分の立場や経済力からみて過度な奢侈にふけり，子どもの教育
がおろそかになれば，社会にとって有害であろう．こうしてヒュームは，社会
的義務を損なわない限り，奢侈を認めるという立場をとった．

　いずれにせよ，ボワギルベール以降，18 世紀のフランスには富裕の条件と
して奢侈や消費を重視する経済思想の系譜が存在していた．これに対してアダ
ム・スミスは，富裕の条件として消費ではなく貯蓄を重視することになる（**第
2 章**参照）．

(3) 企業者概念

　フランスの経済思想には，しばしば**企業者**（entrepreneur）という特徴的な概
念が登場する．この企業者論の先駆けとされるのが，リシャール・カンティロ
ン（1680/90～1734 年）である．彼の議論は，死後に出版された『商業試論』
（1755 年）で展開された．

　カンティロンの企業者は，基本的には**リスク**を冒して諸商品の生産・交換・
流通を調整する者である．例えば，通常の利潤が得られないような価格でしか
商品を販売できない場合，企業者はもっと多くの利潤が得られそうな別の商品
の生産・取引に従事する．ただし，その結果もっと多くの利潤を得られるかど
うかは確実ではない．こうして企業者は，リスクを引き受けながら市場におけ
る需要と供給の不一致に伴う価格変動を調整する役割を果たす．

　重農主義者でルイ 16 世の時に財務総監に任命されたチュルゴ（1727～1781
年）の『富の形成と分配に関する諸考察』（1766 年）にも企業者が登場する．

チュルゴの企業者は，リスクの負担に加え，監督能力および資本に対して報酬を受け取る者であった．しかもその報酬のうちの貯蓄分は資本として生産過程に投じられ，資本蓄積と結びつけて企業者が理解された．

19 世紀前半のフランスで活躍し，第 5 章で取り上げるセーの経済学にも企業者が出てくる．セーにも企業者に関してリスク負担という面への言及はある．しかしそれ以上に，セーの企業者では，その知識をもって資本や労働のような生産要素を結合させる**組織者**という性格が前面に出ていた．

フランス経済思想にみられた企業者概念は，第 2 章以降でみるイギリス古典派経済学にあまり影響を与えなかった．これに対してシュンペーターは，企業者を中核に据えた資本主義分析を提示することになる（**第 13 章**参照）．

おわりに

アダム・スミスは重商主義を徹底的に批判し，重農主義に対しては農業部門のみが富を生み出すというその一面性を批判した．だがスミスは，貨幣（カネ）ではなく生産物（モノ）を富とみなすとともに，レセ・フェールを唱えた重農主義から多くを学んだ．

スミスはさらに，特にケネーの経済表から政府の関与・介入なしに経済は自律的な秩序をもって営まれうるという認識を吸収した．こうして，政府の規制・介入よりも人々の自由な経済活動に基礎を置く経済学がさらに発展する素地が形成された．各人の自己利益の追求が社会を発展させるという思想自体はスミスの独創というわけではない．しかしスミスは，富裕化の条件として奢侈や消費よりも節約や貯蓄を重視し，自己利益の自由な追求が社会全体の利益に導くという思想を展開した．

他方，富裕化の条件としての奢侈や消費という側面は，経済学の歴史においていったん後景に退く．しかし，その後も折に触れて脚光を浴びることになる．

注
1）レセ・フェールは現在では単独で用いられることが多いが，この言葉自体は，為すに任せよ，そして行くに任せよという意味の「レセ・フェールおよびレセ・パセ（laissez-faire et laissez passer）」からとられている．この表現は 18 世紀にヴァンサン・ド・グルネによって用いられ，経済的自由主義のスローガンとして定着した［喜

多見 2012：8-9].

2）マンデヴィルによれば，自己保存に最低限必要なものを越えるものはすべて奢侈で
あった．だが彼は，社会を構成する人々を富者と労働貧民に分け，奢侈的欲求をもつ
対象から後者を外した．労働貧民はすぐに怠惰に流れ，必要に迫られた時にしか仕事
をしない．そのためマンデヴィルは，労働貧民には（奢侈が不可能で，つねに彼らを
仕事に駆り立てておけるような）低賃金が望ましいと考えた．この認識は労働者に対
する当時の固定観念の反映であったが，それは自己の欲求充足のための勤勉に例外は
ないとした彼の一般的立場と矛盾することになった［米田 2016：117-20]．なお当時
の低賃金擁護論は，輸出競争力の強化につながるという意味で重商主義とも関わって
いた．

第2章 アダム・スミス
──富の性質と増加原因──

は じ め に

　本来，古典派または古典派経済学とはマルクスが用いた名称であった．マルクスによると，イギリス古典派は，ウィリアム・ペティからリカードウまでを含み，フランス古典派はボワギルベールからシスモンディまでを含む．ケインズもまた，彼以前に**セー法則**（第5章参照）を信奉した人々を総称して古典派と呼んだ．

　現在では，**イギリス古典派経済学**はアダム・スミス（1723~1790年）に始まり，リカードウとマルサスが継承・発展させ，J.S.ミルが再編成した後に次第に影響力を失った，とするのが一般的な理解である．歴史的には18世紀後半から19世紀後半の約100年弱の時代である．スミスは，政府の強制や介入を受けずに経済が独自の秩序をもって営まれるという認識をケネーから受け継いだ．そしてスミスは経済現象に作用する**自律的なメカニズム**を体系的・理論的に解明する道筋をつけ，しかもかなり成功した．これが，スミスをイギリス古典派経済学の創始者とする理由である．

1 『道徳感情論』から『国富論』へ

(1)『道徳感情論』の主要テーマ

　スミスの本来の専門は，**道徳哲学**と呼ばれる学問分野であった．道徳哲学は，人間の行為の善悪の問題だけでなく，その人間が織りなす社会全体に関係する諸問題も研究対象にしていた．また，当時は神が世界をつくったと考えられていたので，道徳哲学は現在でいう倫理学，法学，経済学に加えて神学も含んでいた．スミスの処女作は『道徳感情論』（1759年）である．それは，道徳哲学のうちの倫理学的な部分を体系化したものであった．

『道徳感情論』のメインテーマは，ある人の行為が善または悪であるという感情が一体どのように生まれるのかという問題である．この問題は単に人間の倫理的判断だけに関係するのではない．人間が生きている社会のルールがいかに形成されるのかという問題にも関わっている．これらの問題を分析する際にスミスが用いた概念が**同感**（共感）である．同感が得られる行為は善と感じられ，同感が得られない行為は悪と感じられるとともに，この同感を基礎に社会のルールが形成される．

(2) 同感の構造

スミスによれば，人間は自分の利益や幸福に強い関心をもつ一方で，自分が他人からどうみられているかを気にする存在である．こうして人間は，お互いに自分が相手の立場ならばどのように振る舞うかを無意識のうちに考えながら社会の中で暮らしている．それゆえスミスの**同感**は，憐れみや同情だけではなく，自分が相手の立場に置かれたらどのように振る舞うかという**想像上の立場の交換**に基づくものであった．スミスの同感概念を簡略化して示したものが**図2-1**から**図2-3**である．

他人Ａが昇給して喜んでいる場面を想像してみよう．この時，自分が他人Ａの立場でも昇給という原因に照らして同様に喜ぶと思えれば，他人Ａの感情表現・行為は自分にもついていける．他人Ａの喜びは昇給という原因に見合っているという意味で**適宜性**があり，是認・同感される．他方，レジでお釣りを間違えられて他人Ｂが激怒している場面を想像してみよう．この時，自分が他人Ｂの立場でも激怒することは行き過ぎであると感じ，その感情表現・行為にはついていけない読者が多いのではないだろうか．こうして他人Ｂの激怒は原因に見合っておらず，適宜性がないために否認されるし，同感されない（**図2-1**）．

自分が相手を観察するように，相手も自分を観察している．そのため，人間は程度の差はあっても他人の目を意識し，自分の感情表現・行為に関して他人の同感を得たいと思うようになるであろう（**図2-2**）．

さらにスミスによれば，他人の同感を得たいと思う場合，人間は社会経験を積むにつれて自分に対して特別な好意・敵意・利害関係をもたない**公平な観察者**を胸の中に置くようになる．こうして人間は，この公平な観察者の同感を得られる程度に自分の感情表現・行為を自己規制する（**図2-3**）．そのことは，同

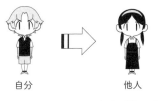

相手の立場なら，同じように感じ，行動する.
他人の感情・行為 ＝ 適宜性あり → 是認，同感する.

相手の立場でも，同じように感じないし，行動しない.
他人の感情・行為 ＝ 適宜性なし → 否認，同感しない.

自分　　　　　他人

図 2-1　自分が他人を観察し，想像上の立場の交換をするケース
出所）筆者作成.

自分の感情・行為に適宜性あり → 他人からの是認，同感
自分の感情・行為に適宜性なし → 他人からの否認，同感なし

自分　　　　　他人

図 2-2　他人が自分を観察し，想像上の立場の交換をするケース
出所）筆者作成.

自分の感情・行為は公平な観察者の
是認や同感を得られるか

それらを得られる程度に自分の
感情・行為を自己規制する

自分　　　　　　　　　　　　　公平な観察者

図 2-3　人々が公平な観察者を基準にして振る舞うケース
出所）筆者作成.

感に基づく人々の判断が繰り返されるうちに行為や道徳の一般的ルールが社会
で形成されることでもあった.

(3) 経済（学）とのつながり

　以上のような考え方は，日常の経済活動にも当てはまる．人々は，自己の利
益や幸福を自由に追求したいという気持ちをもっている．だが社会の中で暮ら
す人々は，自分の感情表現や行為を公平な観察者の同感が得られる範囲内に抑
えることを学んでいく．その結果，人々は，公平な観察者がついてこられない

ようなやり方で露骨に自己利益を追求することを自制するようになるであろう．なぜならば，そのような行為は他人から悪い行為とみなされ，非難を受けるからである．例えば，パン屋の近くに別の新しいパン屋が開店したとしよう．この場合，既存のパン屋が新メニューの投入や値下げによって新しいパン屋と競争することは，公平な観察者の同感を得られるであろう．他方，同じ自己利益の追求が目的でも，新しいパン屋に関する根も葉もない悪い噂を広めるならば，公平な観察者からの同感は得られないであろう．こうした行為は，非難や処罰の対象となる．

　こうして，人間が自己利益を自由に追求すること自体は否定されない．ただし，公平な観察者の同感が得られる程度に自己規制された範囲内で自己利益を自由に追求しうるとされている点がスミスでは重要である．

　もちろん，すべての人々がいつも完全に公平な観察者の同感が得られる程度に自分の行為を自己規制できるわけではない．そのため，殺人や窃盗のようなそれを放置すると社会の存立すら危うくなるような行為に対しては，法律をつくって処罰する必要がある．こうした役割を果たすのが正義を維持する**政府**である．

　では，このような政府のもとでの自己利益の追求を基礎とした経済社会は，一国の富裕をどのように増進させていくのであろうか．こうして道徳哲学者スミスは，道徳の問題から経済の問題へとさらに研究を深めることになる．

 ## 分　業　論

(1)『国富論』の主題(1)──富とは何か──

　スミスは，『道徳感情論』に続いて『国富論』(1776 年) を出版した．その主題は，英語のタイトル (*An Inquiry into the Nature and Causes of the Wealth of Nations*) から読み取れる．これを直訳すると，『諸国民の富の性質と諸原因に関する研究』となる．すなわち，(1)富の性質とは何か，(2)富の (増加) 原因とは何か，という二つの問題の解明が『国富論』の主題であった．以下，順番にみていこう．

　(1)スミスは，富を**年々の労働生産物**と考えた．富は金銀貨幣つまりカネではなくモノであり，それは農業だけでなく，産業一般の毎年の労働から生じる．富の性質に関するこの考え方は，スミスの経済発展のヴィジョンを根底で支え

　るものであった.

　一般に重商主義は富を金銀貨幣とみなし，その獲得方法として貿易を重視した. 輸出が輸入を上回る場合，余分に売った分だけ外国から富である金銀貨幣が自国に流入する. 貿易を外国とのモノの売買とみれば，富は**流通過程**から生じる. ここで輸出補助金や輸入関税によって貿易に規制・制限をかけると，自国の貿易差額は黒字になる一方で，外国の貿易差額は赤字になる. 自国のモノを高く売りつけて相手のモノを安く買い叩ける植民地があれば，なお好都合であろう. 要するに，自国の経済発展のためには他国を蹴落さなければならない. こうして重商主義には，**ゼロサム・ゲーム的**な経済発展のヴィジョンが読み取れる.

　他方，富を年々の労働生産物とみなしたスミスは，生産と消費の差額を重視した. 労働者の衣食住のような生産活動中に消費される分よりも多くのものが生産されるほど，富としての年々の労働生産物が増える. つまり，富は**生産過程**から生じ，生産力（1人または時間あたりの生産額）の上昇が富裕の鍵であった. そのためには，創意工夫や適材適所を可能にする経済活動の自由が必要であろう. この理屈は他国にも当てはまるので，自国も他国も経済発展への道を歩める. いわば，**プラスサム・ゲーム的**な経済発展のヴィジョンである.

　(2)『国富論』の主題(2)──富を増加させる諸原因とは何か──

　(2)富である年々の労働生産物を増加させる原因として，スミスは① 労働生産力の改善と② 富をつくり出す労働者の数とそれ以外の者の数の割合を挙げた. 1人の労働者が一定期間に生産できるモノの量が増えるほど，富は増加する. また軍人や公務員のような直接モノを生み出さない**不生産的労働者**を雇用する資金を節約し，農民や職人のようなモノを生み出す**生産的労働者**の雇用に回せば，富は増加する（軍人や公務員は国防・行政サービスを生み出すが，モノのみを富と考えたスミスはサービスを富から除外した）.

　しかもスミスは，昔の社会と比較して②よりも①のほうが富の増加のうえで強力に作用すると結論づけた. 昔の社会では，働けない幼児・病人・老人を除いてほぼ全員が食料などを得る労働に従事するが，一般に物質的に貧しかった. 全体のうち労働に従事する者の割合が高くても，1人あたりの労働生産力が低すぎるからである. 他方，現在のような社会では，（富に含まれない）サービスを生み出す労働の従事者やまったく労働に従事しない者が多く存在する. にも

23

かかわらず，現在の社会の物質的な豊かさは，昔の社会を格段に上回るであろう．全体の中で労働に従事する者の割合の低さを打ち消してあまりあるほど，1 人あたりの労働生産力が高いからである．では，なぜこうした労働生産力の改善が可能になったのか．その答えは**分業**にある．そのためスミスは，『国富論』を分業論から始めた．

(3) 分 業 論

『国富論』の冒頭には有名なピン工場の話が出てくる．スミスによれば，素人が一日がんばっても通常は 1 本もピンをつくれない．そこで最初から最後まで自分でピンをつくろうとせずに，ピンの生産工程をいくつかに分ける分業を導入するとどうなるであろうか．例えば，1 人目が針金を切る作業を行い，2 人目がその一方の先を尖らせる作業を担当し，3 人目がつまみをつけるために針金の他の一方だけを磨き，4 人目がつまみだけをつくり，5 人目がつまみをピンにはめ，6 人目がピンを袋に詰めることに専念するとしよう．スミスの証言によれば，こうした分業により，1 日に 1 人あたり 4800 本ものピンがつくられたという．分業は，**労働生産力の改善**を通じて国富の増加（物質的富裕）をもたらすのである．

分業が労働生産力の改善に導く理由をもう少し詳しくみてみよう．第 1 に，単純な作業だけに仕事が限定されると，その遂行に必要なスキルが増大しやすくなる．第 2 に，ある作業から別の作業への移行に伴う時間や集中力のロスを節約できる．第 3 に，作業の単純化に伴って人から機械への置き換えが可能になり，機械の発明・改良が促進される．以上の結果，分業は労働生産力を改善させるのである．

なお，分業とは生産工程の分割（**工場内分業**）だけに限られない．職業分化（**社会的分業**）が進むにつれて，人々は生活に必要な財貨のごく一部分の生産にしか従事しなくなった．残りの大部分の財貨は，自分の職業で稼いだお金を使って市場から購入する．この社会的分業も，労働生産力を改善させる．実際，自分の得意分野で稼いだお金で市場から生活に必要な他の財貨を買うほうが，自分自身でそれらをすべてつくるよりも社会全体の生産量（額）は増えるであろう．

(4) 分業と見えざる手

ここで重要なのは，人々は労働生産力の改善による結果を意図・予見して分業を導入していない，という点である．工場の生産工程を分割し，人々が自分の強みをいかした職業に就きたいと願うのは，それが自己利益にかなうからである．にもかかわらず，分業は一国全体では労働生産力を改善させて国富の増加をもたらす．分業（自己利益の追求）は，**見えざる手**によって国富の増加（社会的利益の実現）という意図せざる結果に導くのである．

その後，見えざる手はスミスの代名詞になった．現在では，誰の命令もなしに多数の生産者の供給と多数の消費者の需要が価格の騰落を通じて調整される状況を見えざる手と呼ぶのが一般的である．この理解がスミスの思想の一端を表していることは間違いない．だが見えざる手という言葉は，実は『国富論』の中で1回しか使われていない．しかも，価格による需給調整とは無関係な文章の中で使われている。²⁾ その意味で見えざる手とは，（価格による需給調整メカニズムを含む）自己利益の追求が意図せざる結果として社会的利益の実現に導くというスミスの市場経済観を象徴する言葉と理解すべきであろう．

③ 価値論・価格論・分配論

(1) 分業論から市場交換の原理へ

スミスによれば，分業が行われる程度は市場の大きさによって制限される．例えば，市場が非常に狭い場合，靴職人は存在しにくい．自己消費分を超える靴を販売する市場が狭いほど靴を貨幣に交換し，その貨幣で生活に必要な物資を獲得することが困難になるからである．市場が狭い場合，特定の仕事への専念によって独立ないし自立することは難しく，職業分化（社会的分業）はあまり進まない．

こうして市場の大小（交換規模）は分業の程度を左右する．では，市場での交換を規制する原理は何か．この問題を考える際に，スミスは商品の使用価値と交換価値を区別した．

(2) 使用価値と交換価値

商品の**使用価値**は，商品の効用または有用性のことである．それは，各商品がもっている（食欲を満たす，渇きをいやすなどの）人間の欲求充足に役立つ様々

な性質を指す．他方，商品の**交換価値**は，商品の所有から生じる他の商品に対する購買力を意味する．一般に，交換価値は価格（「りんご 1 個 ＝100 円」のような商品と貨幣との間の交換比率）で表される．

　スミスは，使用価値は交換価値とは無関係であると考えた．ここで彼が持ち出したのが，**水とダイヤモンドのパラドックス（逆説）**である．生命の維持にとって，水は大きな使用価値（効用）をもつ．だが水の交換価値（価格）は，通常あまり高くない．他方，ダイヤモンドは，少なくとも生命の維持という点では大きな使用価値（効用）をもっていない．にもかかわらず，ダイヤモンドの交換価値（価格）は非常に高い．このように水とダイヤモンドに関して，それぞれの使用価値（効用）の大小と交換価値（価格）の高低が釣り合っていない．こうしてスミスは，交換価値（価格）の高低を決める要因から使用価値（効用）を排除した．このパラドックスが解決されるのは，限界概念を用いて使用価値（効用）と交換価値（価格）を結びつける 1870 年代初頭の**限界革命**を待たなければならない（**第 6 章**参照）．

(3) 支配労働価値説と投下労働価値説

　スミスによれば，人々は諸商品を享受できる量に応じて豊かに，または貧しくなる．だが，人々が生活に必要な物資の全部を自分自身の労働でつくっていた自給自足的な社会は遠い昔の話であった．分業が発達した社会では，生活に必要な物資の大部分は他人の労働によってつくられ，人々はそれを自分の商品と交換に市場を通じて獲得する．こうしてスミスは，商品の価値はその商品が市場で購買・支配しうる（他人の）労働の量で測られる，と考えた．つまり各人や各国の豊かさは，自分たちがもつ諸商品で他人の労働をどれほど購買・支配できるかに応じて決まるのである．

　なお，商品の価値はそれと交換に得られる貨幣の量で測られるのではない．貨幣の場合，鉱山からの金銀の採掘量や貨幣に含まれる金銀の量が増減すれば，貨幣価値は変化する．紙幣の場合も，紙幣量が増減すると貨幣価値が変化する．このように商品の価値を測る尺度（モノサシ）自体が変化をこうむると，商品の価値は正確に測れないであろう．

　他方，スミスによれば，等しい量の労働は労働者にとってつねに等しい価値をもっていた．例えば，8 時間という等しい量の労働のためには，労働者はつねに自己の自由や幸福の同一量を放棄・犠牲にしなければならない．こうして

スミスは，**労働**を商品の価値を測る尺度と考えた．ただし実際には，等しい量の労働は，労働者にとってだけでなく，労働者の雇用主にとってもつねに等しい価値をもつとは限らない．実際，8 時間という等しい量の労働を雇うために，雇用主はある時は多くの商品を，別の時には少ない商品を支払うことがある．しかしスミスは，この場合に変化しているのは労働の価値ではなく商品の価値のほうだと考えた．

　こうして商品の価値は，その商品によって市場で購買・支配しうる他人の労働の量によって測られる．では，商品の交換はいかなる原理に基づいて行われるのであろうか．

　資本蓄積も土地所有も存在しなかった社会では，商品を獲得するのに必要な労働量に応じて商品の交換比率が決まっていた．例えば，1 匹の魚を捕るために 1 時間の労働が必要であり，1 頭の鹿を仕留めるために 2 時間の労働が必要であると仮定しよう．この場合，交換比率は「2 匹の魚＝1 頭の鹿」となる（**投下労働価値説**または単に**労働価値説**）．ここで，① 2 匹の魚を得るために投下された労働の量（2 時間）と ② 2 匹の魚が市場で支配できる労働の量（2 時間）が等しいことに注目してほしい．①を投下労働量，②を支配労働量と呼ぶと，資本の蓄積も土地の所有もない社会では，「**投下労働量 ＝ 支配労働量**」となる．

　しかし資本蓄積と土地所有の確立後の社会では，投下労働量は，支配労働量に一致しなくなる．この社会では，労働者の他に資本家と地主も商品の生産に関わる．そのため，商品の投下労働量を労働コスト（賃金）とする限り，商品の価値はこの賃金に利潤と地代の分を上乗せしたものにならなければならない．商品の価値は，それが市場で支配できる労働の量で測られる．このため支配労働量は，投下労働量よりも利潤と地代の分だけ高くなるであろう（「**投下労働量＜支配労働量**」）．

　こうしてスミスは，労働者と資本家と地主の三階級によって商品が生産される社会では，商品の価値は支配労働量によって測られ，それは賃金と利潤と地代の合計から成ると主張した（**支配労働価値説**または**価格構成説**）．資本家も地主もいなかった昔の時代とは違って，商品の交換はもはや投下労働量に応じて行われないのである．なお，商品の価値・価格が賃金と利潤と地代の合計から成るという考え方は，**生産費説**とも呼ばれる（**第 6 章**参照）．

(4) 自然価格と市場価格

こうして商品の価値は賃金と利潤と地代から構成されるが，スミスはそれを**商品の自然価格**と呼んだ[3]．もちろん，商品はつねに自然価格で販売されるわけではない．実際に，需要と供給の関係によって，**商品の市場価格**は商品の自然価格よりも騰落する（図2-4）．

　例えば，商品 A の自然価格と市場価格が一致している状態を想定しよう．この状態から商品 A に対する需要が増加すると，商品 A は市場で不足する．不足するものの価格は上がるから，商品 A の市場価格は自然価格を上回る．この時，商品 A に対してその生産に関わる労働者・資本家・地主が納得する以上の価格が支払われている．そのため商品 A の供給が増えると，需要超過の状態は次第に解消され，商品 A の市場価格は低下していく．そして供給が需要に等しくなる時，商品 A の市場価格はその自然価格に再び一致する（逆は逆である）．

　以上のプロセスには，政府の調整なしに人々の自由な活動によって経済が回っていくという意味での**市場メカニズム**の認識が読み取れる．商品の市場価格は自然価格に収斂していく傾向があり，商品の自然価格自体は，その三つの構成部分である賃金・利潤・地代の各自然率の増減に応じて増減する．では，

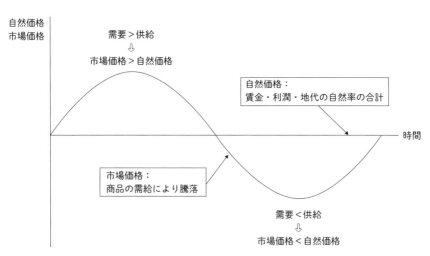

図 2-4　商品の自然価格と市場価格

出所）筆者作成.

賃金・利潤・地代の自然率（ある時期・場所における賃金・利潤・地代の一般的な相場）を増減させる原因は何であろうか.

(5) 賃金，利潤，地代の自然率

　賃金の最低率は，労働者とその家族の生活維持費である. ただし，賃金はつねにこの最低率にあるわけではない. 実際，資本蓄積による労働需要の増加は，賃金の自然率が最低率を上回る状態をもたらす. これは進歩的な国で生じる. 他方，利潤の自然率は，一国の資本量と資本の投下先の関係で決まる. 資本蓄積の進展は，賃金を上昇させる一方で，投下先をめぐる**諸資本の競争**を激化させるであろう. ゆえに，利潤の自然率は低下する傾向があった.

　土地への投下資本は，平均利潤を上回る超過利潤を取得できない. なぜならば，他産業から農業に資本が流入し，この超過利潤は最終的には消滅するからである. 農産物価格のうち賃金と平均利潤を上回る部分は，地代として地主が取得する. そして農産物価格が賃金と平均利潤を上回るかどうかは，農産物の需給関係で決まる. 人間（人口）は生活資料（食料）に比例して増加するため，コメや小麦のような穀物にはつねに需要がある. そのため，穀物はつねに**地代**を生むような価格になるであろう.

(6) 重農主義的な地代認識

　地代に関して，スミスは次のようにも論じた. 農民や靴職人のような直接モノを生み出す労働を生産的労働者と呼ぶ. このため，資本が生産的労働者の雇用に用いられるほど，一国の富は増加する. だがスミスによれば，同額の資本をどの部門に投下するかによって，雇用される生産的労働の量は異なっていた. 特に農業では，農場で働く人々（通常の生産的労働者）だけでなく，家畜や自然も労働する. この家畜や自然の労働の分だけ，他部門と同額の資本を投下しても農業ではいっそう多くの価値（地代）が生み出される.

　このスミスの考え方は，自然の恵みによって農業でのみ富が生み出されるとした**重農主義**からの影響であった（第 2 章参照）. 自然が恵み深いから地代がもたらされるというこの見解は，後にリカードウによって否定されることになる（第 3 章参照）.

政府の役割

(1) 政府の役割

スミスは，公平な観察者の同感が得られる程度に自己規制された利己心の発揮が結果的に社会の利益に導くことを強調した．では彼は，それで万事うまくいくと考えていたのであろうか．決してそうではない．実際，彼は『国富論』第5編において，(1)国防，(2)司法，(3)公共事業・公共施設の維持という政府の役割を認めていた．

(2) 国　防

狩猟によって生活物資を得ていた昔の単純な社会では，獲物を仕留めるやり投げのように，軍事訓練と生活の維持は両立可能であった．だがもっと後の社会では，例えば小売店主のように，軍事訓練と生活の維持は必ずしも直結しない．その結果，わざわざ時間と費用をさいて軍事訓練をする者は誰もいなくなるであろう．この時，政府が国防費を負担すれば，軍事訓練に従事する者でも生活を維持できる．こうして，後の社会になると，**常備軍**が必要とされた．常備軍により外国からの侵略に対して自国民の生命・財産が守られれば，人々は安心して各自の経済活動に励み，結果としてその国は豊かになるであろう．

(3) 司　法

政府は同一国内で生じる不正・抑圧から国民を守るために，特に所有権の保証を通じて司法行政を整備する必要がある．法を犯した者が正当に処罰される国では，人々は誰かに奪われる心配なしに自分の労働の成果を享受できる．この結果，多くの労働生産物，すなわち国富が生み出されるであろう．

ちなみに，スミスによれば，財産の蓄積・不平等が生じた際，その不平等を維持するために導入されたのが政府である．人々が狩猟・採集によって食料を調達していた時代には，肉・魚・木の実などをすぐに食べないと腐ってしまうため，財産を蓄積できなかった．その後，牧畜により家畜が蓄積可能になると，家畜の所有数に差が生じてくる．この財産の不平等を維持するために，つまり富者の所有物を貧者から守るために導入されたのが**政府**であった．

(4) 公共事業・公共施設の維持

公共事業・公共施設とは，現在の用語では，道路・橋・運河・学校のような産業や生活に必要な社会資本（インフラストラクチャー）を指す．これらのインフラは経済活動にとって重要であるが，その建設は個人に任せれば実行されるとは限らない．建設には莫大な資金が必要であり，その先行投資額を利益とともに回収するためには長い時間がかかる．そのため，このようなインフラの建設は通行税などを徴収して整備する必要がある．スミスのこの議論は，ミクロ経済学で定式化される**外部性**の考え方を萌芽的に含んでいた（**第7章**参照）．

スミスは，義務教育の制度化以前の時代に『国富論』を出版した[4]．だが，その中で政府は庶民の教育に配慮すべきだと述べている．なぜならば，一般に庶民の子どもは働けるようになるとすぐに労働に駆り出されるため，教育にさける時間が短くなりがちだからである．スミスは，**読み・書き・計算**の他に**幾何学と機械学の初歩**を加えるならば，庶民の教育内容が完璧に近づくと述べた．現在からみれば，スミスのこの主張はやや物足りなく感じるかもしれない．しかしスミスにとって，こうした教育は，作業の単純化が進む中で労働者が創意工夫の精神を失うという分業のマイナス面への防止策という意味をもっていた．

(5) 四つの租税原則

以上のような政府の役割の遂行に必要な財源は，租税か公債によって賄われる．そこで『国富論』第5編では，様々な種類の租税の最終的な負担者，政府経費の調達手段として国債（借入金）に頼るようになった歴史的事情，国債の経済効果や償還可能性などが論じられた．以下では，現在とのつながりという意味で特に知っておくべきものとして，スミスの租税四原則を紹介しよう．それはどのように租税を課すべきかという理念であり，(1)公平（性），(2)明確（性），(3)便宜（性），(4)徴税費用の最小化とまとめられる．

公平（性）とは，国民は各人の能力に比例して，または政府の（所有権などの）保護のもとで各人が得る収入にできる限り比例して租税を納めるべきである，という原則である．**明確（性）**とは，納税する金額・時期・方法は誰にとっても簡単明瞭であり，恣意的であってはならない，という原則である．**便宜（性）**とは，納税者にとって最も好都合な時期と方法で租税を徴収すべきである，という原則である．**徴税費用の最小化**とは，納税者の支払額と国庫への入金額との差額（この差額が徴税費用に相当する）が最小になるように徴税すべきで

ある，という原則である．

　現在の租税原則は一般に**公平・中立・簡素**の三つであり，スミスの租税四原則がそのまま残っているわけではない．だが一定の租税原則のもとに納税者と政府の双方が折り合える税制を設計することは，現在でも必要なことである．

おわりに

　スミスの『国富論』は，富を年々の労働生産物とし，その富を増加させる諸原因を(1)労働生産力の改善と(2)生産的な労働に従事する者とそうでない者との数の割合に見出した．(1)は分業に起因し，(2)は資本蓄積に関係する．そして資本蓄積は作業・職業の細分化を可能にし，分業を促進させる作用をもつ．わずかな資本では作業・職業を分割して諸個人に専門的に担当させることは困難であろう．それゆえ資本蓄積は分業を促進させ，労働生産力のさらなる改善によって国富を増進させる．

　その場合，政府は個人の自由な経済活動に無用な介入をせず，その成果を最大限に発揮させる条件（所有権の保証，インフラ，教育）の整備にその役割を限定すべきであった．こうしたスミスの基本的立場の中に**小さな政府**の原型をみることも可能であろう．他方，スミスは，庶民の教育のために政府介入の余地を認めていた．その意味で，個人や市場にすべて任せればよいと考える極端な自由放任主義者としてスミスを理解することは，彼の実像を単純化するものである．

　スミスのレセ・フェールないし経済的自由主義は，重商主義的な保護・規制への対抗理念であった．と同時に，それらは分業が発達し，誰もが商品を交換する商人として生きる市場社会に適合した理念でもある．『国富論』第3編が示すように，この市場社会は，人々が身分に縛られ，競争や所有権の安全が未確立であった中世から長い時間をかけて形成された．この限りでスミスの経済学からは，市場を中心に動く経済社会を絶対視せず，それを歴史の中の一つのあり方としてつかむ視点も読み取れる．

　だが，スミスの主要な分析対象は，商品の自然価格と市場価格のような市場原理によって動く経済であった．需給関係によって変動する市場価格の重心である自然価格は，賃金・利潤・地代の自然率の合計であった（**価格構成説**または**生産費説**）．その場合，賃金・利潤・地代の増減は，商品価格を騰落させるであ

ろう．スミスのこの理論は，リカードウによって批判されることになる．

　またスミスは，資本家や地主の個人的消費や軍人・公務員などの不生産的労働者の雇用に充てられていた収入からの貯蓄は，資本蓄積を通じて国富を増加させると主張した．なぜならば，蓄積された資本は農業労働者や工業労働者という生産的労働者の雇用に用いられ，農産物や製造品の量が増加するからである．リカードウはこれに基本的に同意した．他方，マルサスは，過度の資本蓄積に警鐘を鳴らす理論を提示した．こうしてスミスの後，リカードウとマルサスは市場経済を分析するための理論をさらに発展させることになる．

注
1) 生産的労働者が生産した目に見える形に具体化されたモノを販売すれば，生産的労働者を雇うために支払った分（資本）を回収したうえに利潤を取得しうる．他方，不生産的労働者は目に見えず形のないサービスを生み出すが，このサービスはその時点で消えてなくなってしまう．そのため不生産的労働者を雇うために支払った分（資本）の回収や利潤の取得を可能にするようなモノは何も生産されない．マルサスは後に，このスミスの不生産的労働者の中に不況脱却の糸口を見出すことになる（**第 3 章参照**）．
2) その文章は，『国富論』第 4 編第 2 章の中にある．「外国の産業よりも国内の産業を維持するのは，ただ自分自身の安全を思ってのことである．そして，生産物が最大の価値をもつように産業を運営するのは，自分自身の利得のためなのである．だが，こうすることによって，かれは他の多くの場合と同じく，この場合にも見えざる手に導かれて，自分では意図してもいなかった一目的を促進することになる．かれがこの目的をまったく意図していなかったということは，その社会にとって，かれがこれを意図していた場合に比べて，必ずしも悪いことではない．社会の利益を増進しようと思い込んでいる場合よりも，自分自身の利益を追求するほうが，はるかに有効に社会の利益を増進することがしばしばある．」［スミス 2020：訳Ⅱ 155］
3) スミスの場合，自然的（natural）という言葉には次の四つの意味が込められていた［和田 2010：85］．(1)至るところに普通に存在する，(2)当然そうあるべき，(3)当然そうならざるをえない，(4)歴史上のどの段階・時代にも多少ともみられる．自然価格がその時期・その場所の相場という意味での賃金・利潤・地代の自然率の合計であり，市場価格の長期的平均または重心であるという時，程度の差はあっても(1)から(4)の要素を含んでいる．
4) イギリスの初等教育法の成立は 1870 年である．この結果，地方税の補助による公立小学校が創設された．

第3章 リカードウとマルサス
──富の分配法則と富の継続的増加の条件──

は じ め に

　この章では，スミス以後のイギリス古典派経済学をさらに発展させたデイヴィッド・リカードウ（1772~1823 年）とトマス・ロバート・マルサス（1766~1834 年）の経済学を学ぶ．『国富論』の英語タイトルに示されているように，スミスの経済学の主題は，諸国民の富の性質と諸原因を探究することであった．富の性質を人々にとって何らかの効用をもつ労働生産物とする点では，この三人の基本的立場は変わらない．

　だがリカードウは，富がその形成に関わる諸階級の間に賃金・利潤・地代として分配される法則の探究を経済学の主要問題とした．この問題はスミス以後も十分に解明されていないと考えたからである．彼の問題関心は，**投下労働価値説**というスミスのアイディアを徹底させ，マルサスの**人口の原理**を組み込み，人口増加と社会の発展によって賃金・利潤・地代がどのように変動するかを解明する**価値と分配の理論**として結実した．

　マルサスは諸国民の富の性質と諸原因の探究というスミスのテーマを引き継ぐ一方で，**国富の継続的増加の条件**に分析の光を当てた．それは，収入からの貯蓄（資本蓄積）に富裕化の基本条件を見出したスミスやリカードウには不十分であった重要な観点を提供した．

 地金論争と穀物法論争

(1) 地金論争：地金主義と反地金主義
　リカードウとマルサスは，地金論争と穀物法論争という当時の政策論争を通じて，お互いの政策的立場とそれを裏づける経済理論を深化・発展させた．
　フランス革命後の政府やナポレオンとの対仏戦争（1793~1815 年）は，海外の

同盟軍へのイギリスの資金援助を増大させ，1797年にフランス軍が侵攻してくるという噂が流れると，人々は紙幣の正貨（金貨）への交換を求めてイングランド銀行に殺到した．この取り付け騒ぎを受けて議会は兌換停止を命じた（兌換再開は1821年）．兌換停止期間中のイギリスの地金価格・外国為替・物価をめぐる一連の論争を**地金論争**と呼ぶ．

　論争の基本構図は「地金主義 vs 反地金主義」である．**地金主義**は，地金価格騰貴・為替相場下落（ポンド安）・物価騰貴の原因が兌換停止下の紙幣（イングランド銀行券）の過剰発行にあるとし，その是正策として兌換再開を求めた．他方，**反地金主義**は，海外の同盟軍への戦費の送金や穀物輸入の増加が地金需要や紙幣発行を増加させたとして，イングランド銀行を擁護した．

(2) リカードウの主張

　紙幣の金兌換（兌換銀行券）の場合，通貨価値は安定的になる．金1オンスの法定価格は，3ポンド17シリング10ペンス半と定められていた（**金の鋳造価格**）．だが実際の1オンスの**金の市場価格**は，その時々で鋳造価格を上下する．そして兌換制度下で紙幣が過剰発行されたとしても，金の市場価格と鋳造価格は自動的に均等化され，通貨価値は安定的に維持される（**図3-1**）．

　紙幣の過剰発行によって通貨価値が下落し，金の市場価格が鋳造価格よりも

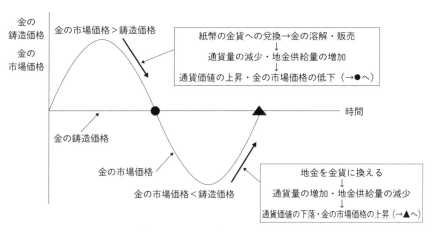

図 3-1　兌換制における通貨価値安定のメカニズム

出所）筆者作成.

上昇したとしよう．この場合，紙幣を金貨に換え，それを溶かして地金として販売すれば，3 ポンド 17 シリング 10 ペンス半の紙幣に対して 1 オンスの金を獲得して販売するため，金の市場価格と鋳造価格の差にあたる利益が得られる．この結果，通貨量の減少と地金供給量の増加が生じ，通貨価値の上昇と金の市場価格の鋳造価格への低下が起こるであろう（逆は逆である）．こうして金兌換の保証は，通貨価値を安定的に保つ作用をもっていた．

　だが兌換停止期には，紙幣の過剰発行によって金の市場価格が鋳造価格を上回っても，兌換を通じた通貨量の減少が起こらない．その結果，金の市場価格（例：4 ポンド〔A〕）と鋳造価格（3 ポンド 17 シリング 10 ペンス半〔B〕）の差によって示される割合（「$\frac{A-B}{B} ≒ 15.6\%$」）だけ通貨価値は下落し続ける．こうしてリカードウは，兌換停止期のイングランド銀行券の過剰発行によって通貨価値の下落が生じたと主張した．

　不換紙幣と化したイングランド銀行券の過剰発行によるイギリス通貨の価値下落は，対外的には為替相場下落（ポンド安），国内的には物価騰貴に導く．ゆえにリカードウは，地金主義の立場から紙幣の過剰発行により経済を混乱させたイングランド銀行を批判した[1]．

(3) 穀物法論争

　ナポレオンの大陸封鎖によって外国穀物の輸入が困難な状況に国内の凶作が重なり，対仏戦争中にイギリスの穀物価格は騰貴した．だが，ナポレオンの敗色濃厚に伴う穀物輸入への期待や国内の大豊作により，対仏戦争末期にはイギリスの穀物価格が急落した．このことは，戦時中の穀物の高価格のもとで土地や農業への投資を拡大させた人々に大打撃を与えた．そこで議会は，外国穀物の輸入を制限するために穀物法の改正を企てた．小麦 1 クォーターの価格が国内で 80 シリングを下回る時，外国からの輸入を禁止することが主な改正内容である．その結果，国内の農業関係者は外国との競争から保護されるであろう．この穀物法改正の是非をめぐって争われたのが**穀物法論争**である．その中でマルサスは穀物法擁護（保護貿易支持）の立場，リカードウは穀物法批判（自由貿易支持）の立場を明確にした．

⑷ マルサスとリカードウの主張

　マルサスは当初，穀物の自由貿易と保護貿易の双方の利益・不利益を公平に示すことを試み，穀物の自由貿易が穀物の低廉かつ安定的な供給を実現すると論じた．だがそれは，輸出入がともに自由な場合に限られる．にもかかわらず，1814 年のフランス穀物輸出禁止法は，穀物価格が 1 クォーターあたり（イギリス通貨に換算して）49 シリングまでは自由な輸出を認めた一方で，この価格を超えた場合の輸出を完全に禁じた．その結果，フランスで凶作が起これば，49 シリングよりも価格が騰貴してイギリスへの穀物輸出が禁止されかねない．こうして彼は，穀物法擁護の立場を鮮明にした．マルサスの主張は，人間の生命維持に不可欠な食料を穏当な価格で取得可能にすることは国の責任である，という現在の**食料安全保障**の考え方にもつながる．

　他方のリカードウは，穀物法による輸入制限政策を批判した．この政策的主張とも関連づけながら，スミスの経済理論を批判的に深化・発展させたのがリカードウの主著『経済学および課税の原理』（1817 年，以下『原理』）である．

 ## リカードウの経済学（1）
──労働価値説と差額地代説──

⑴（投下）労働価値説

　『原理』においてリカードウは，商品の交換価値はその生産に要した労働量に依存するという**投下労働価値説**（**労働価値説**）の立場をとった．この労働量の中には，例えば，靴下の生産に直接投下された労働量だけでなく，原料の綿や機械の生産に間接的に投下された労働量も含まれる．それゆえ一般原理として，商品の投下労働量が変わらない限り，賃金の騰落は商品価値を騰落させえない．これはアダム・スミスの**価格構成説**の否定を意味していた．

　スミスは，資本蓄積と土地所有に先立つ社会に関して，投下労働価値説によって商品の交換を説明した．だが資本蓄積と土地所有の確立後の社会に関して，彼は投下労働価値説を否定した（**第 2 章**参照）．これに対してリカードウは，機械や原料のような資本の生産に投下された労働量も商品の生産に投下された労働量にカウントすることにより，資本蓄積後の社会にも投下労働価値説を適用したのである．

(2) 差額地代説

リカードウの分配の理論は，この投下労働価値説をベースに展開された．労働者は労働（力）を提供して賃金を受け取り，資本家は事業に資本を投下して利潤を受け取り，地主は土地を貸して地代を受け取る．こうした賃金・利潤・地代の決定や変動を扱うのが分配の理論である．まず，リカードウの地代の理論から説明しよう．

肥えた土地や痩せた土地のように，土地の肥沃度は異なる．耕作が最も肥沃な土地 A から始まり，人口と穀物需要の増加のために A で生産される穀物だけでは不足すると 2 番目に肥沃な土地 B に耕作が拡大する（以下同様），としよう．そして土地 C まで耕作が拡大する時，1000 人という同じ労働量を各土地に投下しても，肥沃度の差によって穀物生産量は A（1000 kg），B（700 kg），C（400 kg）のように異なるとする（**土地収穫逓減の法則**）．

ここで，穀物 1 単位あたりの投下労働量（投下労働量÷穀物生産量）を縦軸にとり，横軸の左から肥沃度の高い順に土地を並べてみよう（**図3-2**）．縦軸の穀物 1 単位あたりの投下労働量は，土地 A では 1 人，土地 B では 1.43 人，土地 C では 2.5 人となる．

この場合，穀物の交換価値は，土地 C の投下労働量を基準に決まるはずである．なぜならば，人口の増加によって土地 C で生産される穀物も必要とされるので，穀物の交換価値（価格）は土地 C でも経営が成り立つような高さに

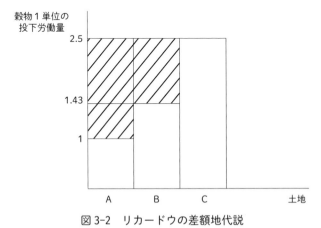

図 3-2　リカードウの差額地代説

出所）筆者作成.

ならなければならないからである．こうして最も肥沃な土地Aから土地Cまで劣等地耕作が拡大すると，穀物価値は騰貴していく．

　この時，最劣等地（土地C）の投下労働量に依存する穀物の**社会的価値**と，優等地（土地Aと土地B）の投下労働量に依存する穀物の**個別的価値**との間に差額が生じる．換言すれば，優等地では，平均利潤を得て経営が成り立つ最劣等地よりも多くの利潤（超過利潤）が発生する．その結果，農業資本家は優等地の地主を訪れ，この超過利潤から今までよりも高い地代を支払うから自分に土地を貸してほしいと交渉するに違いない．この競争が進めば，優等地の超過利潤は最終的に平均利潤の水準にまで低下し，穀物の社会的価値と個別的価値の差額はすべて地主の**地代**となる（**図3-2**の斜線部）．他方，最後に耕作される生産性が最も低い土地C（最劣等地）の地代は**ゼロ**である[2]．穀物価値は地代を含まない最劣等地の投下労働量を基準に決まる以上，土地所有すなわち地代の発生・増加という要因は，投下労働価値説の妥当性を損なわない．こうしてリカードウは，スミスとは違って，資本蓄積だけでなく土地所有の後でも投下労働価値説が成り立つとした．

　以上の考え方を**差額地代説**と呼ぶ．人口増加に伴う穀物需要の増加が劣等地耕作を拡大させ，穀物価値が以前よりも騰貴した結果として優等地で地代が発生・増加する．それゆえ，地代の発生・増加は高い穀物価値の結果であって，地代の発生・増加が原因で穀物価値が高くなるのではない．また劣等地耕作の拡大が地代の発生・増加をもたらす以上，地代は自然（土地）が恵み深いからではなく，恵み深くないことに起因していた．リカードウのこの理論は，農業では家畜や自然も労働するから一定額の資本投下が他産業よりも多くの価値（地代）を生み出すと論じたスミスへの批判であった（**第2章**参照）．

③ リカードウの経済学（2）
——賃金論・利潤論・外国貿易論——

(1) 自然賃金（労働の自然価格）と市場賃金（労働の市場価格）

　賃金には(1)**自然賃金**と(2)**市場賃金**がある．(1)は労働者とその家族が何とか暮らすために必要な諸商品に投下された労働の量に依存する（後述のように，このことは，穀物の投下労働量が増加すれば自然賃金が騰貴することを示す）．換言すれば，自然賃金は労働人口を一定の水準を保つのに必要な生存維持水準に決まる[3]．他方，(2)は労働の需要と供給に応じて騰落する．そしてリカードウによれば，長

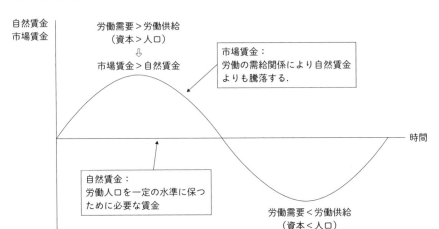

図 3-3　自然賃金と市場賃金の長期的・平均的な一致

出所）筆者作成.

期的・平均的には市場賃金は自然賃金に一致する傾向をもつ（図3-3）.

　　いま，労働需要が労働供給を上回るために，市場賃金が自然賃金を上回るとしよう．労働人口を一定に保つ自然賃金以上に市場賃金が上昇すれば，生活に余裕が出た労働者階級の結婚・出産が増える．やがて人口（労働供給）が増加し，今度は逆に労働需要が労働供給を下回る状態になる．この時，市場賃金は，労働者の生存を維持しうる自然賃金以下にさえ低下しうる．その結果，人口が減少して労働需要が労働供給を上回れば，市場賃金は自然賃金に向けて再び上昇していく（逆は逆である）.

　　これを「資本（食料）の増減 → 労働需要の増減 → 自然賃金以上または以下への市場賃金の騰落 → 労働供給（人口）の増減」ととらえ直せば，食料の増減と人口の増減が関連づけられている．リカードウの理論には，マルサスの人口の原理（第4節）が組み込まれていた.

⑵ 残余としての利潤

　　利潤の決定・変動の説明に際して，縦軸に NP すなわち各土地の労働1単位あたりの穀物の純生産量（「総生産量－固定資本と賃金以外の流動資本の補填分」），横軸に N すなわち各土地への労働投入量（土地 A から土地 C の各土地への労働投入量

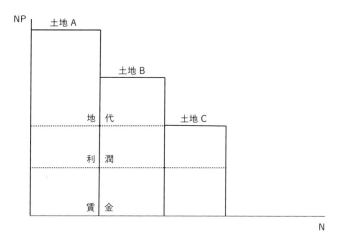

図 3-4　土地の生産物の地代・賃金・利潤への分配
出所）筆者作成.

は図 3-2 と同じ 1000 人ずつとする）をとると，図 3-4 が書ける.

　NP は，肥沃度が一番高い土地 A で最も多く，肥沃度が一番低い土地 C で最も小さくなる. 差額地代説より，土地 C（最劣等地）には地代が発生しない. **地代**は，土地 A と土地 B における土地 C の縦軸の値よりも高い部分になる. NP のうち，労働者 1 人あたりの生存賃金と土地への労働投入量（3000 人）との積が実質賃金，つまり穀物で表した**賃金**を表す. そして，NP から地代と賃金を取った後に残る部分が**利潤**である. この利潤が他産業の利潤よりも低い（高い）ならば，部門間の利潤が均等化されるまで，資本は農業（他産業）から他産業（農業）に移転する. こうして地代・賃金・利潤への分配の鍵を握るのは，**最劣等地における穀物の生産条件**であった.

　以上のことを価値の視点からみてみよう. 土地 A から土地 C への劣等地耕作の拡大は，穀物 1 単位あたりの投下労働量を増加させ，穀物価値を上昇させる（図 3-2）. 穀物は労働者の生存に不可欠だから，穀物価値の上昇は賃金（自然賃金）を増加させる. だが A から C のどの土地が最劣等地の時であっても，最劣等地の労働 1 単位あたりの純生産量はつねに同じ価値であり（投下労働価値説），その価値が賃金と利潤に分配されるので（差額地代説），賃金が増加すれば利潤は下落する. ゆえに，リカードウは**賃金と利潤の相反関係**を説いた.

⑶ 資本蓄積と人口増加に伴う地代・賃金・利潤の変動

　資本蓄積と人口すなわち穀物需要の増加がさらに進めば，土地 D，土地 E……へと劣等な土地に耕作が拡大し，図 3-4 の N はますます大きくなる．ここで，耕作に使用される土地の種類が無数にあって，土地の肥沃度が連続的に変化すると仮定しよう（図 3-5 の⒜および⒝）．

　資本蓄積と人口すなわち穀物需要の増加に伴って，国内の劣等地耕作が拡大し，N の値が増えていく．だが，N* まで劣等地耕作が拡大すると，縦軸にとった NP はすべて賃金として分配され，利潤が消滅してしまう．これは，土地の肥沃度の低下により労働 1 単位が生み出す最劣等地の純生産量が減少していき，やがて労働 1 単位あたりの穀物純生産量が労働者の生存維持分と等しくなるからである．つまり図 3-5 の⒝は，資本蓄積と人口増加の終着点は利潤が

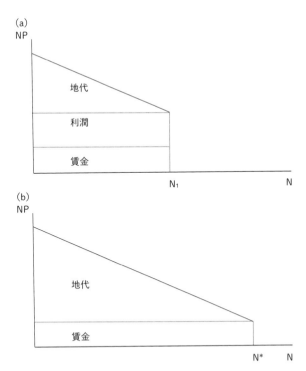

図 3-5　リカードウ理論における資本蓄積の終焉（停止状態）
出所）筆者作成.

ゼロになり，それ以上は経済が拡大しない状態（**停止状態**）であることを示している．スミスとは異なり，利潤は**諸資本の競争**により下落するのではなく，資本蓄積と人口増加により劣等地耕作が拡大し，**穀物の生産条件の悪化**のために利潤が下落するのである．

　しかし，穀物法を廃止して外国から安い穀物を輸入すれば，その分だけ国内で穀物を生産せずに済む．劣等地に投下されていた資本と労働が他の商品（製造品）の生産部門に移転され，**図 3-5** の N が小さくなり（左に移動し），利潤の部分が大きくなる．これは，一国の経済発展の終焉（停止状態）の到来を先送りする方法として，穀物法廃止すなわち穀物の自由貿易が重要であることを示していた．

(4) 外国貿易論

　リカードウは『原理』第 7 章の外国貿易論で自由貿易を正当化するもう一つの理論を示した．それは一般に「比較優位の原理」と呼ばれている．だが，それは本来のリカードウの理論と同一ではない．以下では，『原理』第 7 章のリカードウ本来の理論を説明しよう[4]．

　現実の貿易において，イギリスの布地 X 単位とポルトガルのワイン Y 単位が 50 ポンドのような同じ価格で交換されている（この交易条件は両国にとって外生的に所与，つまり理論の外で決まっている）．そして，イギリスとポルトガルで布地 X 単位とワイン Y 単位の生産に 1 年間に必要な労働者数が**表 3-1** のとおりであるとしよう．

　イギリスは，100 人の労働で生産された布地 X 単位を輸出し，ワイン Y 単位を輸入している．このワイン Y 単位をイギリス国内で生産すれば，120 人の労働を要したであろう．それゆえイギリスは，ワイン Y 単位を国内で生産せずにポルトガルから輸入すれば，20 人の労働を節約できる．この 20 人の労働は国内で需要のある他の商品の生産に充てられ，その分だけイギリスは物質的に豊かになるであろう．

表 3-1　『原理』第 7 章の数値例

	布地	ワイン
イギリス	100 人	120 人
ポルトガル	90 人	80 人

出所）［リカードウ 1972：訳 157］より筆者作成．

　ポルトガルは，80 人の労働で生産されたワイン Y 単位を輸出し，布地 X 単位を輸入している．この布地 X 単位をポルトガル国内で生産すれば，90 人の労働を要したであろう．それゆえポルトガルは，布地 X 単位を国内で生産せずにイギリスから輸入すれば，10 人の労働を節約できる．この 10 人の労働は国内で需要のある他の商品の生産に充てられ，その分だけポルトガルは物質的に豊かになるであろう．

　つまりリカードウ本来の理論は，布地とワインのどちらが比較優位財かを判定することなしに，**輸入品の獲得コスト**（輸入品と交換される輸出品の労働コスト）と，**輸入品を国内で生産していたら必要であった労働コスト**を比較して貿易の利益を説いていた．そして，イギリスの布地（100 人）とポルトガルのワイン（80 人）の交換は，**国際間における投下労働価値説の不成立**を示す．なぜならば，資本と労働の国境間の移動は困難だからである．その場合，利潤率や賃金率は両国で均等化されない．実際，100 人の労働生産物と 80 人の労働生産物が同じ価格で交換されるということは，（単純化のために利潤を無視すると）1 人あたりの賃金がイギリスよりもポルトガルで 25% 高い（100／80）ことを暗示していた．

　いずれにせよ，イギリス（ポルトガル）にとって，ワイン（布地）を国内で生産するよりも輸入したほうが物質的に豊かになる．リカードウの斬新な点は，布地とワインの両方に関してポルトガルの労働コストがイギリスよりも低いとしても，ポルトガルは布地を国内で生産せずにイギリスから輸入したほうが得をする，という命題にあった．

　以上のリカードウ本来の外国貿易論は，穀物法問題に対して次の含意をもっていた．たとえ製造業だけでなく農業でもイギリスの労働生産性が貿易相手国より高いとしても，イギリスが製造品を輸出して穀物を輸入すれば，両国はともに物質的に豊かになれる．それゆえ穀物法は物質的富裕の増進に逆行する政策であり，漸次的に廃止すべきであった．

マルサスの人口論と経済学

(1) 人口の原理

　マルサスは，『人口論』初版（1798 年）を匿名で出版した．この著作で説かれたのが，**人口の原理**（人口法則）である．

　食料不足の状態でなければ，人口は**幾何級数的**（指数的）に増えていく．マルサスは現在の人口を 10 億人として，25 年ごとに 1，2，4，8，16，32，…のように人口が増えると想定した．他方，人口の維持に不可欠な食料は，最も有利な場合でも**算術級数的**（比例的）にしか増えない．マルサスは 25 年ごとに 1，2，3，4，5，…のように食料が増えると想定した．この結果，人口の維持に必要な食料が得られるのは最初の 25 年だけであり，その後は人口と食料の差が乖離していく．

　だが，食料なしに人間は生きられない．そこで実際には，食料の供給水準に人口の水準を抑え込む要因が作用していた．それが**積極的制限**（戦争，流行病，飢饉など）と**予防的制限**（独身時代の生活水準を保てないことを懸念した結婚の延期）である．積極的制限は死亡率の上昇，予防的制限は出生率の低下を通じて人口増加にブレーキをかける．

　なお，『人口論』第 2 版（1803 年）以降のマルサスは，予防的制限のうち性道徳の堕落につながらないものを**道徳的抑制**と呼んだ．予防的制限は，場合によっては売春や中絶の横行を通じて性道徳の乱れを引き起こし，女性を困窮させるかもしれない．だが，予防的制限の中でも，家族を養える見通しが立つまで結婚を先送りしながらストイックに暮らすことをマルサスは道徳的抑制として特に区別したのである．

　マルサスの人口の原理は，当初はコンドルセやゴドウィンのユートピア論の批判として提示された．コンドルセは人間の完成可能性を唱えて将来に人間の寿命がほぼ無限に伸びると予測し，ゴドウィンは私有財産制度を撤廃して平等社会になれば貧困は消滅すると考えた．だがマルサスによれば，人口増加率が食料増加率を超えると，食料を得られずに死亡する者が増えていく．また，平等社会でも人口の原理は作用し，貧困に陥った人々は乏しい食料をめぐって争うであろう．平等社会の建設は，貧困消滅の切り札にはなりえなかった．

(2) 救貧法批判

　当時のイギリスでは，行政が貧民に救いの手を差し伸べる**救貧法**という制度があった．だが，救貧法を制定しても食料が増えるわけではない．しかも救貧法があるために，人々は貧困の心配なしに結婚に踏み切れる．こうした行動は，「人口増加率＞食料増加率」の状態をさらに悪化させるであろう．貧困者の救済を目的とする救貧法が，貧困を拡大させる作用をもつ．こうしてマルサスは，

人口の原理に立脚して救貧法の漸次的廃止を唱えた.

(3)『経済学原理』：需要サイドの経済学

　対仏戦争後の失業や貧困のなかでマルサスが世に問うたのが『経済学原理』(1820年) である.『人口論』では, 法則的には幾何級数的に増加するはずの一国の人口を (食料を中心とする) 生活資料の現実の供給水準に制限する諸原因が探究された. 他方,『経済学原理』では, 生活資料を中心とする諸商品の現実の供給水準を左右する諸原因が示される. 国富は土地の肥沃度, 人口増加, 資本蓄積などにより左右される. しかし, 富の供給力に見合った**有効需要** (消費する能力と意思) がない限り, 国富の現実の水準は上昇しえなかった.

　例えば, 資本蓄積と国富増加の関係を考えてみよう. 資本蓄積は収入からの貯蓄, つまり**不生産的労働者** (軍人や召使など) の雇用や奢侈品購入の節約分を**生産的労働者** (農業・工業労働者) の雇用に回すことを指す (この時, 地主と資本家の消費への能力と意思は低下する). 資本蓄積の進展は, 農産物や工業製品という諸商品の増加に導く一方で, 不生産的労働者と奢侈品部門の労働者が農業・工業労働者に転換されるだけだから, 労働者数は変わらない. 理論上, 増加した諸商品の大部分はその後 (生活のために生産的・不生産的を問わず) 労働と交換されうるが, この増加した諸商品は今や, 人数が一定の労働に比べて全般的に供給過剰になる. その結果, 諸商品の価値は, それらが市場で購買・支配しうる労働の量で測ると, 諸商品の生産に投下された労働の量以下に下落しうる (マルサスはスミスから**支配労働価値説**の考え方を受け継いでいた). 労働に比較した諸商品の全般的供給過剰のために, 100人の労働を投下して生産した商品が市場で80人の労働しか購買・支配できなければ, 利潤を得るどころか, 生産コストすら回収できない.

　マルサスにとって, 利潤が増加するためには生産に投下された労働よりも多くの労働を市場で支配するほど諸商品の価値が増加しなければならない. そのためには諸商品に対する**有効需要の増加**が不可欠であった. 諸商品の供給力に応じた有効需要の増加があればこそ利潤は増加し, 一国の諸商品つまり国富の現実の水準は上昇するのである.

　要するに, マルサスによれば, 生産と消費のバランスを無視した過度の資本蓄積は, 諸商品の全般的供給過剰を招く. それを避けるには, 諸商品の供給力に応じた有効需要の増加が必要である. 確かに, 貨幣を捨象した物々交換を想

定すれば，経済全体では諸商品は残り半分の諸商品と交換されるであろう．この場合，資本蓄積により生産が増加しても，諸商品の半分が残りの半分と交換されるだけなので，お互いの交換比率つまり諸商品の価値は下落しない（経済全体の諸商品が 200 から 1000 に増加しても，諸商品の半分と残り半分の量が交換される限り，依然として商品 1 単位は残り半分の 1 単位と交換される[5]）．

(4) マルサス経済学の性格

　マルサスにとって，この考え方は諸商品を数字や記号のようにみなし，消費者ないし人間の欲求を無視するものであった．資本蓄積による諸商品の増加は，消費者の欲求に適合した諸商品が生産されてこそ順調に進むのである．

　需要の急減から生じた戦後の不況期に消費や需要の側面を無視して資本蓄積を進めれば，生産と消費がさらにアンバランスになってしまう．収入からの貯蓄による資本蓄積は，諸商品を生産せずに消費を行う**不生産的労働者**と奢侈品消費を減少させ，消費する以上に諸商品を生産する**生産的労働者**を増加させるからである．需要の減少により生産過剰となった不況期には，諸商品の生産増加に直接つながらない道路や橋などの建設・補修のような**公共事業**への失業者の雇用も考えるべきであった．たとえ経済活動に介入すべきではないというのが政治の一般原理だとしても，である．

　諸商品を数字や記号とみなさず，その供給力と人間の欲求の適合性を強調し，不況期の公共事業を認めたマルサスにとって，経済学は数学よりも倫理学や政治学に近いものだった．

お わ り に

　リカードウは，スミスの投下労働価値説を貫徹させて価値と分配の理論を構築した．他方，マルサスは人口の原理で名声を高め，スミスとリカードウでは十分に強調されなかった国富の継続的増加の条件，すなわち有効需要に焦点を当てた理論を編み出した．

　リカードウの理論は，J.S. ミルやマルクスにも大きな影響を与えた．また J.S. ミルはマルサスの人口の原理を摂取しつつも分配法則の人為的可変性を強調し，改良の経済学をつくり上げていく．経済成長における需要サイドの重要性に着目したマルサスの視点は，ケインズによって再び注目されることになる（第4章，第8章，第12章参照）．

注

1）マルサスも基本的に地金主義であったが，為替相場下落の要因として（紙幣の過剰発行だけでなく）貿易差額の赤字も認めた点でリカードウと異なっていた．輸入増による貿易差額の赤字は（地金の輸出よりも有利である限り）その債務を弁済するために一定額の外国通貨を支払うように海外居住者に指図する外国為替手形を以前よりも多くのポンド額で購入させるからである．こうして貿易差額の赤字は，紙幣の過剰発行とは無関係に為替相場の下落（ポンド安）を引き起こしうる．

2）以上の説明は，土地Aから土地Cへと未耕地に耕作が拡大する本文のケースだけでなく，「土地Aへの第1次資本投下 → 第2次資本投下 → 第3次資本投下 → ……」のように，同じ土地Aに資本が追加的に投下されて穀物が生産されるケースでも成り立つ．

3）なおリカードウは，労働者階級の慣習の変化によって彼らが生存維持に必要と考える諸商品の内容は変化しうるし，結婚・出産よりも自分の生活水準の向上を選択してこの水準自体が上昇することを期待した．

4）リカードウ本来の理論に関する専門的な文献としては，行澤［1988］およびTabuchi［2017］を参照．

5）これは，供給はそれみずからの需要をつくり出すという**セー法則**に相当する（**第5章**参照）．リカードウはセー法則を肯定したが，マルサスは否定した．

第4章 J.S.ミル

―― 富の分配法則の人為的可変性 ――

はじめに

　この章では，リカードウとマルサスの後にイギリス古典派経済学を再編成したジョン・ステュアート・ミル（1806~1873 年）の経済学と社会哲学を学ぶ．リカードウとマルサスは，持続的な経済発展をいかに達成するかという問題に対して異なる見方を示した．リカードウにとって，生産力の増大それ自体が持続的な経済発展の鍵であった．一国は，終局的に経済がそれ以上成長しない停止状態に到達する．だがそれは遠い先の話であり，穀物の自由貿易を通じた先送りも可能であった．マルサスにとって，消費とのバランスを失った生産力の増大は不況を引き起こす．生産と消費のアンバランスに起因した不況への現実的対応策として，公共事業による失業者の雇用も否定されなかった．

　ただしマルサスは，私有財産制度と市場を基盤とした社会自体の変革を望んだわけではなかった．彼以前に経済学を体系化したスミスは，資本蓄積と土地所有の以前と以後の社会を対比し，交換の原理を考察した．しかもスミスは，中世以降の所有権の確立と国内外の商業が発達する過程を示すことにより，競争的な市場における交換を通じて人々が生活物資の大部分を入手する市場経済を歴史的に相対化する視点をもっていた（第2章参照）．他方，リカードウは資本蓄積と土地所有の以前と以後の社会に同じく投下労働価値説を貫徹させた結果（第3章参照），両社会を区別する意味がなくなった．彼の考察対象は最初から労働者・資本家・地主という三階級から成る市場経済であり，その歴史的形成過程にはほとんど関心が払われていない．この限りにおいて，「リカードウの理論では，三つの分配制度（競争・3階級分配・私有財産制度）は永遠不変の与件とされ」ていた ［高橋 2012：62］．

　この引用で指摘されている「三つの分配制度」は，生産に関わる制度でもある．なぜならば，リカードウ理論の対象は，私有財産制度のもとで地主・資本

家・労働者が土地・資本・労働（力）を提供し，競争的な市場において諸商品が生産される経済だったからである．その意味では，競争・三階級分配・私有財産制度は，リカードウ経済学自体の基本的な与件ないし枠組みであった．

　他方，貧困，失業，労働強化などの当時の問題に対して，こうした与件を当然視せずに社会の変革を唱えた初期社会主義が現れてくる（**第5章**参照）．初期社会主義を含む当時の最先端の思想を吸収しつつ，イギリス古典派経済学を再編成したのがミルである．

 ## 生産法則と分配法則の峻別——改良の経済学——

(1) 19世紀の『国富論』

　ミルの主著は『経済学原理』（初版1848年）であるが，そこには「社会哲学への若干の応用を含む」という副題がついていた．なぜ経済学原理を社会哲学に応用するのであろうか．ミルによれば，現実社会の問題に接近するためには，経済学だけでなく社会哲学というもっと広い観点に立つ必要があった．純粋な経済問題にみえる場合にも，その解決には経済を含む社会をどうみるかという視点が必要なのである．道徳哲学者スミスは，こうした視点を含めて『国富論』で経済問題を論じた．ミルもスミス以後の現実の変化や学問の進歩をふまえながら，19世紀の新しい『国富論』としての『経済学原理』を世に送り出したのである．

　ミルは多様な学問を吸収しながら自己の思想を練り上げた．フランス思想からも大きな影響を受けている．例えば，サン・シモン主義者からは，人間の進歩の各段階に応じて異なる制度をもつという考え方を学び取った．つまり，人間社会の諸制度は歴史を通じて絶対不変ではなく，変化する相対的なものにすぎない．こうした社会哲学から吸収した成果は，『経済学原理』の中で存分に発揮された．ミルの社会主義論はその典型例である（第3節）．

(2)『経済学原理』における生産法則と分配法則の峻別

　『経済学原理』は第1編（生産），第2編（分配），第3編（交換），第4編（生産と分配に及ぼす社会の進歩の影響），第5編（政府の影響について）から構成されている．このうち第4編まではさらに，市場経済のようなある一定の静止的な経済の法則を探究する第1編から第3編の**静態論**と，人間と経済の進歩の方向を論

じる第4編の**動態論**に分けられる.

　第1編と第2編の生産法則と分配法則の間には重要な違いがあった. そこにミルの経済学の特徴がある. 労働または犠牲により獲得される有用で快適なモノという意味での**富の生産法則**は, あらゆる時代や国において成り立つ自然法則であるのに対して, **富の分配法則**は人為的に変更可能な制度に関わっており, 時代や国によって異なる.

　生産法則の代表例は, **土地収穫逓減の法則**である. あらゆる時代と国において, 土地に労働と資本を次々に投下していくと, 追加的に得られる収穫量は逓減していく. 確かに, 農業改良はこの傾向を一時的に食い止めるかもしれない. だが, 農業改良の作用よりも収穫逓減の法則の作用がいずれ凌駕する. こうして土地収穫逓減の法則は, あらゆる時代と国において最終的に成り立つ自然法則であった.

　土地の食料生産能力に制約があるならば, 食料なしに生存できない人間も無限に増加できない. そのため, ミルは人口制限の重要性を説いた. この意味でミルは, マルサスの**人口の原理**を受容している. しかもミルは, 牧師であったマルサスからさらに踏み込み, 避妊を通じた**産児制限**による人口抑制を主張した. こうした立場を**新マルサス主義**と呼ぶ.

　分配法則の代表例は, 私有財産制度である. 従来のイギリス古典派経済学は, 競争・三階級分配・私有財産制度を基本的に前提して富の分配を考察した. その結果, 市場による富の分配以外の可能性が見失われる. しかし, 市場原理によって経済が回るようになったのは, 人間の長い歴史の中でみれば最近のことにすぎず, 今後もずっと存在し続けるとも限らない. 社会の法と慣習（制度）が変われば, 富の分配のありようも変化しうる. このようにミルの分配論は単なる所得分配論ではなく, 制度も研究対象に含まれ, しかもその制度は人間の知的・道徳的な状態に応じて歴史的に可変なものであった. こうしてミルは, 私有財産制度以外に, **共産主義**（財産の共同所有と富の平等な分配）や**社会主義**（労働に応じた報酬の原理を多少とも含んだ共産主義の変種）も分析対象としたのである.

(3) 改良の経済学

　では, 共産主義・社会主義と（市場経済や資本主義の根底にある）私有財産制度はどちらが優れているのだろうか. この問題は第3節で扱うが, ミルの経済学

の基本的性格を理解するために必要な限りにおいて，ここで簡単にみておこう．

　ミルの時代の共産主義や社会主義は理念ないし実験レベルにとどまっていたのに対して，私有財産制度はイギリス社会の根幹をなしていた．ただし，社会の改良に伴って私有財産制度自体も変容する可能性がある．そこでミルは，共産主義・社会主義と比較すべきなのは，現行ではなく理想の私有財産制度であると論じた．この比較を行うために，社会の改良を通じて現実を理想的な私有財産制度に近づけることが重要であった．

　当時すでに最大の経済大国であったイギリスでも，多くの労働者が貧困に苦しんでいた．その一方で，労働にも制欲（消費欲求を抑えて蓄積した資本を事業に投下すること）にも基づかずに，裕福な家に生まれただけで多くの富をもつ者がいた．こうした私有財産制度の現状に対して，ミルは**労働と制欲に基づく所有**を分配的正義の基準とし，それを実現させる社会改良を目指したのである．

　例えば，莫大な財産をもつ家に生まれた者と貧しい家に生まれた者とでは，人生の出発点において条件が同じではない．そこで，**相続税**の制度化が必要である．また教育のさらなる普及は，貧困が人口の原理に起因することをいっそう多くの人々に理解させ，人口抑制を通じて労働者階級の分配を改善させるであろう．

　ミルの基本的な立場は，共産主義・社会主義という私有財産制度とは別の分配制度を視野に入れつつも，まずは私有財産制度の枠内で社会改良の可能性を探ることにあった．その意味でミルの経済学は，**改良の経済学**として特徴づけられる．

 ## 賃金基金説とその後の「撤回」

(1) 賃金基金説

　人口抑制による労働者階級の境遇改善というミルの考え方は，マルサスの人口の原理（第3章参照）に加えて，賃金基金説に基づいている．

　一国全体でみて，前期に資本家によって用意された賃金基金（生活資料，特に穀物の総量）と今期の労働人口との間の関係によって賃金水準が決まるという学説を**賃金基金説**と呼ぶ．ここで賃金基金は**労働需要**を表し，労働人口は**労働供給**を表す．この労働の需給関係によって，貨幣ではなく実物の量（特に穀物）で示される実質賃金が決定される．

　その場合，労働者の雇用に用いられる賃金基金はある時点では一定だから，一部の労働者が高い賃金を要求すると，その分だけ残りの労働者を雇用する基金が削られてしまう．こうして賃金基金説は，賃上げを求める**労働組合運動の無効性**と結びつけられた．労働組合運動は今期の一国の賃金基金自体を増加させない以上，一部の労働者の境遇を改善するために残りの労働者の境遇を悪化させるからである．賃金を全体的に引き上げる道は，賃金基金の増加か労働人口の減少しかなかった．

⑵ グラフによる説明
　賃金基金説は単純なグラフによって説明できる．ある一時点の賃金基金は一定であり，「賃金基金（f）＝雇用労働者数（L）×賃金（w）」となる（この場合の賃金は，生活資料または特に穀物で表示された実質賃金である．以下同様）．ある一時点の雇用労働者数もまた一定である．つまり，労働者は雇用される以外に生計維持の道はなく，賃金の騰落が雇用労働者数を増減させることは起こらないとされている．こうして，縦軸を w，横軸を L とすると，雇用労働者数を表す労働供給曲線 L_S は垂直になる．

　他方，一定の f が L と w の積に等しいならば，横軸にとった L の減少は，縦軸にとった w を増加させる（逆は逆である）．こうして，賃金基金を表す労働需要曲線 L_D は右下がりになる．

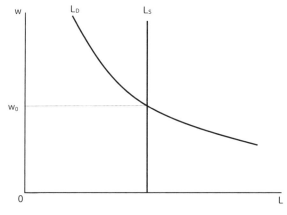

図 4-1　賃金基金説

出所）筆者作成．

二つのグラフの交点で賃金 w_0 が決定される（図 4-1）．そして「f＝L×w」において左辺の f が一定ならば，右辺の L と w の積も一定でなければならない．その結果，労働組合による賃上げは雇用労働者数の減少をもたらす．それゆえ，労働組合運動は労働者全体の境遇を改善させることができない．

f が大きい場合，L_D の上方シフトを引き起こし，w を上昇させる．これに対して，L の増加は，L_S の右方シフトを引き起こし，w を下落させる（逆は逆である）．特に，ミルがその重要性を強調した労働者の人口抑制は，L_S の左方シフトに伴う賃金上昇によって労働者の境遇改善に導くであろう．

(3) 賃金基金説の「撤回」

ミルは少なくとも『経済学原理』第 6 版（1865 年）までは賃金基金説の立場をとっていた．だが，労働組合運動の高まりの中でミルの賃金基金説はウィリアム・ソーントン（1813〜1880 年）によって批判され，ミル自身も 1869 年に賃金基金説を「撤回」したといわれている．しかし，賃金基金説自体は『経済学原理』第 7 版（1871 年）でも残されているので，文字どおりの「撤回」ではない．馬渡 [1997a : 182-187] の解釈によると，以前の賃金基金説と「撤回」後のミルの新見解との間の主な相違点は以下のように示せる[1]．

ミルの以前の賃金基金説では，ある一時点における賃金基金は一定とされていた．この一定の賃金基金が，全雇用労働者に均等配分されるような水準に賃金を決定する．その結果，例えば賃金が半分に低下すれば，労働需要すなわち雇用労働者数は（一定の賃金基金のもとで）2 倍に増加するであろう．換言すれば，以前の賃金基金説では，賃金の低下に正確に比例して労働需要すなわち雇用労働者数が増加する，と想定されていた．資本は期首に投下されて労働者を雇用するが，所得（利潤）は期末に得られる．そのため，賃金が上昇しても所得（利潤）はまだ得られておらず，その分だけ雇用労働者数が減少するしかない．

しかし今期の期首に存在する全資力は，実際には労働者の雇用（A）だけでなく雇い主とその家族の消費支出（B）にも用いられる．そして後者の消費支出分は，経済活動の結果として今期の末に得られる利潤から次第に取り戻される．このため賃金の上昇は，A を増加させて B を減少させることにより対処しうる．つまり「撤回」後の新見解では，賃金の上昇に正確に比例して労働需要すなわち雇用労働者数が減少するわけではない．これは，賃金基金が一定ではなく（ある限度内で）可変であることを意味していた（「f＝L×w」の時，w の上

昇に正確に比例してＬが減少しなければ，右辺のＬとｗの積は増加し，そのことは等号で結ばれた左辺のｆが一定ではなく増加することを示す）．この意味での賃金基金説の「撤回」（正確には修正）の結果，労働組合は比例的に失業（雇用労働者数の減少）をもたらすことなしに賃金を引き上げうるものとされた．

 ## 停止状態，労働者階級の将来，および社会主義

(1) 停止状態のとらえ方の転換

　ミルの『経済学原理』第４編では，停止状態論と労働者階級の将来が考察される．経済が成長・発展していくと，やがて資本と人口の増加が止まる**停止状態**（定常状態またはゼロ成長経済）が到来すると考えられていた．これに関してスミスは，労働者の境遇は国富や資本の大きさ自体ではなくその増加率に依存するという立場から停止状態を望ましくないものとした．さらなる経済成長を不可能にする水準への利潤の低下を穀物法の撤廃つまり自由貿易によって阻止しようとしたリカードウも，停止状態の先送りを望んでいた．

　これに対して，ミルは停止状態をむしろ望ましい状態とみなした．彼にとって，資本と人口が増加する成長経済に伴う出世競争に明け暮れる人間の精神状態は魅力的ではなかった．また経済成長に伴う過密人口は，人々が孤独の中で思索を通じて人格を高める機会を減少させるであろう．経済成長はさらに自然環境を破壊するものであった．

　途上国の場合のように，経済成長が人間の進歩にとって重要な段階は存在する．だが経済が停止状態に行き着いたとしても，人間はなお精神的・文化的に進歩しうる．これが，以前のイギリス古典派経済学とは異なるミルの独特な考え方であった．

(2) 資本＝賃労働関係の解消への展望

　ミルは経済成長の終着点としての停止状態とともに，労働者階級の将来も論じている．そこには，賃金のために労働するという状態の改善，すなわち資本＝賃労働関係の解消に関する見通しも含まれていた．このことは，以前のイギリス古典派経済学とは違って，ミルが地主・資本家・労働者への三階級分配を最終的な状態とはみていなかったことを意味する．

　資本＝賃労働関係では，資本家はできるだけ低い賃金で多くの労働をさせよ

うとする一方で，労働者はできるだけ高い賃金で少なく労働しようとするであろう．また資本家に働かされる労働者は，自分自身のための労働または仕事という意識をもちにくい．

　労働者が資本家のいわば道具と化す状態からの脱却策として，小規模な土地を所有する自作農制度が考えられる．だがこの制度は，資本＝賃労働関係の上記の弊害を免れる一方で，大規模生産に伴う高い生産性という利益を享受できない．こうしてミルは，資本家のために労働する資本＝賃労働関係でもなく，自分自身のために労働する自作農でもない形態として，**アソシエーション**（協同組合）に活路を見出した．このアソシエーションでは，敵対的な労使関係や労働への無関心を回避しながら大規模生産の利益が得られるであろう．

(3) 二つのアソシエーション

　アソシエーションには，(1)**資本と労働のアソシエーション**と(2)**労働者アソシエーション**という形態がある．(1)は，労働者が賃金に加えて，資本の一部を出資して利潤の一部を取得するような場合である．だが(1)では，労働者の経営参加の道が閉ざされていた．

　ミルが期待したのは(2)である．そこでは，資本が労働者たちによって集団的に所有され，経営者は資本を共同所有する労働者自身によって選任・罷免される．しかも(2)は，労働者が資本家から資本を奪うといった革命を必要としない．労働者は自身の蓄えから出資して資本の共同所有者になっていく．

　こうした企業形態は，市場経済や競争を廃止するものではなく，むしろそれらと共存可能であった．それぞれの労働者アソシエーションは切磋琢磨しながら事業遂行に必要な規律をみずから定め，より多くの報酬のために競争しあう．こうして『経済学原理』第3版（1852年）以降の第4編第7章「将来の見通し」では，私有財産制度という現体制から資本と労働のアソシエーションをへて労働者アソシエーションに次第に移行していく，という予測が示された．ここにも，ミル以前のイギリス古典派経済学とは異なる特徴を見出せる．

　以上のように，ミルは私有財産制度やそれに基づく資本＝賃労働関係を永久不変なものと考えたわけではない．他方，ミルは私有財産制度批判に根差す当時の社会主義運動に共鳴しつつも，競争廃止という考え方には否定的であった．社会主義に関する彼の見解は，『経済学原理』第4編第7章以外に，①『経済学原理』第3版の第2編第1章「所有論」と②1879年に未完の遺稿として出

版された『社会主義論』でも展開されている．以下，①と②における社会主義に関するミルの議論をみていこう．

(4)『経済学原理』第3版第2編第1章「所有論」

　1848年に勃発したフランス2月革命を受けて，ミルはアソシエーションを契機とする社会の変化の趨勢をさらに明確化しようと努めた．その研究成果を盛り込んだ『経済学原理』第3版（1852年）では，資本主義（私有財産制度）と社会主義（私有財産は全廃せずに生産手段を共有するサン・シモン主義やフーリエ主義と，土地・生産手段・消費財を完全共有する共産主義を含む）が比較されている．以下，ミルの(a)サン・シモン主義への評価，(b)フーリエ主義への評価，(c)共産主義に対する評価，(d)結論の順に説明しよう．

　(a)**サン・シモン主義**では，普通選挙や信任で選ばれる知的・道徳的にすぐれたアソシエーションの指導者が労働者たちに異なる仕事を割り当て，仕事の重要度と彼らの貢献度に応じて報酬を決定する．その結果，サン・シモン主義では分配の不平等自体は容認されていた．このため，サン・シモン主義は労働者の労働意欲を低下させるという弊害を免れる．他方，サン・シモン主義は仕事の配置や報酬の決定における指導者の専制を免れない．こうしてミルは，アソシエーションの運営が非民主的になりうるサン・シモン主義に反対した．

　(b)**フーリエ主義**では，ファランジュという共同体における私有・相続・資本を認めつつ，最低限の生存を全員に保証したうえで労働・資本・能力という三要素を考慮して分配を行う．それゆえに，労働意欲の低下という社会主義に伴いがちな問題点にも配慮されていた．社会改革の根本である人々の道徳教育を無視しているという欠点はあるが，ミルは概してフーリエ主義を高く評価した．

　(c)**共産主義**では，土地・生産手段・消費財が完全に共有される．そのため，労働者たちが労働意欲を保つ可能性は低い．各人の適性に応じて労働を配分し，多様な労働への貢献度に応じて分配を行うことも困難である．ただし共産主義では，世論や刑罰によって人口増加を厳密に管理できる．とはいえミルは，平等のために人間の自由と個性を抑圧するという懸念を共産主義の中にみた．

　(d)ミルは資本主義と社会主義の比較という問題に関して次のように結論づけた．この問題は歴史の必然ではなく選択の問題である．資本主義と社会主義の優劣を論ずる際，人々が知的・道徳的に進歩し，人口が適度な水準に保たれた最善の状態で両体制がいかなる成果を発揮するかによって判断しなければなら

ない．それらの最善の状態はまだ現実化していないし，体制に関する知識や経験も不足している．このためミルは，**分配的正義**（労働と制欲に基づく所有）と**自由**という基準からみていかなる体制がすぐれているかは未解決の問題とした．²⁾

(5)『社会主義論』

『社会主義論』は 1869 年に書かれた草稿であり，ミルの死後に彼の妻ハリエット・テイラーの娘によって 1879 年に未完のまま公表された．

『社会主義論』は，内容的には『経済学原理』第 3 版以降の第 2 編第 1 章「所有論」の議論に近い．特に，現体制とそれに代わりうる体制（共産主義・社会主義）の比較に関する議論ではそうである．共産主義に対しては『経済学原理』に比べて評価がやや厳しくなっているが，共産主義自体を否定しているわけではない．重要なことは，共産主義・社会主義的なアソシエーションの実験が様々に試みられることであった．というのも，私有財産制度と共産主義の優劣は，時間をかけて考察されるべき未解決の問題だったからである．

他方，『経済学原理』と『社会主義論』の相違点としては，後者が**革命的社会主義**（バクーニン派）を明確に批判したことが挙げられる．³⁾革命的社会主義では，革命によって社会主義・共産主義を実現し，中央権力による一国の生産資源の集中管理が求められた．ミルによれば，革命は現所有者への不正と流血を招き，人間の知的・道徳的進歩の過程を無視するものであった．人間が知的・道徳的に進歩し，遠い先の利害関係までを考慮でき，公共心から労働に従事するような段階にならない限り，革命後の社会は失敗に終わるであろう．中央集権的な指令によって一国の全産業を指揮するという考えも荒唐無稽であった．

前述のように，ミルにとって，社会主義や共産主義は歴史の必然ではなく制度選択の問題であった．しかも現状では，適切な選択に必要な知識や経験が不足していた．そのため人間は，思考と実践の両面において様々な方向に発展していく自由を保証されなければならない．資本主義と社会主義の優劣を論ずる場合，ミルは**分配的正義**（労働と制欲に基づく所有）の実現に加えて**人間の自由の最大限の発揮**という基準を重視した．自由や個性に対するミルの考えが最も体系的に展開されたのが『自由論』（1859 年）である．

『自由論』と政府の役割

(1)『自由論』の主題

　『自由論』の主題は，社会が個人に対して正当に行使できる権力の性質と限界を定めることである．イギリスは1832年の第1次選挙法改正を通じて民主主義への道を歩んでいたが，当時の政治は人民による人民の統治という理念を十分に体現していなかった．その結果，民主的政府が実現するはずの人民の意志とは，実際には人民の最大多数や最も活動的な部分の意志にすぎなかった．そのような意志は，他の人民の自由を抑圧しうる．

　こうしてミルは，17世紀のホッブズやロックが課題とした専制政治からの自由（**政治的自由**）とは区別された，社会・世間・他人が個人に及ぼす制限からの自由（**社会的自由**）を論じた．そこには，政治を含む社会一般の中で起こりうる**多数者の専制**から個人の自由を守るという問題関心が貫かれていた．

(2) 自由の外在的功利性と自由の内在的功利性

　一般原理として，他人を害さない限り個人の自由は守られるべきである．そのうえで，社会の権力（社会・世間・他人からの圧力）と個人の権利（個人の自由・個性）との間をどう線引きすべきであろうか．この時に有用な基準となるのが，「自由の外在的功利性」と「自由の内在的功利性」である．個人の自由が社会（他人）に影響を与えるケースとして想定しうる次の四つについて，これらの基準を用いて考えてみよう［小泉 1997：147-49］．

　　(1) 個人の自由が社会に大きな利益または不利益をもたらす場合．この場合は，自由の外在的功利性（個人の自由がそれ以外の人々に及ぼす結果）に応じて，個人の自由が社会に利益をもたらせば正当，社会に不利益をもたらせば不当とみなされる．
　　(2) 個人の自由が社会にはプラスの結果，自分にはマイナスの結果をもたらす場合．こうした自己犠牲の行為は，自由の外在的功利性の立場からは正当とみなされる．
　　(3) 個人の自由が社会にはマイナスの結果，自分にはプラスの結果をもたらす場合．こうしたエゴイストの行為は，自由の外在的功利性の観点から

は不当とみなされる.

(4) 個人の自由が社会にまったく, あるいはほぼ影響せず, 自分にはプラ
スまたはマイナスの結果をもたらす場合. この場合は, 自由の内在的功利
性 (個人の自由が自分自身に及ぼす結果) に応じて正当・不当とみなされるで
あろう.

　ここで, どんな行為でも行為者本人だけでなく他の人々に何らかの影響を与
えるはずであり, 行為者本人だけに関わる行為と他の人々にも関わる行為の区
別は不可能であると反論されるかもしれない. もちろんミル自身も, どんな行
為でも行為者本人に加えて他の人々にも影響を与えることを認めていた. しか
し重要な点は, 他の人々の利益を害する行為に対してのみ個人は責任を負う,
ということである. 換言すれば, 他の人々の利益を害さない行為の領域では,
個人の自由は絶対かつ不可侵でなければならない.

　飲酒によって不健康な生活を送る自由を考えてみよう. 勤務中の医師の飲酒
は, 他の人々に害を及ぼす可能性がある. 親の飲酒も, 子どもへの義務を果た
せずに害を及ぼしうる. だが, 純粋にプライベートな飲酒は自分だけに関わる
行為であり, たとえ本人の健康を損なうとしても個人の自由の領域に属するの
である.

(3) 自由と個性

　こうしてミルの場合, 他の人々の利益を明白に害する場合を除いて, たとえ
他の人々が愚かだと感じ, また本人に害を及ぼすとしても, **個人の自由**が認め
られる. 同様に思想と言論についても, それらが自分だけに関わるか他の人々
の利益を明白に損なわない限り, **思想と言論の自由**は (たとえ不道徳なものであっ
ても) 認められなければならない.

　ミルが批判したのは, 社会の慣習や世論という匿名の圧力に個人が屈服させ
られる状態であった. 大多数の意見と少数の意見が異なる場合, 後者の圧殺は,
真理探究の点で望ましくない. 多数者の意見がつねに正しいとは限らないし,
たとえ少数の意見のほうが間違っていても, そこには一片の真理があるかもし
れないからである. また, 多数者の意見が全面的に正しい場合でも, 少数の意
見の抑圧は双方の意見の衝突から生まれる真理へのリアリティーのある確信や
物事を合理的に考える機会を喪失させるであろう.

こうして人間の精神活動の自由は，**個性の発展**（自己のもつ諸能力の完全かつ調和的な発展）につながり，人間の幸福を構成する主な要素の一つとなる．ミルは，社会全体の幸福（快楽または苦痛の欠如）を増大させるか否かに応じて行為の善悪を判断する**功利主義**の立場から，個性の発展を重視した．自由こそが各個人の個性の発展を通じて社会全体の幸福を増大させるのである.[4]

(4) 政府の機能

最後に，経済活動の自由と政府の役割の関係に関するミルの見解を説明しておこう．ミルは，『経済学原理』第5編で政府の影響を論じた．当時は社会改良のためと称して政府の活動領域を拡大しようとする勢力と，その反動で政府の活動領域をごく狭い範囲に限定しようとする勢力がせめぎ合っていた．こうした中でミルは，スミス以降の状況の変化をふまえながら政府の役割を再検討したのである．

その際，ミルは社会の一般的利益に役立つかどうかという観点から政府の役割の範囲を定めようとした．政府の役割は，(1)**政府の必須機能**（必ず果たされる政府の役割）と(2)**政府の選択的機能**（果たすか否かは選択の問題になる政府の役割）に区別されている．ミルがこれらの機能に含めた具体例の一部を**表4-1**として掲げよう．ただし，**表4-1**の(1)の⑥と(2)の⑤に関しては，『経済学原理』における政府の必須機能と選択的機能のいずれの部分でも言及されている．

(1)に関して補足説明を加えよう．① 相続法によって遺言が存在しない場合の相続人の決定などにより相続権が保証される．② 土地・森林・水域などの自然環境資源から共同の利益を受けるために法律の整備が必要である．③ 契約不履行の場合には法的に罰すると同時に，奴隷売買のような不当な契約を履行させないことも政府の役割である．④ 民事裁判所の設置は人々の民事上の

表4-1　政府の主な必須機能と選択的機能

(1)　政府の必須機能	(2)　政府の選択的機能
① 相続法，② 自然環境資源から共同で利益を受けるための法律，③ 契約履行の確保，④ 民事裁判所の設置，⑤ 貨幣の鋳造や度量衡の制定，⑥ 道路の舗装・照明・清掃，港湾の建設，灯台の建設，堤防の整備	① 後発国の幼稚産業の保護，② 特許権・著作権の保障，③ 労働組合の保障，④ 教育，⑤ 児童・青少年の保護，⑥ 動物虐待の防止，⑦ 救貧法

出所）［ミル1959-63：第5編］より筆者作成.

争いの調停に役立つ．⑤ 貨幣の鋳造や度量衡の制定により国民の手間やコストを削減することも政府の仕事である（この結果，取引ごとに貨幣に含まれる金銀の重量や純度をはかり，不統一な長さや重さの単位を換算する時間が節約できる），⑥ 個人では整備不可能なインフラ建設，つまり公共事業も政府の仕事である．

　以上だけでも，ミルが狭い意味での暴力と詐欺の防止，すなわち司法のみに政府の活動領域を限定しなかったことがわかる．彼は，公共の利益という観点から多様な政府の活動領域を認めた．しかも彼の場合，これに(2)が加えられる．

　(2)は，時代の要請によって政府に求められていく役割である．輸入の制限・禁止（保護貿易）は資本と労働の効率的な利用に反するので認められない．だが**表4-1**にあるように，① 先進国に対する後発国の産業の保護は容認すべきであった（**幼稚産業保護論，第5章**参照）．政府から個人に与えられた独占権は，社会の利益を犠牲にするであろう．とはいえ，② 特許や著作からの利益を限られた期間だけ享受できる特許権・著作権は保障されるべきである．また，以前のイギリスでは労働者の結社が禁止されていた．だが，③ 自由意志に基づく労働組合は労働者の利益を守ることにつながり，自由な労働市場のためにも必要である．

　(2)の場合でも，基本原則は**レセ・フェール**である．なぜならば，何が自分の利益であるかを最も理解しているのは一般に自分自身だからである．しかし，これに当てはまらないケースでは政府の役割が正当化された．

　消費者がその利益や質を適切に判断できない典型例は ④ 教育である．教育を受ける必要性は，子ども本人だけでなく親でさえも十分に理解できるとは限らない．そこで，特に初等教育に関しては，政府による義務教育化が必要である．⑤ 判断力が未熟ないし不足した児童や精神に障害をもつ者の場合，虐待防止などのために政府の特別な配慮が必要である．また未成年者の苛酷な労働を防ぐために，政府は工場法によって彼らを保護しなければならない．そして未成年者の場合と同様に，⑥ 虐待からの防衛手段をもたない動物を保護するための法律の制定も，政府の仕事に入る．また貧民の救済に関して，公的救済への不当な依存を防止したうえでの，⑦ 救貧法も認められていた．

　このようにミルは，**レセ・フェール**を基本原則としながらも多くの例外を認め，社会の一般的利益に役立つかどうかという観点から多様な政府の役割を論じたのである．

お わ り に

　リカードウ理論では，競争・三階級分配・私有財産制度が与件とされていた．
だが，歴史上これらの与件は永久不変ではなかったし，変化しうる．こうした
認識のもとに，ミルは社会主義や共産主義にも考察対象を広げ，アソシエー
ション論では資本家と労働者という階級関係の将来的な消滅可能性を暗示した．
ミルはマルサスの人口の原理やリカードウの価値と分配の理論を彼なりに吸収
した成果と，社会の諸問題を人間や制度の歴史的な進歩と関連づけて分析する
社会哲学とを融合させた経済学をつくり上げたのである．分配制度の可変性，
停止状態および自由と個性など，ミルの思想は現在でも社会の諸問題を再考す
るための宝庫である．

　この章までのイギリス古典派経済学の説明を終えるにあたり，スミスからミ
ルまでのイギリス古典派経済学の一般的特徴を五つに分けて示しておこう．

　第1に，資本家が労働者を雇用する資本主義的な経済を分析の中心に据え，
資本家・労働者・地主という**階級**を考察単位として価値・価格，分配，資本蓄
積および経済発展を論じた．階級ベースの経済学はマルクス経済学に通じる一
方で，ミクロ経済学（新古典派経済学）以降は薄れていった（**第 6 章**，**第 7 章**，**第
12 章**参照）．

　第2に，価値・価格論に関して，消費者の効用という主観的要因ではなく，
労働量やコストという客観的要因を重視する**労働価値説**や**生産費説**を展開した．
これも，マルクス経済学に批判的に継承される一方で，ミクロ経済学では批判
されるか適用範囲が限定された（**第 6 章**，**第 7 章**，**第 12 章**参照）．

　第3に，人口は生活資料によって制限されるという認識に立脚していた．ス
ミスからみられたこの認識は，マルサスの**人口の原理**として定式化された．そ
れは，新マルサス主義者のヴィクセルにも影響を与えた．

　第4に，資本蓄積について**土地収穫逓減の法則**による自然的・技術的な成長
の限界を暗示した一方で，需要不足による経済の停滞はマルサスを除いて問題
視されなかった．これはケインズのマクロ経済学とは異なる特徴である（**第 8
章**参照）．

　第5に，**市場メカニズム**を基本的に信頼し，政府の保護・規制よりも人々の
自由な活動が経済を発展させると考えた．この**レセ・フェール**の立場は，ミク

ロ経済学に引き継がれる一方で，マクロ経済学では再考されることになる（**第8章，第10章**参照）．

注

1）晩年のミルが賃金基金説をいかなる意味で「撤回」したのかという問題は未解決のままである．馬渡［1997a］の解釈以外に現在でも参照すべき文献として，深貝［1995］および根岸［1997：83-85］を挙げておく．

2）『経済学原理』第2編（第3版以降）のこの結論は，私有財産制度から資本と労働のアソシエーションをへて労働者のアソシエーションへの体制移行を予測した第4編第7章の議論と整合的ではない．この理由は，第4編第7章の議論は労働者のアソシエーションを理想とするミルの妻ハリエットの思想が採り入れられたからである［安井2019：78-81，113-23］．

3）バクーニンはロシアの革命家である．ミルが革命的社会主義をマルクスとも関連づけていたかどうかは不明である．ミルとマルクスは同時代人であった．しかもマルクスが1849年にロンドンに亡命して以降，両者は地理的にも接近することになった（**第12章**参照）．マルクスは当時のイギリスの代表的知識人であったミルを当然知っていたし，著作の中でもミルに言及している．ミルのほうもマルクスの名前は知っていたと思われる．しかし，両者が直接に会ったことを示す資料は現段階では存在していない．

4）ミルは快楽の量（大小）だけでなく質（高級・低級）についても論じた（**質的功利主義**）．その結果，彼によれば，知性・教養・良心をもった者は，そうでない者に比べて，学問や芸術といった高級な快楽を享受しうる．この際，快楽の高低の判定は，高級な快楽（学問）と低級な快楽（飲酒）の双方を経験・熟知した者たちの一般投票に依存していた．

第5章 大陸の諸思想

——自由主義・初期社会主義・
ドイツ歴史学派——

は じ め に

この章では，19世紀前半から20世紀初頭までのヨーロッパ大陸の諸思想を学ぶ．だが，そのすべてを取り上げることはできない．そこで第Ⅱ部以降との関連を主眼に置き，自由主義経済学，初期社会主義，およびドイツの古典派から歴史学派への展開をみてみよう．

アダム・スミスの経済的自由主義はフランスとドイツに流入し，それぞれ独自の発展を遂げた．フランスの自由主義経済学の代表者はジャン=バティスト・セー（1767〜1832年），ドイツ古典派の代表者はカール・ハインリヒ・ラウ（1792〜1870年）である．両者は，労働ではなく**使用価値**（効用）を重視する価値論を有していた点でイギリス古典派経済学とは異なる特徴をもつ．他方，フランスの自由主義経済学はレセ・フェールを基本としたが，ドイツ古典派は経済的自由主義を官僚主導で（いわば上から）実現しようとした．

また当時の貧困や所得分配の不平等を背景として，競争・三階級分配・私有財産制度という経済学の既存の枠組み自体に挑む社会主義が登場する．後のマルクスとは区別される初期社会主義はフランスで特に発展し，ミルにも重要な影響を与えた（**第4章**参照）．

経済発展の点でイギリスよりも遅れていたドイツでは，ドイツ古典派の他にも，発展段階の違いに注目した後発国ならではの経済学が現れる．こうして，リストの発展段階説や歴史的事実からの帰納を重視するドイツ歴史学派が形成された．

セーの経済学と初期社会主義

(1) セーにおける効用・価値・富

19 世紀前半のフランス経済思想としてセーの経済学と初期社会主義を取り上げよう．これらは，イギリス古典派経済学の特徴を改めて浮き彫りにする．

セーは，彼独自の要素を随所に盛り込みながらスミスの自由主義経済学を発展させた．主著は『経済学概論』(1803 年) である．セーは，**効用**に重要な位置づけを与えた．彼によれば，生産とは物質の創造ではなく効用の創造であった．そして効用をもつものが価値をもつが，この価値を有するものが富である．効用を有していれば，富は有形物でも無形物でも構わない．この意味で，セーの場合には富にモノだけでなく**サービス**も含まれる．こうしたセーの経済学には，富をモノに限定し，富の価値を労働に関連づけたイギリス古典派経済学とは異なる特徴がみてとれるであろう．

(2) セー法則

セーは，生産物は生産物をもってのみ購買されるという**販路説**（**セー法則**）でも有名である．それは後に，供給はそれみずからの需要をつくり出すという形に定式化された．

供給が需要を生む第 1 の理由は，貨幣は**交換の媒介物**にすぎないからである．生産物の交換は通常，生産物 A—貨幣（販売），および貨幣—生産物 B（購買）という形で行われる．だがこの場合，理論的には生産物 B は生産物 A で購買されており，貨幣は両者の媒介物にすぎない．生産物 B が生産物 A で購買されるならば，生産物 A が生産（供給）されるほど生産物 B を購買する力（需要）がつくり出されることになるであろう．生産物 B（ある生産物）の売れ行きが拡大するためには，生産物 A（別の生産物）が十分に生産されればよい．セーによれば，生産物に対して販路を開くのは生産であった．

供給が需要を生む第 2 の理由は，貯蓄は投資されるからである．生産されたものは**消費**か**貯蓄**のいずれかに回される．消費は需要となる一方で，貯蓄は貨幣を単にため込むことを意味しない．その場合，消費欲の充足にも利子収入の増加にも役立たないからである．こうして**貯蓄**は**投資**に向けられ，機械や原材料の購入，労働者の雇用という形で生産的に消費される．その結果，生産（供

給）されたものは，結局は消費（需要）されるであろう．

　セー法則が正しければ，生産されたものが全般的に売れ残ることは理論上あ
りえない[1]．商品の部分的供給過剰は確かに生じる．しかし，その商品の生産部
門から需要がある別の商品の生産部門へ資本と労働が移動すれば，部分的な供
給過剰は解消される．

(3) 初期社会主義の歴史的背景

　リカードウやマルサスと同様に，セーの経済学も私有財産制度を土台とする
自由な経済活動を基本としていた．しかし，当時の私有財産制度は必ずしも満
足すべき諸結果をもたらしておらず，深刻な問題を抱えていた．

　私有財産制度は，生まれ・才能・努力などの結果として，持てる者（有産者）
と持たざる者（無産者）に人々を分けるものであった．そして市場経済化に伴
う自由競争の拡大が，勝者と敗者へと社会を二極化させていく．スミスは，市
場社会は格差を消滅させないが，分業や自由な経済活動を通じて最下層の人々
の生活水準を底上げすると信じていた．だが実際には，むち打ちのような虐待
行為を伴う工場の長時間労働に耐え続けてもなお，多くの人々が生活苦から抜
け出せなかった．子どもや女性の苛酷な労働が問題視されて**工場法**の整備が進
められる一方で，19世紀前半に**初期社会主義**と呼ばれる思想が形成されて
いった．

(4) 初期社会主義の特徴

　初期社会主義の重要な特徴は次の二つである．第1に，初期社会主義は，イ
ギリス古典派経済学が法則化を試みた市場社会自体の変革を構想した．こうし
て，私有財産制度の廃止や富の不平等な分配の是正が唱えられた．市場社会の
枠内で法則を探究した古典派経済学に対して，初期社会主義はその枠外に存在
しうる新たな社会を目指したのである．

　第2に，初期社会主義は社会変革の担い手として上流階級に期待した．社会
の矛盾や不正を解決しようとする彼らの行動や資金が，貧苦にあえぐ労働者を
救うのである．こうして初期社会主義では，有産者と無産者は必ずしも対立関
係にあるとはされていない．その意味で，初期社会主義は，いわば上からの社
会変革を目指す思想であった．

(5) 三人の初期社会主義者たち

　初期社会主義の代表者は以下の三人である．まず，イギリス人のロバート・オウエン（1771～1858年）である．彼は成功した大資本家であったが，私有財産制度の反対者となり，スコットランドのニュー・ラナークで農工一体型の共同体を組織した．そこでは16時間ともいわれた当時の一般的な水準よりも一日の労働時間が短く，子どもたちはコミュニティー内の学校で教育された（労働者の子どもは幼い時から教育よりも工場労働に酷使されるのが通例であった）．これは，人間の性格形成は環境・教育で決まるというオウエンの**性格形成の原理**の反映でもある．彼はその後，アメリカでもニュー・ハーモニーという共同体の建設を試みたが，失敗に終わった．オウエンは貨幣の廃止さえも唱えた一方で，現在の生協にもつながる協同組合運動の父としても知られている．

　次に，フランス人のサン・シモン（1760～1825年）である．彼は若き日にアメリカ独立戦争に身を投じて勲章をもらい，フランス革命にも参加した．これらの経験を通じて，彼は自由と平等に基づく民主主義に目覚めていった．報酬は社会に対する人々の貢献度に比例すべきであったが，現実は逆であった．王侯貴族，政治家，官僚および大土地所有者などが多くの報酬を得る一方で，労働者は少ない報酬に甘んじていた．サン・シモンは，労働者階級を解放するための革命を説いたわけではない．彼自身は，科学と産業の結合を通じて生産力を発展させる体制が労働者の生活を向上させると信じていた（**産業主義**）．このサン・シモンの考え方を初期社会主義とするのは，やや無理がある．にもかかわらず，彼が初期社会主義と関連づけて語られるのは，サン・シモンの信奉者たちがさらに進んで私有財産の廃止を唱えたからである．

　最後に，フランス人のシャルル・フーリエ（1772～1837年）である．フーリエはかなり夢想的な人物であった．彼によれば，宇宙には統一期と不統一期があり，惑星は8万年の寿命を有している．この主張自体が荒唐無稽だが，地球という惑星に統一期をもたらす鍵になるのが**ファランジュ**であった（図5-1）．ファランジュはオウエンが構想した共同体に似ており，中心的建物の周囲に農地や工場が配置されていた．そこで人々は好きな仕事に従事し，結果的に得られる利益は共同体に属する．共同体の利益の12分の5が労働に，12分の4が資本に，そして12分の3が能力に分配される．この空想的な構想にもかかわらず，フーリエの思想は1840年代のアメリカにもたらされ，一時は数十のファランジュがつくられたという．

図 5-1　ファランジュのイラスト
出所）*La Phalange*, T. 1, no 1（1836）（中央大学図書館所蔵）.

(6)「社会主義」という用語の起源

　以上の他に，フランスの初期社会主義者としてピエール・ルルー（1797～1871 年）の名前も挙げておきたい．諸説あるが，彼は**社会主義**（socialisme）という用語を最も早い時期に使用した人物として知られている．1830 年代のフランスは，繊維産業を中心に産業革命が進行した一方で，失業や貧困などの社会問題も深刻化していた．そうした中，ルルーは物質的利益や自己利益を重視する**個人主義**と対比させるために，1833 年の雑誌論文（実際の刊行は 1834 年）において，フランスで最初に「**社会主義**」という用語を用いた．その後，この用語は，オウエンらの考えを意味するものとして使われるようになった．

 ドイツ古典派とフリードリヒ・リスト

(1) 官房学から国家学へ──利己心と公共心──

　領邦行政を担う官僚を養成するために，ドイツには国有地や国庫の管理，産業振興策などに関する**官房学**という学問の伝統があった．官房学は王室財政を豊かにする技術であり，その意味ではドイツ語圏の**重商主義**の流れに属する．19 世紀初頭になってもドイツは政治的統一が果たされておらず，経済的にも遅れていた．例えば，当時の領邦の中で先進的であったプロイセンでさえ，営業の自由も農民の解放も始まっていなかった．

　こうしてドイツでは，官房学の伝統とイギリスよりも政治的・経済的に遅れた状況の中でスミスの『国富論』が導入された．その結果，スミスの受容は，次のようなドイツ的課題を提起することになった．

スミスは，個人の利己心の発揮が**見えざる手**に導かれて社会全体の利益を実現するという思想を提示した（**第2章**参照）．その際，個人の利己心は公平な観察者の同感しうる程度に自己規制された枠内で発揮されるとされていた．スミスにとって，**同感**は諸個人が織りなす社会秩序の形成を可能にするものであった．他方，当時のドイツの現実は，個人の利己心の発揮が社会全体の利益を実現するのかに関して疑念を抱かせるのに十分であった．未発達な市場経済のもとでの無制限の自由競争は，中小の手工業者を没落させて社会秩序をむしろ不安定化させないであろうか．

こうしてイギリスとは違って，ドイツでは利己心に加えて公共心が重視され，経済発展と社会秩序の両立という課題が提起された．そして19世紀になると，官房学は**国家学**と呼ばれ，経済学は財政学や統計学などとともに国家学の一部として位置づけられた．

(2) ドイツ古典派

19世紀前半の学界で主流派となったのが**ドイツ古典派**である．彼らは見えざる手の思想に凝縮されるスミスの経済的自由主義をいわば上から（官僚主導で）実現しようとした一方で，スミス＝リカードウ流の労働価値説を否定した．ドイツ古典派によれば，財の価値は人間の諸目的に対する**有用性**つまり**使用価値**（効用）に依存し，しかも個人にとっての効用よりも社会・国民・国家にとっての効用が上位に置かれるという[2]．

ドイツ古典派の代表者がカール・ハインリヒ・ラウである．彼の名前を特に高めたのが『政治経済学教本』（1826～37年）である．本書は第1巻（経済理論），第2巻（政策論）および第3巻（財政学）の全3巻から成り，19世紀後半までドイツで大きな影響力をもった．

ラウによれば，政治経済学は国全体の物質的な財をめぐる諸関係を扱う．国全体は国民を総体として含むから，政治経済学の対象は国民経済である（国民経済または政治経済学の理論編にあたるのが**国民経済学**である）．また国全体は国民と政府を含むと考えれば，国民経済の育成のための諸政策や，物質的富裕のような国民経済の諸目的を促進させる財政学も政治経済学の対象である．

ラウはスミスの経済学体系を一般的には受容した一方で，財の有用性を中心に置く（スミス＝リカードウの労働価値説とは異なる）価値論を展開した．またスミスは自由競争を阻むギルド（同業者組合）を厳しく批判したが，ラウはツンフト

（ドイツのギルド）の小経営に同情的であった．さらにラウは，1820 年代初頭に
外国に対して共通の関税障壁を築いて自国産業を育成するという主張を行った．
この点は，次のリストにつながっていく．

(3) リスト経済学の時代背景

　ドイツ古典派と接触をもちつつ，後発国ドイツの立場からイギリス古典派経
済学に異を唱えたのがフリードリヒ・リスト（1789〜1846 年）である．主著は
『経済学の国民的体系』（1841 年）である．

　当時のドイツは，プロイセン主導で成立した 1834 年のドイツ関税同盟に
よって統一的な国内市場がようやく形成されたところだった．ドイツは，プロ
イセンのあった東部から農産物を輸出し，綿織物のような繊維製品をイギリス
から輸入していた．というのも，ドイツ東部は大土地所有制のもとで小作農を
安く働かせていた一方で，国内工業は未発達だったからである．他方，当時の
イギリスは，世界最高の工業力を誇る経済大国であった．この場合，もしもド
イツとイギリスとの間で自由貿易を行えば，安くて高品質のイギリス製品が国
内に輸入され，ドイツの工業はそれに太刀打ちできないであろう．逆に，農産
物をイギリスに輸出していたドイツ東部の大土地所有者層は，自由貿易を支持
していた．そこでリストは，国内的には農業の近代化を進め，対外的には保護
貿易によるドイツの工業の育成を目指したのである．

(4) リストの発展段階説

　こうした後発国における保護貿易の必要性を正当化するために用いられたの
がリストの**発展段階説**であった．諸国民は，(1)未開状態，(2)牧畜状態，(3)農業
状態，(4)農・工業状態，(5)農・工・商業状態という五段階で経済発展していく．
だが，(4)の段階から発達した工業と外国貿易を有する(5)の段階へ進もうとする
後発国は，すでに(5)の段階にある先進国に対して関税をかけて**保護貿易**を実施
しなければならない．先進国と後発国との間で自由貿易を実施すれば，後発国
の商工業は発達しえないからである．発展段階が異なる場合，後発国が先進国
と対等に競争しうるようになるまでの間，保護関税のもとでの工業の育成が必
要であった．このリストの議論は，**幼稚産業保護論**の原型ともみなせる．

　以上のようなリストの主張は，重商主義的な保護貿易政策に対して自由貿易
を唱え，しかもそれをいつでもどこでも成り立つ普遍的理念としたスミスへの

批判であった．こうしてリストは，国ごとの発展段階を無視した（と彼が解釈した）スミスの経済学を**世界主義経済学**と呼んで批判した．

(5) 農地改革の必要性

　後発国の工業育成にとって，先進国製品に対する保護関税だけでは十分ではない．さらに，原材料と労働者を雇うための食料を調達して製品が生産され，それを国内でも販売できなければならない．工場の働き手を確保するためには，（戦後日本のように）農村からの人口流出が必要である．リストの時代にその実現を阻んでいたのが，前近代的かつ封建的なドイツ東部の農業の状態，すなわち大土地所有制であった．

　そこでリストは，農地改革により大土地所有制にも小土地所有制にも基づかない中規模農業経営を確立し，地主の支配から解放された独立した農民層の創出を目指した．この結果，国内の工業生産のために原材料と食料が提供され，農村から余剰労働力の流出が可能になり，国産製品を需要する担い手が確保されるのである．

(6) 発展段階説の対象国

　五つの発展段階を辿る諸国民としてリストが想定していたのは，温帯に属する大国の諸国民であった．熱帯諸国は，温帯諸国の工業製品と交換に輸出される特色ある農産物の生産に徹するべきであった．自然条件に恵まれた熱帯諸国にとって，工業の育成は不利な試みであった．こうして，温帯諸国（西欧）の工業品と熱帯諸国（植民地）の農産品・諸資源との交換という形の国際分業がリストによって肯定される．しかも，工業の形成には多方面かつ多様な学問・技術・熟練などを要するから，すべての温帯諸国が最終の農・工・商業状態まで達するわけではなかった．実際，リストは，小国の温帯諸国（オランダやデンマーク）が大国の温帯諸国に併合される，と考えていた．

　以上のように，リストの発展段階説は，**温帯の大国**を想定して定式化されていた．その意味において，保護関税により後発国の工業育成をはかるというアイディアを含む彼の発展段階説は，本来的には途上国一般に適用されるものではなかった［原田 2020：214-19］．なお，国内農業の保護はリストによって否定されていることもつけ加えておきたい．

ドイツ歴史学派の形成

(1) 先行者ロッシャー

　イギリスとドイツの発展段階の違いを強調したリストの後，ドイツでは様々な時代・国・地域に関する事実の歴史研究を重視する学派が現れた．これを**ドイツ歴史学派**という．ドイツ歴史学派の特に重要な特徴は，(1)歴史的事実からの**帰納**による法則の探究，(2)失業や生活不安のような社会問題への**社会政策**（階級間の利害対立に国家が介入して社会の安定化をはかる政策）による対処，である．ドイツ歴史学派が依拠した**帰納法**とは，いくつかの事実に共通してみられる事柄や性質の中に法則性を見出す方法である．他方，**演繹法**とは，一つまたはいくつかの前提から必ずそうなるという結論を引き出す方法である．いつでもどこでも成り立つことを暗に想定したイギリス古典派経済学の演繹的な理論に対して，ドイツ歴史学派は歴史研究から各国の特殊・具体的な状況の把握に努めた．

　ドイツ歴史学派はいくつかの世代から成る．以下では田村［2018：1-2］にしたがい，従来の区分を修正した区分を用いて説明していこう（**表 5-1**）．

　ドイツ歴史学派の先行者とされるのが，ヴィルヘルム・ロッシャー（1817〜1894年）である．彼は，『歴史的方法による国家経済学講義要綱』（1843年，以下『要綱』）を執筆した．

　ロッシャーによれば，(1)歴史的方法（国民経済の発展法則を求める方法）は，(2)哲学的方法（時間と空間の制約を取り払って抽象的な概念と判断の体系を求める方法）の補完物であった．彼は，両者の調和によって国民経済学を体系化し，人間的発展の法則を見出そうとしたのである．『要綱』は後に大幅に拡充・深化され，

表 5-1　ドイツ歴史学派に関する従来の区分と修正された区分

	従来の区分	修正された区分
先行者	リスト	ロッシャー
旧歴史学派	ロッシャー，ヒルデブラントなど	シュモラー，ブレンターノなど
新歴史学派	シュモラー，ブレンターノなど	ゾンバルト，ヴェーバーなど
最近歴史学派	ゾンバルト，ヴェーバーなど	

出所）〔田村 2018：1-2〕より筆者作成.

5巻本の『国民経済学体系』(1854～94年，以下『体系』)にまとめ上げられた．
『体系』は諸制度や歴史に関する膨大な叙述を含んでいる．それらの叙述は，
イギリス古典派経済学の理論を現実に直接当てはめるのではなく，市場経済を
うまく機能させるために政策を遂行する際の多面的な配慮と多様な知識の必要
性を示していた．

　ただし，こうしたロッシャーの歴史的方法は，必ずしもドイツ歴史学派に直
結するものではなかった．なぜならば，ロッシャーが見出そうとした発展法則
は，歴史的事実からの帰納によって得られるものではなかったからである．彼
は，国民経済を有機体（生命体）になぞらえて把握した．この際，人間の生か
ら死に至るサイクルのアナロジー（類推）から構築された経済の生成から没落
への発展法則は，最初から前提されていた．その結果，ロッシャーにとっての
歴史研究は発展法則を獲得する手段ではなく，経済現象や制度に関する膨大な
事実を百科事典のような形にまとめることにとどまった．これがロッシャーを
ドイツ歴史学派の中に含めず，その先行者と位置づける理由である．

(2) メンガーとシュモラーの方法論争

　ロッシャーでは不明確であった**帰納法的な歴史研究**の重要性を強調したのが
グスタフ・シュモラー（1838～1917年）であり，彼はメンガー（**第6章**参照）と方
法論争を展開した．

　限界革命で有名なメンガーの著作には，『国民経済学原理』(1871年) 以外に，
ドイツ歴史学派との関係で重要な『社会科学とくに経済学の方法に関する研
究』(1883年) もある．それによれば，理論経済学には，(1)発展法則のような
経験法則を探究する経験的方法と(2)例外なき自然法則としての精密法則を探究
する精密的方法がある．しかし，(1)のような経験的研究をいくら積み重ねても，
(2)の精密法則の発見には結びつかない．

　これに対してシュモラーは，経験法則と精密法則に分けて後者の優位性を主
張したメンガーを批判した．シュモラーによれば，経験的研究を通じた精密法
則の発見，つまり経験的な個別研究と精密法則との間は橋渡し可能である．
ロッシャーとは異なり，シュモラーの歴史研究（個別研究）は，具体的な事実
に基づく帰納法的な法則化と明確に結びついていた．これが，近年の研究にお
いてドイツ歴史学派の形成をロッシャーではなく特にシュモラーと関連づけて
理解する理由である［田村2018］．

　こうしたシュモラー解釈の先例の一つとして，シュンペーターの「歴史と理論──シュモラーと今日の諸問題──」(1926 年) がある．シュンペーターによれば，特定の地域・産業・制度に関する個別研究に基づく理論化が必要であるが，こうした歴史の理論化を実践していたのがシュモラーであった．シュンペーターは歴史と経済理論をいかに結びつけて融合させるかを模索する中で，シュモラーにそのヒントを見出したのである (**第 13 章**参照)．

　話をシュモラーに戻そう．方法論争を展開したシュモラーの目には，社会科学の一部としての経済学の現状は，具体的事実を原因と結果に即して不十分にしかふまえない時期尚早の一般化・法則化を行っているとみえた．シュモラーによれば，個別的事実に関する研究を積み重ねて新たな一般化・法則化をはからなければならないのである．

(3) シュモラーの歴史研究と社会政策

　シュモラーは，『19 世紀ドイツ小営業史』(1870 年) の執筆を通じて社会政策の必要性を認識するようになっていった．小営業 (小経営) の手工業の実地調査に基づくこの研究は，以下のことを示していた．

　(1)小営業や手工業の没落の背景には，伝統的な職業意識・やり方に固執する心理が潜んでいる．(2)没落する部門の中には大企業支配が必ずしも起こらずに，金属加工業や皮革加工業のように小企業者への上昇が可能な分野もある．(3)小企業の成功には (ドイツで形成されつつある市場経済の荒波を生き抜くための) マーケティング，簿記，最新の技術，経営ノウハウなどに関する知識が必要である．

　ここからシュモラーは，勤勉・努力・節約・企業者精神を人々に植え付けるために，国家による**普通教育** (義務教育制度の導入や初等教育の無償化) と**技術教育** (製図・実業補習学校の設立) を唱えた．勤勉などの上記の経済的徳性は，利己心だけから自然に生じるわけではない．経済発展には，それを可能にする倫理的・制度的な条件の歴史的な形成が必要である．その担い手となるのが，官僚と実業界・労働界の指導者であった．彼らは私益ではなく公益のために上記の経済的徳性を人々に植え付けながら，高利潤・低賃金に偏らない公正な市場社会の実現のために力を尽くす．ここに，スミスの学説の受容に伴うドイツ的な課題に対するシュモラーなりの対応策を見出せるであろう．

　『19 世紀ドイツ小営業史』以降，シュモラーはこうした認識をさらに深め，倫理と制度の進化史としての経済社会の発展を**経済社会学**として展開しようと

した．その成果が彼の主著『一般国民経済学要綱』(1900～1904年) である．こうした倫理と制度の発展史をシュモラーが描き出したのは，レセ・フェールすなわち自由放任ではなく，社会政策による介入に学問的な根拠づけを与えようとしたからである．

 ## ドイツ歴史学派の展開

(1) 社会政策学会の創設と事実上の分裂

　多くの領邦に分裂していたドイツは，1871年にプロイセンを中心とする形で統一された．ドイツ帝国の成立である．国内では，1870年のプロイセン＝フランス戦争の勝利に伴う賠償金をきっかけに投機ブームが起こり，手工業の没落と大企業の設立が進んでいった．それにより貧富の格差は拡大し，ドイツとの講和に反対してパリの市民や労働者が樹立したパリ・コミューンによる革命への機運がドイツにも波及していった．

　こうしたドイツ帝国内の分断の危機を回避し，社会問題（失業や生活不安）を解決するために1872年に**社会政策学会**が創設された．その中心となったのは，シュモラー，ブレンターノおよび（エンゲル係数の）エンゲルたちである．

　社会政策学会は，社会問題に対して国家による救済（社会主義派）でも自助努力による解決（自由放任主義派）でもなく，いわば第3の道として**社会政策**を要求した．具体的な要求内容は，団結権の承認，労働者保護立法（工場法）の制定，住宅問題の解決（私的・公的な住宅建設の促進）などである．それらは学会内でシュモラーたちが行った膨大な歴史的・統計的な個々の実証研究によって支えられていた．そして社会政策学会は，自由な市場経済を適正に機能させるために労働環境などの制度的前提条件の整備を国家に求めていった．

　だが，社会政策学会内には社会政策によって自由放任主義を修正すべきとするシュモラーやブレンターノに加えて，アドルフ・ヴァーグナーのようなビスマルクに近い保守派も含まれていた．両派ともビスマルク政権下の社会保険立法（医療保険法，災害保険法，養老保険法）を支持したが，1878年の社会主義者鎮圧法へのシュモラーやブレンターノの反対を契機として，社会政策学会は事実上の分裂状態に陥った．こうして1880年代以降の社会政策学会は，シュモラーを中心として学問的な調査研究に比重を移していった．

(2) 社会政策学会内の新旧世代の対立

1890 年代のドイツでは工業化がさらに進み，アジア・アフリカへの進出を狙って帝国主義政策が展開された．こうした状況の中で，労働者の生活を守るための社会政策は産業の負担になるとして攻撃の対象になった．産業界の考えに近い教員を大学に送り込もうとする人事面の動きも生じた．社会政策学会の中でも 1890 年代の終わりごろから新旧世代の対立が表面化した．シュモラーのような旧世代に対して，新世代を代表したのがヴェルナー・ゾンバルト（1863〜1941 年）とマックス・ヴェーバー（1864〜1920 年）である．

ゾンバルトやヴェーバーのような新世代は，産業界による大学への人事介入を批判して大学自治を守る点では旧世代と同じ立場であった．だが新世代は，公共心の担い手である官僚主導の政策への擁護や小企業保護政策に関して旧世代を批判した．新世代にとって，シュモラーらの立場は小経営・手工業の維持によって大規模経営・大企業の発展を阻害するものとみなされたからである．

この新旧世代の対立をあらわすキーワードが**資本主義**（Kapitalismus）である．官僚主導型の社会政策や小規模経営の手工業保護政策を唱えた旧世代に対して，新世代は大規模経営や資本主義の推進を唱えた．こうした問題関心から，ゾンバルトは資本主義成立の歴史と理論の体系化を試み，それを『近代資本主義』（1902 年）としてまとめ上げた．この著作に触発されてヴェーバーは資本主義の精神の起源を探究し，『プロテスタンティズムの倫理と資本主義の精神』（1904〜1905 年）を著わした．

(3)「資本主義」という用語

19 世紀中葉から後半に「資本主義」という用語がどのように使用されていたのかを大幅に簡略化して年表風に整理してみよう（**表 5-2**）．

社会主義という用語の場合と同様に諸説あるが，「**資本主義**」という用語は，1850 年前後からフランスの初期社会主義者によって使用された．ルルー（第 1 節）は，1848 年の著作の中で初めて「資本主義」（capitalisme）という用語を用いたとされる．だが彼は，特定の経済システムを指すためではなく，資本家たちと置き換え可能なものとして「資本主義」という用語を用いた．

フランスの初期社会主義者ルイ・ブラン（1811〜1882 年）のいう「資本主義」は，機械や道具の排他的所有に基づいて利子を得るあり方を指していた．そこでは商人が資本や原料を作業場の経営主に前貸しして製品を加工させる**問屋制**

表5-2　19世紀中葉以降の「資本主義」という用語の使用例

年	人物・著作	備考
1848年	ルルー『マルサスと経済学者たち』	資本家たちと同じ意味で使用
1850年	ブラン『労働組織』第9版	資本の排他的所有という意味で使用
1854年	サッカレー『ニューカム家の人々』	英語で capitalism という用語を使用
1867年	マルクス『資本論』第1巻	「資本主義的生産様式」という用語を使用
1870年	シェフレ『資本主義と社会主義』	「資本主義」という用語をタイトルで使用

出所）［重田 2002］より筆者作成.

家内工業が前提されており，利子を生み出す債権・債務関係と利潤を生み出す資本=賃労働関係が混同されていた．つまりブランは，資本=賃労働関係を基軸とした今日的な意味で資本主義という用語を使用したわけではなかった．

　サッカレーはイギリスの小説家である．彼の「資本主義」は，資本や資本家とは無関係に，貴族とブルジョアが結婚した家庭で鉄道株への投資のようなブルジョア的なセンスが浸透しているという文脈で用いられた．

　ブランのように「資本主義」という用語を問屋制家内工業と結びつけがちだった当時において，機械制工場の資本=賃労働関係を分析の中心に据えたマルクスは，「資本主義」という用語をむしろ避けた．その結果，マルクス自身は，**資本主義的**（資本家的）**生産様式**（kapitalistische Produktionsweise）という用語を用いている．

　表5-2で示した時期の後，「資本主義」という用語をジャーナリスティックではなくアカデミックな場で定着させる大きなきっかけになったのが，前出のゾンバルトの『近代資本主義』である[4]．ただし1902年の『近代資本主義』初版では，資本=賃労働関係を抜きにして，手工業とは別個の資本家的企業による利潤獲得を目的とした経済を「資本主義」としていた．他方，1916年の第2版では，資本=賃労働関係を基軸とする経済システムとして「資本主義」が把握されている［重田 2002：256］．

おわりに

　本章の内容に関して第Ⅱ部との関わりで特に重要なのは次の3点である．第1に，同じくスミスを出発点としたフランスのセーとドイツ古典派は，（スミス

以来のイギリス古典派経済学）とは違って，**使用価値**（効用）を中心に据えた価値論を展開した．1870年代初頭の限界革命は，こうした伝統の延長線上でとらえることができる（**第6章**参照）．

　第2に，**セー法則**は，イギリスのリカードウによって支持されただけでなく，フランス，イタリア，ドイツ，スペインでも一般に受容された．他方，マルサスのセー批判は19世紀のイギリスやヨーロッパ大陸であまり脚光を浴びなかった．その後，ケインズがセー法則を批判して自己の経済学を構築した（**第7章**参照）．その限りにおいて，ケインズ経済学は，イギリスではリカードウによって歴史の表舞台から追いやられたマルサスの復権であり，ヨーロッパ大陸の視点でみても19世紀前半以来のセー法則の伝統からの決別であった．

　第3に，ドイツ歴史学派のシュモラーは，メンガーとの方法論争を通じて，歴史的・帰納的方法の重要性を説いた．このメンガーは，限界革命以降の**オーストリア学派**の祖でもある（**第6章**参照）．19世紀後半のドイツ語圏では異なるタイプの経済学がしのぎを削っており，しかも当時はメンガーよりもドイツ歴史学派が圧倒的に優勢であった．このことは，ある時代・ある国の経済学は必ずしも一つの経済学によって代表されるものではなく，多様な経済学が併存しうるし，その評価は時代が変われば変化することを示すであろう．

注

1）セーの全般的供給過剰否定論は，スイスのジュネーヴで活躍したシモンド・ド・シスモンディ（1773〜1842年）の『経済学新原理』（1819年）によって批判された．ヨーロッパ大陸のセーとシスモンディの論争は，イギリスのリカードウとマルサスの論争にも関わっている．リカードウはセーを支持して諸商品の全般的供給過剰の可能性を否定した．他方，マルサスは過度な資本蓄積が生産と消費の均衡を破壊するとし，セーとリカードウを批判した（**第3章**参照）．

2）19世紀後半には，マルクスがスミスやリカードウを研究して労働価値説をみずからの体系の礎石に据えることになる．だが，19世紀前半までの一般的状況をみる限り，ドイツでは労働価値説は主流ではなかった．ドイツにおける労働価値説の普及にとって重要な役割を果たした人物として，ロートベルトゥスが挙げられる．

3）ビスマルクの社会保険立法は，シュモラーと社会政策学会の活動の成果とされることがあるが，実際にはそうではない．シュモラーや社会政策学会の主流派は，確かにビスマルクの社会保険立法に賛成した．だが，彼ら自身は社会政策の中心を労働者保護立法や実業教育の整備と考えていたし，ビスマルクのアメとムチの政策にも組みしなかった．またビスマルクのほうでも，社会政策学会は眼中になかった［田村2018：

74-5].

4）ソンバルトは，ドイツの学界でマルクスの『資本論』（第1巻1867年，第2巻1885年，第3巻1894年）を高く評価した最初の人物でもある．ゾンバルトは，搾取論（労働から生み出された剰余価値を資本家が搾取する）や窮乏化論（資本蓄積とともに労働者階級は窮乏化する）というマルクスの学説を否定した一方で，利潤の蓄積により推進される経済発展に関するマルクスの理論は受容した［田村 2018：193-98］．

第 **II** 部

近代経済学の生成と展開

第6章

限界革命

——「水とダイヤモンドのパラドックス」の解決による「新しい経済学」の台頭——

は じ め に

　水とダイヤモンドのパラドックス（逆説）は，**表 6-1** で示されるように，古典派の労働価値説では，「なぜ水は使用価値（役立つ価値）が高いけれども交換価値（価格）は低い一方で，ダイヤモンドは使用価値が低いけれども交換価値は高いか」を上手く説明できない逆説のことをいう．もちろんダイヤモンドは掘削・採掘し，加工する費用がかかる一方，水は飲めるようにするために浄化する費用が必要である．しかしダイヤモンドと水に費用がかかるといっても，両者のかけ離れた価格差を労働価値説だけで説明することは難しい．水を生活必需品，ダイヤモンドを贅沢品，と置き換えれば，このパラドックスは私たちの身近な経済学的問いの一つになる（第 2 章参照）．

　1870 年代初頭にオーストリアの経済学者カール・メンガー（1840～1921 年），イギリスの経済学者ウィリアム・スタンレー・ジェヴォンズ（1835～1882 年），フランスの経済学者レオン・ワルラス（1834～1910 年）が，ほぼ同時期に**限界効用理論**を打ち立て，このパラドックスを解決することに成功した．これを**限界革命**という．メンガーはオーストリア学派を形成し，ハイエクやミーゼスなどに影響を与え，今日ではネオ・オーストリア学派に継承されている．ジェヴォンズは早世したため学派を形成しなかったが，エッジワースやマーシャルに多大な影響を与えた．ワルラスは一般均衡理論を打ち立て，パレートらに引き継

表 6-1　水とダイヤモンドのパラドックス

	水（生活必需品）	ダイヤモンド（贅沢品）
交換価値（価格）	低い	高い
使用価値（役立つ価値）	高い	低い

出所）筆者作成.

がれローザンヌ学派を形成し，オーストリア学派の資本・利子と一般均衡理論を統合したヴィクセルをはじめとするストックホルム学派，さらにヒックスの『価値と資本』（1939年）に影響を与えた．

　限界効用とは，財を1単位追加的に消費すれば**効用**（満足度）がどれくらい増加するかという概念である．**図6-1**で示されるように，水を1杯，2杯，3杯と飲んでいけば，2杯目，3杯目に得られる追加的な満足度が限界効用である．一般的な消費者は，財を追加的に消費していけば，限界効用は逓減していく．2杯目，3杯目の追加的な満足度がさらに大きいという消費者は稀であろう．これを**限界効用逓減の法則**と呼ぶ．そのとき，限界効用の大きさを決めるのは，財の**希少性**である．ダイヤモンドのようになかなか手に入りにくい財であれば，希少性が高いため，初めてその財を消費したときの効用は非常に大きく，さらに追加的にその財を得ていくとしても，限界効用の逓減率は非常に低

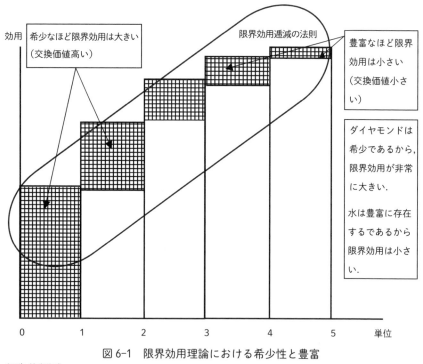

図6-1　限界効用理論における希少性と豊富

出所）筆者作成.

い．しかし水のように豊富にある財であれば，容易に入手できるため，限界効用は小さい．すなわち，財自体が希少であれば限界効用は大きい一方，豊富に存在すれば限界効用は小さい．交換価値としての値段が限界効用の大きさによって決まるから，水に比べてダイヤモンドの値段が非常に大きいのは，ダイヤモンドの希少性によるからである．こうして水とダイヤモンドのパラドックスの解決と同時に，限界効用という個人の財に対する評価によって，交換価値が決まるという新しい経済学が誕生したのである．本章では，このような限界理論誕生の役割を担ったメンガー，ジェヴォンズ，ワルラスの経済学を紹介し，市場経済・交換経済の意義を考える．

① カール・メンガーの経済学

(1) 主観主義と価値理論

メンガーは，1871 年に『国民経済学原理』を出版し，人間の欲望とそれを満足させる財の間の因果連関を問題にし，関数関係の明示的な数学表現は避けて，主観価値論を展開した点で，独創的である．

メンガーは，人間の欲望満足と因果的な連関におかれる物を効用物と呼び，人間の欲望を満足させることのできる物を財と名づける．また 1 人の人がその欲望満足のために必要とする財の数量を需求と呼ぶ．経済行為の主体である経済人（ホモ・エコノミカス）にとって，ある財についての需求がその財を所有している数量よりも大きければ，その欲望の一部は不満足のまま残る．しかしメンガーによれば，経済人の何らかの欲望の満足の大小が，数量関係にある具体財に依存していることを認識するならば，その財は経済人にとって価値をもつ．要するに価値は，財に付着するものでも財の属性でもなければ，独立してそれ自身存立するものでもなく，自分の支配下にある財が自分の生命および福祉の維持に対してもつ意義に関し経済人が下す判断である．財の価値は，経済人の意識の外部には存在しない．これが，メンガーにおける主観価値論の本質である．

メンガーは簡単な数値例を用いて，様々な欲望の重要性の相違と，それが重要性の大きさに従って配列されることを示した．**表 6-2** に示されるように，行を各種の欲望充足感，列を同一欲望の充足の重要性の大小とする．いずれの度盛も財が増加するにつれて，その財の単位から得られる欲望満足の度合いが減

少している。たとえば、度盛Ⅰは食欲の満足の逓減的な意義を、度盛Ⅴは喫煙に対する欲望満足の逓減的な意義を示しているとしよう。食欲に関して最初の1単位の与える満足が10、喫煙に関して最初の1単位の与える満足が6であると示されるように、食欲の満足は、一般に人間が生きていく上で喫煙に対する欲望よりもはるかに大きな意義を持っている。これを限界効用逓減の法則（**ゴッセンの第一法則**）と呼ぶ。

　他方、経済人は、度盛表を前提に、様々な欲望とその欲望満足の重要性を比較して、購入する財の最後の単位から得られる満足が等しくなるように行動する。それは、各財の限界効用が均等になるように各財の数量を支配したときに達成される。**表6-2**によれば、たとえば食欲の5単位の満足6と喫煙の最初の1単位の満足6が等しくなっているが、食欲の追加的な単位の満足は喫煙の最初の1単位の満足に等しくなっている。これを**限界効用均等の法則**（ゴッセンの第二法則）と呼ぶ。

(2) 生産財の価値決定

　メンガーは、人間の欲望を直接的に満足させない**生産財**についても、財の列次という概念を導入した。人間の欲望を直接的に満足させる**消費財**を第1次財

表6-2　欲望の度盛表

出所）［メンガー 1999］より筆者作成。

と呼べば，消費財への近接性の度合いに応じて，第2次財，第3次財，第4次財と呼べる．消費財に近いほど**低次財**，生産財に近いほど**高次財**という．一見すれば，高次財は，直接消費されることがないために主観的価値をもたないように思われる．しかし高次財が第1次財や低次財の生産に役立つことを見れば，間接的に人間の欲望満足に役立つはずである．したがって高次財に対しても，第1次財と同様に，価値の原理を当てはめることができ高次財の価値が消費財の価値から帰属していると捉えられる．これを**帰属理論**という．

　帰属理論において，高次財の価値は，生産過程からその1単位を取り除いたときに喪失される生産物の価値によっても測定されるという**喪失原理**があるが，この発展はフリードリヒ・ヴィーザーに委ねられた[1]．他方，高次財の価値に関連してメンガーは，高次財の低次財への変換に時間を要するので，高次財を一定期間支配するには資本用役（資本財が提供するサービスのこと）が必要であり，その希少性に応じて利子が決まると考えた．しかしメンガーは利子発生の根拠や利子率の決定についてこれ以上展開せず，それはベーム＝バヴェルクに残された[2]．

(3) 交換理論と価格理論

　メンガーは，交換について，欲望の満足極大の原則によって行動する交換主体がどこまで交換を行えば最も合理的なのかということを示した．

　表6-3は，馬6頭と牛1頭をもつハイジと牛6頭と馬1頭をもつペーターとの間で牛と馬を1頭ずつ交換していく例である．いま左の表のように牛，馬がその所有者に対して持つ欲望満足の重要性を，第1頭目から順次第6頭目へ50，40，30，20，10，0で表示するならば，ハイジとペーターは交換するはず

表6-3　交換理論

ハイジ		ペーター			ハイジ		ペーター	
馬	牛	馬	牛		馬	牛	馬	牛
50	50	50	50		50	50	50	50
40			40	→	40	40	40	40
30			30		30	30	30	30
20			20		20			20
10			10					
0			0					

出所）［メンガー1999］より筆者作成.

である．というのも，ハイジの6頭目の馬とペーターの6頭目の牛との交換によって，両者はそれぞれ40の利益を得るからである．さらにハイジの5頭目の馬とペーターの5頭目の牛が交換されれば，双方に20の利益がもたらされる．その結果が**表6-3**の右の表である．このとき，両者の利益はゼロとなるから，これ以上交換は行われない．これが交換の均衡点である．このようにメンガーは，交換によって得られる限界効用と失う限界効用と均等化することで交換の理論を示した．

　次に交換の比率としての価格理論が問題となる．メンガーは，価格形成を①孤立交換（双方独占），②独占取引（供給独占），③双方的競争（完全競争）の3つに分けた．ここでは，孤立交換を例にとって説明しよう．ネロとマルコがぶどう酒と穀物を交換する場合を考える．ネロにとって，100単位の穀物の価値が40単位のぶどう酒と等しい価値を持ち，マルコにとって，40単位のぶどう酒の価値が80単位の穀物の価値に等しいとする．両者の交換によって経済的な利益が生じるのは，40単位のぶどう酒が，穀物80単位から100単位までの範囲内で交換される場合である．しかしどの点で決まるかは，当事者の交渉力によって変化する．

　こうしてメンガーは，孤立交換から独占取引そして双方的競争へと次第に複雑な形態へと議論を進めるが，交換の参加者が増えるにつれ，価格幅は次第に縮小し，価格がある一点に収束していくことを展開した．このようにメンガーが通常の完全競争ではなく不完全競争市場を想定して市場を論じたことは，ジェヴォンズやワルラスと異なっているため，特筆すべき点である[3)]．

 ## ジェヴォンズの経済学

　ジェヴォンズは，『経済学の理論』（1871年）において「快楽と苦痛の経済学」，すなわち快楽の増分から苦痛の増分を差し引いた効用の増大の極大条件を探ることを提唱した．功利主義者が，同じような境遇にある人々は等しい満足を得ることができることを想定するように，ジェヴォンズは「売り手または買い手の一切の団体」としての「交換団体」を想定する．それは個人でも，多数の個人の平均でも良い．

　ここで団体Aと団体Bが存在し，団体Aが穀物をX量，団体Bが牛肉をY量所有し，ジェヴォンズにしたがって交換比率1:1としてお互い穀物と牛

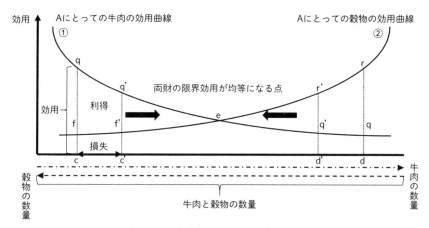

図 6-2　牛肉と穀物の交換メカニズム

出所）〔ジェヴォンズ 1981〕より筆者作成.

肉を交換して取引を行うと想定しよう. **図 6-2** は, 縦軸を効用, 横軸を財数量（両財の単位は同じ）とし, 曲線①と曲線②をそれぞれ牛肉と穀物の団体 A にとっての効用曲線を描いた図である. 団体 A は, 牛肉を得ることで効用を得る一方, 穀物を手放すことで損失を感じる. たとえば, 線分 cc' は穀物の減少分であると同時に牛肉の増加分である. 団体 A は牛肉 cc' ほど増加したことで効用 qcc'q' を得る一方で, 穀物 cc' ほど減少したことで効用 fcc'f を失う. したがって団体 A の利得は効用 qff'q' である. そのため A は利得が 0 になるまで取引を続ける. 逆に, 団体 B も同様に取引を行うので（効用 rdd'r', 効用 rqq'r', 効用 qdd'q' を考えよ）, 最終的に両団体の限界効用が一致する点 e で取引が終了する.

F_A, G_A, F_B, G_B はそれぞれ団体 A の穀物と牛肉の限界効用, 団体 B の穀物と牛肉の限界効用, 団体 A が団体 B へ穀物の数量 x を与える一方で団体 B が団体 A へ牛肉の数量 y を与えるとすれば, 団体 A と団体 B の均衡 e における交換状態は, 次の式になる.

$$\frac{F_A(X-x)}{G_A(y)} = \frac{y}{x} = \frac{F_B(x)}{G_B(Y-y)}$$

ジェヴォンズはワルラスやメンガーと違って独自の学派を残さなかったが,

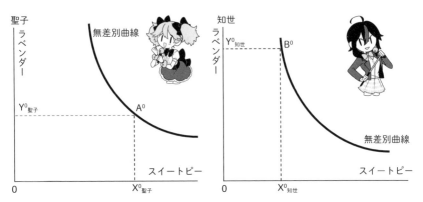

図 6-3　聖子と知世のラベンダーとスイートピーの初期保有量

出所）筆者作成.

彼の経済学は，エッジワースの『数理心理学』（1881 年）に受け継がれている．ジェヴォンズは，競争的主体が所与として行動すれば，自由で競争的な交換過程で成立する交換比率として価格を提示している．そのアイデアは，**無差別曲線と契約曲線**を明確に打ち出した**エッジワース・ボックス**に受け継がれ[4]，需要曲線の導入という観点でマーシャルにも大きな影響を与えている．

　エッジワース・ボックスは，二人（団体でもよい）・二財の交換を考える図のことである．**図 6-3** の二つのグラフに示されるように，聖子さんはスイートピーを $X^0_{聖子}$，ラベンダーを $Y^0_{聖子}$ だけ所有し，同様に知世さんはスイートピーを $X^0_{知世}$，ラベンダーを $Y^0_{知世}$ ほど所有していたとしよう．このとき聖子さんの所有するスイートピーとラベンダーの組合せは，点 A^0（$X^0_{聖子}$, $Y^0_{聖子}$），同様に知世さんのそれらの組合せは点 B^0（$X^0_{知世}$, $Y^0_{知世}$）で示される．このとき，点 B^0 を点 A^0 の位置に移動させ，知世さんの平面図を 180 度反転させれば，**図 6-4** のグラフになる．聖子さん側の原点を $O_{聖子}$，知世さん側の原点を $O_{知世}$ とすれば，$O_{聖子}$ から右上にいくほど，聖子さんの所有するスイートピーとラベンダーの数量が大きい．同様に $O_{知世}$ から左下にいくほど，知世さんの所有するスイートピーとラベンダーの数量が大きい．すなわち，聖子さんと知世さんの所有するスイートピーとラベンダーの数量を一つのボックスのなかで示すことができ，これをエッジワース・ボックスという．

　図 6-4 で示されるように点 A^0 と点 B^0 は同じところに位置しており，聖子さんと知世さんのスイートピーとラベンダーの初期保有量を示す．点 A^0 で聖

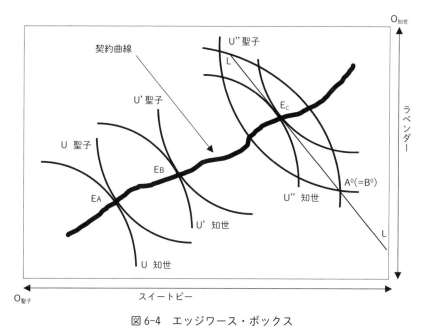

図 6-4 エッジワース・ボックス

出所）筆者作成.

子さんと知世さんの無差別曲線が交差している場合，聖子さんと知世さんの無差別曲線で囲まれている領域では，聖子さんと知世さんの効用はそれぞれ初期保有点 A^0，B^0 よりも高い．聖子さんはスイートピーを手放してラベンダーを得る一方，知世さんはラベンダーを手放してスイートピーを得る．そのときスイートピーの価格とラベンダーの価格を $P_{スイートピー}$，$P_{ラベンダー}$ とすれば，その価格比 $\dfrac{P_{スイートピー}}{P_{ラベンダー}}$ は二財の交換比率を表す．したがって，聖子さんと知世さんが交換によって所有することが可能なスイートピーとラベンダーの数量の組合せは，点 A^0 を通り，価格比 $\dfrac{P_{スイートピー}}{P_{ラベンダー}}$ を傾きとする直線 LL 上の点で示される．直線 LL 上の点 E_c で聖子さんと知世さんの無差別曲線が接し，スイートピーとラベンダーの需給が一致しているので，市場均衡が実現される．すなわち，点 E_c は最適な交換比率（価格比）を表した**パレート最適**（資源配分をどのように変えても，誰かの効用を下げることなしに他の人の効用を上げることができる状

態）の状態であり，点 A^0 から点 E_C への移行は**パレート改善**（誰の効用も下げることがなく，少なくとも一人の効用を高めることのできる変化のこと）である．このようなパレート最適になる点は，聖子さんと知世さんの初期保有量に従ってお互いが交渉する中で達成されるが，それらは E_C をはじめとして，E_A，E_B，……というように，エッジワース・ボックス内に無数に描くことができる．これらのパレート最適点を繋げた線こそ，**契約曲線**である．

　エッジワース・ボックスは一般均衡理論，新厚生経済学に多大な影響を与えている（**第9章**参照）．

レオン・ワルラスの経済学

　限界革命のトリオの中でも，現代のミクロ経済学・マクロ経済学の中心的存在は，一般均衡理論を論じたワルラスである．一般均衡理論は，人々が自らの効用最大化を目的に自由な経済活動を営むとき，すべての市場で需給が一致することを数学的手法で検討するものである．ワルラスの経済学体系は，純粋経済学・応用経済学・社会経済学からなる壮大なテーマを有していたが[5]，その骨格は，交換・資本・生産の世界をそれぞれ結合させ，それぞれの世界で限界効用（希少性）による限界効用均等の法則が成立し，体系的な経済社会の模型を提示するもので，それぞれの市場はバラバラに分解することも可能である．モジュール型のパソコンに例えるならば，それぞれのパーツを一旦バラバラにしたり結合したりと試行錯誤してパソコン全体のスペックや性能が確かめられるように，経済社会の問題もそれと同様にアプローチできることを，ワルラスは解析力学の観点から明らかにした．

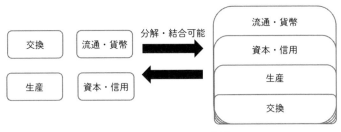

図 6-5　ワルラスの市場

出所）筆者作成．

　ワルラスは，市場をバラバラに捉えても良いから，**図 6-5** のように，(1)交換 → (2)生産 → (3)資本・信用 → (4)流通・貨幣，と順を追って方程式を立てる．

　まず二人が A と B の 2 商品を交換する市場を考えよう．m 単位の商品 A と n 単位の商品 B が交換されるとき，各商品 1 単位の交換価値を v_a，v_b とすれば，$mv_a = nv_b$ である．このとき交換価値の比率を価格とし，商品 A の価格を P_a，商品 B の価格を P_b とすれば，$P_a = \dfrac{n}{m} = \dfrac{v_a}{v_b}$，$P_b = \dfrac{m}{n} = \dfrac{v_b}{v_a}$ と書ける．すなわち交換価値の比である価格は交換される商品の量の逆比に等しい．これらの式を P_a，P_b について整理すれば，各商品の価格は互いに逆数であること，すなわち $P_a = \dfrac{1}{P_b}$，$P_b = \dfrac{1}{P_a}$ と表すことができる．ここで，一定の価格における一定商品量の需要と供給による二財の交換であれば，商品 A の価格 P_a で需要量 D_a があることは，商品 B が $D_a P_a$ に等しくなるように，O_b だけ提供されることに等しい．すなわち，$D_a P_a = O_b$ である．逆に商品 B の価格 P_b で需要量が D_b であることは，商品 A が $D_b P_b$ に等しくなるように，O_a だけ提供されることに等しい．すなわち，$D_b P_b = O_a$ である．同様に D_a，D_b に等しくなる関係も考えてまとめれば，$O_a = D_b P_b$，$D_a = O_b P_b$，$O_b = D_a P_a$，$D_b = O_a P_a$ である．

　O_a と D_a が一致する点が均衡点である．ワルラスによれば，「希少性」の観点からみれば，効用と限界効用が減少（増加）すれば価格は下落（上昇する）から，需要曲線は減少関数である（効用関数を $u = \phi(q)$ とすれば，希少性：限界効用はその導関数 $u' = \phi'(q)$ として表記できる）．したがって価格に依存して需要が決まるという需要曲線は，$D_a = F_a(P_a)$ であるとすれば（F は Function：関数のことである），$D_b = F_b(P_b)$，$P_b = \dfrac{1}{P_a}$ であるため，$O_a = D_b P_b = F_b(P_b) \cdot P_b = F_b\left(\dfrac{1}{P_a}\right) \cdot \left(\dfrac{1}{P_a}\right)$ となる．したがって，$D_a = O_a$ より，$F_a(P_a) = F_b\left(\dfrac{1}{P_a}\right) \cdot \left(\dfrac{1}{P_a}\right)$ が商品 A，商品 B の均衡価格と交換量を示す式である．均衡点では，ジェヴォンズが示した数式と同様に，限界効用の比率と交換価値が等しくなる．そして超過供給（$O_a > D_a$）のときは価格が下がり，超過需要（$O_a < D_a$）のときは価格が上がる．この価格による調整のことを**ワルラス的調整**と呼ぶ．

　ワルラスは，交換の世界で2財の交換モデルを出発点とし，n財モデルへと拡張する．社会全体の財の数がn個存在し，財の価格を p_1, p_2, ……, p_n, 需要量を D_1, D_2, ……, D_n, 供給量を S_1, S_2, ……, S_n とすれば，$D_1 = F_1$ $(p_1$, p_2, ……, $p_n)$, $D_2 = F_2(p_1$, p_2, ……, $p_n)$, ……, $D_n = F_n(p_1$, p_2, ……, $p_n)$, $S_1 = f_1(p_1$, p_2, ……, $p_n)$, $S_2 = f_2(p_1$, p_2, ……, $p_n)$, ……, S_n $= f_n(p_1$, p_2, ……, $p_n)$ であるから，$D_1 = S_1$, $D_2 = S_2$, ……, $D_n = S_n$ となる．この場合，未知数は価格n個，需要量n個，供給量n個であることに対して，方程式は3n本である．財の価格のうち一つは，ニュメレール（価値基準財）としての貨幣であるから，そこに裁定の余地はない．したがってニュメレールを導入すれば，価格はn−1個であるから，3n−1個が未知数である．一つの方程式を他から誘導できるとすれば，方程式の数は3n−1本となり，未知数と方程式の数が一致して方程式体系を解く必要条件は満たされる．価値尺度財の価格が1であれば価値尺度財の需給は等しくなるが，それは他のあらゆる財の超過需要の価値金額を足せば，0になることに等しい．n種類の財の市場で，経済主体が予算制約にしたがって行動するとき，n−1種類の財の市場で需給が均衡していたら，残り一種類の財の市場も自動的に需給が一致する．これが**ワルラス法則**である．

　こうしたワルラスの交換理論は，初期保有量・個人の効用関数から相互依存的な経済量に関する需給均衡式の連立方程式を立てて解を求めた点が，メンガーやジェボンズと比べて斬新であった．ちなみにワルラスの一般均衡理論は，前節のエッジワース・ボックスにおける二人二財モデルをベースに多数の人数が参加するラージ・エコノミーを想定すれば，全く同じ体系が示される［根岸1985；1997］．

　ワルラスの世界で登場する経済主体は，土地用役を提供する地主，資本用役を提供する資本家，労働用役を提供する労働者，そして生産用役を需要し財を供給する**企業者**である．地主，資本家，労働者は生産用役の提供者であると同時に財の需要者で，広義の資本家とされる．その理由は，自由・平等・友愛という精神によるフランス革命の影響によって地主，資本家，労働者の分け隔てないようなモデル設計が構築されているからである．企業者といえば，シュンペーターによって描かれる企業者精神が有名であるが（**第13章**参照），企業者概念はもともとフランス語のアントルプルヌールから想起されるように，フランス独特の概念の一つである（**第1章**参照）．ワルラスの場合は，用役の結合，財

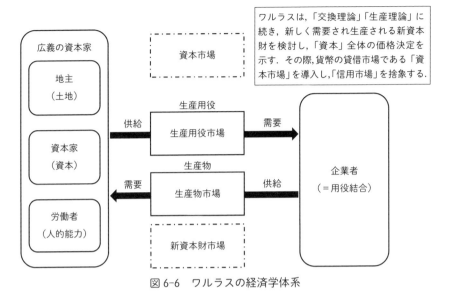

図6-6　ワルラスの経済学体系

出所)［松嶋 1996］より筆者作成.

の供給のみを担う存在である. その関係を総括すれば, **図6-6** のように描ける.
　実物市場に最後に貨幣の世界を導入すること, つまり財市場と貨幣市場の二元的なモデルを想定することは, **古典派的二分法**と呼ばれる. ワルラスは, **タトヌマン** (模索過程), 生産・流通期間を捨象しているため, 先述したように, 価格調整によって瞬時に均衡が達成されるのである.
　こうしたワルラスの議論は, 無時間的な完全競争市場を想定しているばかりでなく, 方程式と未知数の数を揃えただけの論証で, 数学的に不十分なものであった. そのためヒックスは, ワルラスの一般均衡理論に, パレートの**序数主義** (第9章参照) と無差別曲線によって一般均衡理論を発展させ, マーシャルの「時間」の概念をつなげて, 完全競争市場を動学化させた. さらに20世紀中葉にアロー (第9章参照) らによって, 完全競争における方程式体系が解かれ, 解の存在と安定性が数学的に証明された. この意味で, ワルラスは不完全なモデルを提供したといえる. しかしワルラスの最大の貢献は, 市場を分解し, それを数学的モデルを用いて表現可能なことを一早く示したことにある. ワルラスの経済学は現代の理論経済学者の共通の財産になっている.

おわりに

　このようにメンガー，ジェヴォンズ，ワルラスの経済学は，それぞれのアプローチは異なっていたけれども，限界効用理論を共通した理論的ベースとしていた．こうした理論は，限界分析と極大化分析による最適化，それに加えて均衡分析や数理分析が展開され，生産論や分配論にも拡張された．その一例として生産要素に対する価格がその限界生産力によって決定される分配理論としての**限界生産力説**が唱えられた．

注
1）ヴィーザーは，財Aと財Bがあれば，財Aの生産に使用された資源である高次財の価値は，財Aの生産のために犠牲にされた財Bのもつ価値が移転された**機会費用**（何かを得るために手放したもの）である，と述べた．さらに，ヴィーザーの考える望ましい経済体制は，社会主義への前進を認めつつも競争に原動力を求める混合経済体制であったことは興味深い．
2）ベーム＝バヴェルクによれば，ロビンソン・クルーソーは魚を素手で獲ることができるかもしれないが，網を作って魚を獲ることもできる．生産的である網を作る期間を**迂回生産**（生産期間）とし，迂回生産が成立するには生産財である網を作る期間と生存資料がクルーソーに保証されなければならない．迂回生産期間中に必要とされる資本（賃金基金）の数量の決定について**平均生産期間**を用いる．さらにベーム＝バヴェルクは，将来において入手可能な消費財に対して現在において入手可能な消費財につけられる実質的な利子あるいは利潤を**資本利子**と呼び，資本利子が存在するための根拠を，①人々は現在よりも将来におけるほうがその欲望がより豊かに充足されると期待すること，②人々が将来の欲望を低く評価すること，③より迂回的な生産の優越性，に求めた．
3）メンガーは，完全競争を前提とした限界主義者らとは異なり，不完全競争，不完全情報を前提として理論を展開している．例えば，メンガーは販売可能性に差がある商品を考え，中でも販売可能性の高い商品が貨幣であると考えたが，これは，不完全競争や不完全情報といった市場組織の相違によるからである．貨幣は，不均衡世界で各経済主体が自己の欲望満足をできるだけ最大にする行為を繰り返す中で，自生的に発生すると考えられ，ハイエクらに影響を与えた．こうした不完全競争や不完全情報を想定したメンガーの経済学は，新古典派経済学批判としての「ノンワルラシアン・エコノミクス」であり，現代の進化経済学の一潮流である「ネオ・オーストリア学派」に引き継がれている［根岸 1985；1997］．

4) エッジワースが描いたエッジワース・ボックスは今日ミクロ経済学で習うものとはやや異なる。無差別曲線やエッジワース・ボックスに対応する概念は，パレートによってすでに導入されていた。エッジワースの図に比べて，パレートの図が現代ミクロ経済学の図により近いことが指摘されている［中野 2017］.

5) ワルラスにとって一般均衡理論は，応用経済学や社会経済学とともに経済学体系の一部分を占めるに過ぎない。ミクロ経済学では，ワルラスの名前は「一般均衡理論」や「価格調整」や「ワルラス法則」で紹介されることが多いが，応用経済学や社会経済学研究が示すようにワルラスが実は土地国有化論を主張する社会主義者であったことに言及しているミクロ経済学の教科書はほとんどない［御崎 1998；森嶋 1994］.

第7章　マーシャルと新古典派経済学

はじめに

　アルフレッド・マーシャル（1842～1924年）は，一般均衡理論のアプローチと異なり（第6章参照），「**他の事情が等しいならば（ceteris paribus）**」という制限を課して，特定の一部の市場に注目する**部分均衡分析**を提唱した．部分均衡分析は，**図7-1**のように，イギリスの経験的手法に依拠して[1]，現実への洞察を重視し，需給分析を展開する際に，いくつかの市場を見ずに，ある特定の市場だけを見る方法である．この方法であれば，複雑な現実経済に少しずつ接近し，実際的な運用が可能である．例えば，モジュール型のパソコンの場合，複数の既存部品を組み合わせてパソコンを組み立てることができる．パソコンを早く起動させ処理能力を上昇させるためには，パソコンを構成しているパーツ全体の相互依存関係を研究する必要がある．パソコン自体の製造設計を行い，優れ

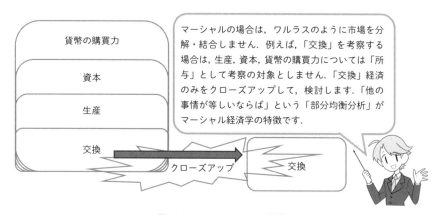

図 7-1　マーシャルの市場

出所）筆者作成.

第7章　マーシャルと新古典派経済学

た性能を有するパソコンを組み立てることは，一般均衡分析と同じである．しかし保存容量の大きいパソコンを作成するためには，例えば外付けのハードディスクのようにある特定のパーツだけに目を向けて（他のパーツは所与として），検討することから始める．これが部分均衡分析である．マーシャルは，ワルラスの理念的で規範的な一般均衡理論によるアプローチと異なり（**第6章**参照），応用経済学の見地から，時間の中における需要曲線と供給曲線，需要の価格弾力性，余剰分析，外部経済・外部不経済といった分析道具から，常に現実の問題を解決することを考えた．

 ## マーシャルの需要曲線と供給曲線

(1) イギリス古典派経済学の伝統としての供給曲線

「価格が上昇すれば生産量は増える」という供給の法則から導かれる供給曲線は，いわゆる生産費説と呼ばれ，その考え方の基礎はイギリス古典派経済学である．生産費の構成に関して，リカードウは労働価値説によって価格を表現することを試みたが，スミスの価格構成説によれば，「自然価格 ＝ 賃金 ＋ 地代 ＋ 利潤」で表現される．イギリス古典派経済学は，生産に必要な労働量や生産費に注目して価格を論じた（**第2章・第3章**参照）．

(2) ジェヴォンズの需要曲線

「価格が減少すれば需要が増加する」という需要の法則から導かれる需要曲線は，メンガー，ジェヴォンズ，ワルラス（ただしゴッセンやミルにもその萌芽が存在している）によって提唱された，希少性による限界効用による効用価値説に由来する．マーシャルはイギリス人であるジェヴォンズに目を向けた．市場経済において人間の限界効用が価格と均等になるように，交換によって効用を最大化する効用価値説を展開した．彼らは，効用価値説の観点から一貫して，労働価値説による生産費説を批判した（**第6章**参照）．

(3) マーシャリアン・クロス

モノ（物）の交換価値がどのように決定づけられるのか，慎重に考えたのがマーシャルである．モノの価値は，古典派のように生産費説から決まるケースもあれば，限界革命トリオのいうように効用価値説から決まるケースもある．

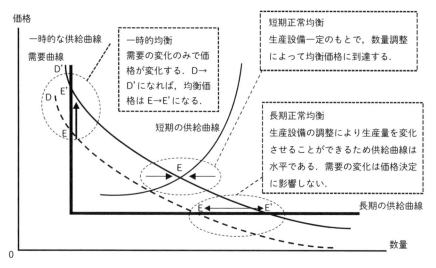

図7-2　マーシャリアン・クロスと時間分析

出所）筆者作成.

つまりハサミは二つの刃で紙を切るように，交換価値は，効用という刃と生産
費という刃から決まる．その場合，両方の刃で同じように切れば良い場合もあ
れば，片方の刃で切れる場合もある．マーシャルは，古典派の生産費説による
供給曲線を受け継ぎつつ，ジェヴォンズの限界効用価値説による需要曲線を組
み入れて，経済学の歴史で初めて需要曲線と供給曲線によるマーシャリアン・
クロスを描いた．マーシャルの描いた需要曲線と供給曲線は，時間による市場
の形態によって，すなわち一時的・短期・長期・超長期という時間要素によっ
て供給曲線の形状を変化させた．このうち短期と長期は，正常状態である．

　図7-2をみよう．**一時的**は，たとえば魚市場や生鮮食料品のケースの場合，
消費者が買うか買わないかという点が大きいだろう．本日中に販売する必要が
あれば，需要曲線の影響が強いのだから，供給曲線は価格に全く影響を与えな
いと考えるべきで，供給曲線が垂直である．この場合，需要曲線の変化のみが
価格に影響を与える．しばしば夕方にスーパーでお寿司やお弁当などが割引で
販売されているが，その状況こそ一時的の状況である．**短期**は，既存の生産設
備が一定のもとで，需要曲線と供給曲線の両方が相互に等分の影響力を発揮し
て価格が形成されるケースである．この場合，生産の稼働率をあげることに

よって，限界費用が上昇し，供給量を変化させることで均衡が成立する（**マーシャル的調整**）．**長期**は，需要曲線が変化しても価格の変化には全く影響せず，他方，供給曲線の変化こそ価格に影響を及ぼすのだから，供給曲線が水平になる．例えば，工場に固定費用の大きい設備が増設されると，限界費用が上昇しないので，供給曲線は水平となる．**超長期**は，世代から世代にかけての長い期間において引き起こされる，知識や人口，資本，産業構造など一切のものが変化を許される市場状態である．

　このようにマーシャルは，できるかぎり現実の問題に接近するために，効用価値説と生産費説を時間の変化の中でうまく組み合わせて，需要曲線と供給曲線によって価格が決まることを示した．古典派の伝統の中に，限界革命の理論を組み込んだことから，これを経済学史では**新古典派経済学**と呼ぶ．

② 企業の経済学
——外部経済と内部経済，有機的成長，「自然は飛躍せず」——

(1) 外部経済と内部経済

外部経済と**内部経済**の考え方は，マーシャルによって提示されたものである．**図 7-3** の上段のように市場の取引を媒介とせず企業と消費者との取引に影響を及ぼすことを，外部経済・外部不経済と呼ぶ．たとえば，養蜂業と果樹園は，ミツバチが果樹園で受粉を助けて結実を促すと同時に，ミツバチが養蜂場に蜜をもちかえることで，プラスの影響を相互に与える．これは外部経済である．他方，市場の外で発生した公害が生じれば，市場を通じて通常の活動をしていても，打撃を受けるが，これを**外部不経済**と呼ぶ．

　他方，**図 7-3** の下段のように，内部経済は，内部節約とも呼ばれ，企業の資金調達能力や経営能力や組織の効率性から生じる利益は，企業や産業の組織や内部から起こるものである[2]．具体的に言えば，企業や産業内で発生するイノベーションによってもたらされる**収穫逓増・費用逓減**は，内部経済である．このようにマーシャルは，市場の内と外で内部経済と外部経済にわけ，産業組織を把握しようとしたのである．

　マーシャルは，企業は外部経済と内部経済の恩恵を正常に享受しているとし，そのなかでも平均的な企業を**代表的企業**と呼んだ．マーシャルは，若木は活発で老木は衰えるが，森は全体として変化しないように，個々の企業において業績が好調であったり低迷したりしていても（個々の企業における不均衡状態），産

外部経済・外部不経済

売り手・買い手などの経済主体の活動が市場を媒介とせずに良い影響や悪い影響を与えること

外部経済

外部不経済

| 養蜂業と果樹園では，ミツバチが果樹園で受粉を助けて結実を促し，同時に，養蜂業は蜜をもちかえることで，プラスの影響を与え合うこと． | ある工業製品を生産する場合に工場から排出される有害な煙が大気汚染を引き起こすことで，周囲の人々にマイナスの影響を与えること． |

内部経済

企業の資金調達能力や経営能力や組織の効率性から生じる利益のこと

図 7-3　外部経済・外部不経済と内部経済

出所）筆者作成．

業全体は均衡である（安定している）と考えた．全体が均衡しつつ，その構成部分は変化しているという考え方こそ，有機的で生物学的アプローチに他ならない．つまり代表的企業は，正常な利潤を得る産業の縮小版なのである．「自然は飛躍せず」と述べたように経済社会が漸進的に発展するものとして捉えたマーシャルの経済観は，飛躍的な企業者精神や創造的破壊によって経済変動の原動力になる企業の活動として動態的な経済社会を描くシュンペーターの経済観と対をなしている（**第13章参照**）．

　ここで問題となるのが，収穫逓増である．株式会社が普及してくると，収穫逓増が作用する産業における特定の企業が内部経済によって市場を席巻し，市場は不完全市場になる．この場合，収穫逓増と自由競争は両立しなくなるため，

マーシャルの経済学体系に揺らぎが生じる．マーシャルは，収穫逓増と自由競争から生じる問題に対して，代表的企業や特定の企業が内部経済と外部経済を享受していることや，企業のライフサイクルの概念を用いて，その問題をうまく回避しようと試みた．

(2) マーシャル経済学の「黒点」

産業全体を見る場合，マーシャルが論じた森と木のライフサイクルによって自由競争体系が保持された．新古典派経済学と呼ばれるごとく，マーシャルはスミスの論じた自由競争を継承していた．しかしマーシャル体系には費用に関して大きな落とし穴があった．ある企業で，著しい技術革新が生じ，巨大な生産設備が設置されると，莫大な固定費を回収するために大量生産を行う．この場合，生産量が増えれば増えるほど競争力が上昇する（価格が下落する）**規模の経済性**によって，長期的な平均費用は逓減し，やがてその企業は市場を牽引するリーダーとなる．マーシャルが『経済学原理』を書いた 19 世紀後半以降，世界経済は大きく変貌した．スタンダード・オイル社やフォード社による大量生産・大量消費によって企業による巨大化・大規模化が進み，所有と経営の分離が進んだのである．

マーシャルは，外部経済・内部経済を正常に享受する代表的企業を想定し，完全競争市場だけでなく独占や寡占の状態を描くことに苦慮したのである．しかし，マーシャルは部分均衡分析の立場をとり，他の市場形態が所与であるならば，という限定的な条件を付して特定の市場に対する分析を行なってきた．独占や寡占の市場形態を，「他の事情が等しいならば」という部分均衡分析でアプローチしているにもかかわらず，他の事情である外部経済・内部経済という考え方から市場を説明する方法は，部分均衡分析の考え方に反するのではないかという議論が出てきた．

こうしたマーシャルの費用曲線に対する批判をピエロ・スラッファが展開する中で，1933 年に独占的競争論が，イギリスの経済学者ジョーン・ロビンソン（1903~1983 年）とアメリカの経済学者エドワード・チェンバレン（1899~1967 年）によって独自に提示された．

両者が提唱した独占的競争は，多数の企業が存在するにもかかわらず，製品差別化や企業によるある程度の価格設定が可能であるとし，「限界費用＝限界収入」（MC＝MR），平均費用＝価格（AC＝P）を満たすように生産量が決められ

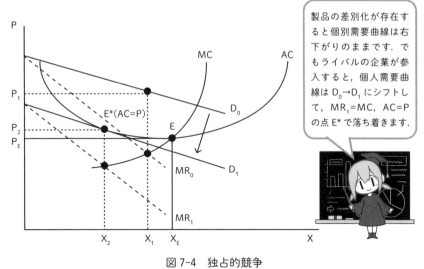

図 7-4　独占的競争

出所）筆者作成.

るものである. **図 7-4** でいえば，ある企業の**個別需要曲線**（個別需要曲線は，企業が消費者に直面する需要曲線である. 完全競争市場ではプライステイカーのため，企業が価格を自由に決めることができないため，個別需要曲線は水平になる）が D_0 の状態であれば超過利潤が発生するので別の企業が参入し，需要が分割されて顧客が減少するため，$MR_0 = MC$ から $MR_1 = MC$ になるように，個別需要曲線は D_0 から D_1 へ移動する. このとき生産量は X_1 から X_2 へ減少して，価格は P_1 から P_2 へ下落する. 最適な生産量 X_E に比べて，$X_2 X_E$ の生産量だけ資源配分の非効率を表す**過剰能力**が発生するというモデルである. ただし注意したい点は，ロビンソンとチェンバレンの独占的競争論の違いである. ロビンソンの議論は，限界理論を徹底的に駆使した不完全競争論である一方，チェンバレンの議論は，製品差別化やのれんといった，ゲーム理論の先駆ともいうべき議論が含まれている[3].

③ マーシャルの厚生分析

マーシャルは，生活水準や環境問題といった**社会厚生**を考えるために，**弾力

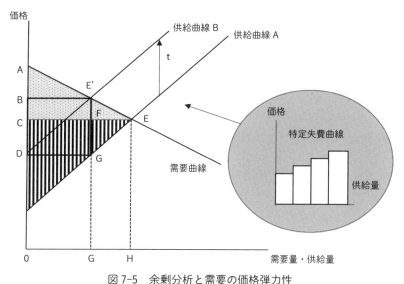

図7-5　余剰分析と需要の価格弾力性
出所）［マーシャル 1991］及び［根岸 1997］より筆者作成.

性（需要の価格弾力性を η，需要量を q，価格を p とすれば，$\eta = -\dfrac{dq}{q} \Big/ \dfrac{dp}{p}$，$|\eta| \lessgtr 1$ となる）

や**余剰分析**（消費者余剰や生産者余剰）を用いて，分析した.[4] 市場に環境汚染など
の外部不経済が生じている場合，課税することで，社会厚生が増大することを
論じた. より数学的に論じたのがマーシャルの弟子であるピグーであるため，
ピグー税とも呼ばれる.

　ある環境汚染を引き起こしている企業が存在しているとしよう. このとき税
金 t が課されたとすれば，**図7-5** のように，供給曲線 A から供給曲線 B に移
動し，均衡点 E は均衡点 E' に移動する. このとき，**余剰分析**を用いれば，**消
費者余剰**は三角形 ACE の面積分から三角形 ABE' の面積分へ変わるため，台
形 BCEE' の面積分ほど減少する. 税収入は四角形 BDGE' の面積分ほど増大す
るので，四角形 CDGF の面積分と三角形 E'FE の面積分を比較して，課税を
行うべきかどうかを決める. この場合，「四角形 CDGF の面積＞三角形 E'FE
の面積」となるから，政府は課税を行った方が社会厚生は増大する. もちろん
生産者余剰は大幅に減少しているように見える. しかしマーシャルは，生産者
余剰を論じるときは**特定失費曲線**（特殊経費曲線）を想定していることに注意し

たい．つまりマーシャルは，生産性の異なる企業が存在するものとして，リカードウの差額地代説のように企業の生産性が高い（生産費用がかからない）順番に並べる，階段状の費用曲線としての特定失費曲線を想定しているため（各企業の平均費用を連ねれば，一つの曲線になる），生産者余剰をそもそも考慮する必要はない．つまり，内部経済・外部経済を正常に享受する企業を想定すれば，右上がりの供給曲線ではなく，ある種の階段上の供給曲線を想定できるため，産業の規模が 0H であれば，供給曲線は（例えば**図 7-5** の特定失費曲線の四つ目の階段から縦軸の価格に線を引いた）CE である．このようにマーシャルは，社会厚生においても重要な貢献をなした．

 ## ケンブリッジ残高方程式の展開

　物価水準を決定する伝統的な関係式として**貨幣数量説**がある．アメリカの経済学者アーヴィング・フィッシャーによれば，貨幣量を M，貨幣の流通速度を V，物価水準を P，取引量を T とすれば，MV＝PT と表記される．これを書き直すと $M=\dfrac{1}{V}\times PT$ となり，さらに貨幣の流通速度の逆数 $\dfrac{1}{V}=k$ とおくと（これをマーシャルのkと呼ぶ），M＝kPT と表記される．いずれも T と V が一定であれば，M の変化は P と比例的変化をもたらす（V 自体は，$V=\dfrac{PT}{M}$ で表現でき，T が変化することから明らかなように現実的には一定ではない）．これがいわゆる，貨幣が生産量や雇用量に影響を及ばさない**貨幣ヴェール説**としての**古典派的二分法**である（第 1 章・第 10 章参照）．

　マーシャルは，流通速度 V を測定することは困難であるという立場から，M＝kPT という，k は平均的な個人が貨幣の形態で保有したいと望む割合 k と所得 PT の関係から貨幣量を考えた．この時，短期においては，貨幣需要 kPT が変化するため，k と P の変化が重要となるが，長期においては，k の値が平均化されるため，M と P の間に正の比例関係が成立する（第 1 章・第 10 章参照）．これを**ケンブリッジ残高方程式**と呼ぶ．ケンブリッジ残高方程式は，物価変動への研究に力が注がれ，ケインズやフリードマンら現代の経済学者に大きな影響を与えている．

おわりに

マーシャルはケンブリッジ大学教授就任講演の際,「冷静な頭脳と温かい心情 (cool heads but warm hearts)」と述べた.「冷静な頭脳」は科学を,「温かい心情」は宗教を指し,それぞれ経済学と道徳哲学を意味していた. 経済学がモラルサイエンスであると述べられる経済理論と経済政策の絶妙なバランス感覚は,この言葉に凝縮されているといってよい. マーシャルは,栄華極まるヴィクトリア朝でなぜこれほどの貧困者が多いのか,ロンドンのイーストエンドを歩いたとき,疑問に思い,経済学を研究しようと考えた.

外部経済・内部経済の概念は,ピグーに厚生経済学や環境経済学への橋渡しも行なった. マクロ経済学を誕生させた一人はケインズであり(**第8章**参照),「国民所得計算」を整理したのはリチャード・ストーン (1913~1991 年) やジェイムズ・ミード (1907~1995 年) らであるが,物価変動を論じたケンブリッジ残高方程式とともに,国民所得の概念を開拓したのはマーシャルである. 貧民街の労働者を救おうとする熱い眼差し,経済騎士道,生活基準,人生設計など,ケインズに言わせれば説教者のごとく倫理的な議論も展開した. 数式やグラフによる分析を展開したが,生物の世界をなぞらえて経済生物学・進化経済学にも言及した. マーシャルは,教育面においてもすぐれ,ケンブリッジ大学に経済学トライポスを創設し,ピグーやケインズなど多くの研究者を育てた.「経済学は一面において富の研究であると同時に,他面においてまたより重要な側面として,人間研究の一部である」[マーシャル 1991:2]と述べたマーシャルは,近代経済学の祖として大きな功績を残したのである.

注

1) イギリスでは,フランシス・ベーコンの帰納法に見るように,実験・経験科学として社会を見る考え方が発展した. それに対して,ヨーロッパ大陸では,デカルトの「我思う,ゆえに我あり」の演繹論にみるように,理念的に社会を見る考え方が発展した. こうした紋切り型の理解は危険であるが(例えばリカードウの経済学は演繹的である),イギリスと大陸の経済学の特徴の相違として論じられることが多い.

2) マーシャルの「組織」に向けた議論は,ロナルド・コース (1910~2013 年) やウィリアムソン (1932~2020 年) らの**組織の経済学**や**新制度学派**につながる. 現実の市場では,経済主体は,通常の財の取引において交渉や探索などの**取引費用**がかかる

（例えば，旅行に行く際に，チケットや宿泊施設を探索したり旅行代理店に相談したりすることで，旅行費用とは別にコストがかかる）．企業は，市場を通じてかかる取引費用と，組織の内部に取り込むことでかかる取引費用，を比較することで，合理的に意思決定を行う．

3）チェンバレンは，ロビンソンと異なり，個別需要曲線を二本引き，二つの企業がまるでゲーム理論を行う想定で，独占的競争論を論じた．チェンバレンは，ニコラス・カルドアと論争をして，寡占的市場を認めた．その後，ハロッド，ホール，ヒッチらオックスフォードの経済学者たちが「オックスフォード経済調査」を発表し，現実の市場の価格設定は，MR＝MC といった限界原理ではなく「フルコスト原理」（原価にマークアップをのせている）がとられていることが示され，さらにスィージーが屈折需要曲線を論じて，寡占市場の理論が展開された［井上 2004：7章］．

4）ケインズは弾力性の概念をマーシャルが発見したものとして最も重要な概念であると回想している．余剰分析はフランス経済学者のデュピュイが先駆者である．

5）この点は，根岸の次の指摘が参考になる．「現代経済学のマーシャル批判は，彼が工業における長期の均衡を問題にしていること，供給曲線と特殊経費曲線とを慎重に区別していること無視した，軽率な誤解にもとづくものであり，経済学史の素養を疑われても致し方ないといえよう．マーシャルは生産者余剰の概念を忘れたのではなく，それが存在しない場合を考察したのである」［根岸 1997：183］．マーシャルの考える生産者余剰は，差額地代によるか，資本設備の優劣から生じるか（いわゆる準地代），のいずれかである［伊東 1965：24-25］．

第8章 ケインズ経済学

——合成の誤謬とマクロ経済学——

は じ め に

　ジョン・メイナード・ケインズ（1883~1946年）．これまで経済学を少しでも学んだことがある人であれば，その名を知らない人はいないであろう．経済が悪化し，失業が発生すれば，拡張的な財政支出や低金利政策を行うことで，雇用を創出し，景気の回復を図り，景気が加熱すれば，引き締めを行う，という「大きな政府」や「修正資本主義」という用語と一緒に学んだ人も多いはずである．ケインズ以前の経済学は，「供給はそれみずからの需要をつくり出す」という**セー法則**（**販路説**）によって（第5章参照），市場における企業の自由競争が消費者の需要を生み出すから，できるかぎり政府が市場に介入する必要はないという「小さな政府」の考え方が主流であった．それは，市場における数量調整や価格調整によって需給が最終的に過不足なく一致するというミクロ経済学の世界であるといってよい．しかし1929年に勃発した世界恐慌によって，市場の需給のギャップがなかなか回復せず，失業や景気の悪化が深刻になる中，ケインズは『雇用，利子および貨幣の一般理論』（1936年，以下『一般理論』）を公刊し，「**需要は供給を生み出す**」という**有効需要の原理**によって，失業者を救済し完全雇用を達成できることを論じた．有効需要は，**乗数理論**（増加させた投資額より大きく国民所得が拡大すること）と，**流動性選好説**（金利が下がれば貨幣需要が増大すること）という二つの革新的な理論によって支えられており，数式で書けば，Y（GDP）＝C（消費）＋I（投資）＋G（政府支出）（右辺が原因で，左辺が結果であるから，右から左に読まなければならない）である（ここでは海外との貿易を行わない閉鎖経済を想定している）．有効需要の原理で重要な点の一つは，「**合成の誤謬**」と呼ばれるように，ミクロの世界を足し合わせても決してマクロの世界が成立しないこと，すなわちミクロの世界と関係なくマクロの世界が成立することである．たとえばミクロの世界では，個人は少しでも無駄な消費を抑え貯蓄

することが合理的な経済活動であると考える一方，マクロの世界では，Ｃが増え
ればＹが増大するのだから政府は消費喚起を行うことが望ましい．複数の財・
サービスの選択の問題，市場と価格の問題であるミクロの論理を安易にマクロ
の世界へ拡大すれば，理論的にも政策的にも欠陥だらけの最悪のマクロ経済学
が誕生する．このようにケインズこそマクロ経済学を誕生させたといってよい．

　本章では，『一般理論』だけではなく，ケインズの代表作である『貨幣改革
論』と『貨幣論』の内容も俯瞰し，貨幣理論家ケインズを紹介すると同時に，
ケインズのマクロ経済学のエッセンスを紹介する．

『貨幣改革論』──マーシャルの貨幣数量説の踏襲──

　『貨幣改革論』（1923 年）は，第 1 次世界大戦後，金本位制度の復帰に向けて
世の中が動き出した時にかかれた著作である．ケインズは，マーシャルの貨幣
数量説 M＝kPT を発展させた貨幣数量説 n＝p（h+rh'）（n：流通通貨量，h：消費
単位，r：現金準備率，h'：銀行預金，p：物価）を用いて，インフレやデフレ懸念が
生じないように国内物価水準としての貨幣価値の安定性を図ることが短期の視
点として重要な問題であることを論じた[1]．ケインズの貨幣数量説は，マーシャ
ルの貨幣数量説 M＝kPT の式に関して，kT を（h+rh'）に，Ｐを p に置き換え
たものである．流通通貨量 n と物価水準 p が正の比例関係にあると主張する
のが従来の貨幣数量説であるが，ケインズは h，r，h' が一定であるとみなす
ことは「長期」のことであって，短期においては貨幣供給量が増大しても物価
水準が必ずしも上昇するとは限らないと主張した．

　ケインズは，投資家階級（金利生活者）・企業家階級・労働者階級の三階級に
分類する．古典派経済学であれば，資本家階級・地主階級・労働者階級と分類
されていた．しかしケインズは，マーシャルの時代と異なり，株を売ったり
買ったりして利益を得ている投資家（投機家）たちと，会社を経営する代表取
締役などの実際の経営者たちの役割が分かれていることから，資本家階級を投
資家階級と企業家階級に分けた．この分類は，アドルフ・バーリー（1895〜
1971 年）とガーディナー・ミーンズ（1896〜1988 年）による**所有と経営の分離**を
想起させるものである．

　ケインズはインフレとデフレが投資家階級（金利生活者）・企業家階級・労働
者階級にどのように影響を与えるかを論じる．インフレによる貨幣価値の下落

（物価 P が上昇すれば，貨幣価値 $\frac{1}{P}$ は下落する）によって，投資家階級は貨幣を大量
に保有しているため大きな損害を受ける一方，ある程度の貨幣価値の下落は企
業家階級にプラスである．インフレは企業家の活動が活発になり生産や雇用が
拡大するため，労働者階級の実質賃金は下がるが，労働組合の存在のおかげで
その傾向は緩和する．他方，デフレによる貨幣価値の上昇によって，投資家階
級に利益をもたらす一方，企業家階級は損害を被る．デフレは，企業活動が沈
滞し，生産や雇用は縮小するため，労働者階級の実質賃金が切下げられるが，
失業保険のおかげで緩和される．したがってケインズは，インフレは不当で，
デフレは不得策であるとし，さらにインフレとデフレのいずれかに問題がある
かと強いて問われれば，デフレであると言う．なぜなら厳しいデフレは，活動
階級である企業家や労働者の犠牲のもとに非活動階級である投資家に富を移転
するにすぎないからである．

　こうしてイギリスが金本位制度復帰をめぐって動き出す中で，ケインズは，
① 平価切下げかデフレか，② 物価の安定か為替の安定か，③ イギリスは金本
位制度に復帰すべきか，という問を立て，次のように答えた．すなわち①につ
いて，戦前の旧平価（1 ポンド＝4.86 ドル）復帰に固執すれば，デフレ政策を取
らざるを得ないが，デフレは債務者（商人・製造業者・農家）から債権者（金利生
活者）への富を移転するため，ケインズはデフレ政策に反対し，平価切下げを
支持した．②について，ケインズは為替の安定に関して，国外の物価水準は不
安定であるから，国内の物価安定を優先することを主張した．③について，ケ
インズは，アメリカの金不胎化政策（金が外国から大量に流入した際，国内でインフ
レが生じることを阻止するためにとられる政策）によって，金の価格はアメリカの連
邦準備局の政策によって決まるため，イギリスは金本位制度に復帰すべきでは
なく，**管理通貨制度**が望ましいと述べた．

② 『貨幣論』の「基本方程式」
──貯蓄と投資による価格への接近方法──

　ケインズは，デニス・ロバートソンの『銀行政策と価格水準』（1926 年）に
影響を受け，**貯蓄─投資アプローチ**に傾斜した．投資と貯蓄の不均衡が価格の
変化を引き起こし，次に価格の変化が産出量の変化を刺激するという考え方で
ある（投資は在庫投資・設備投資等であり，貯蓄は民間資金等を意味する）．**ケインズは，**

1930 年に『貨幣論』を出版し，貯蓄―投資アプローチによる新しい物価水準の決定を樹立した.

　産出量全体の価値を Y，実質産出量を O，物価を π とすれば，$Y=\pi O$ である．Y は投資の価値 I と消費の価値 C の和，および生産要因に対する貨幣所得 E と意外の利潤（予想外に得られた利潤）Q の和に等しいので，① $Y=C+I$，② $Y=E+Q$ が得られる．ここで貯蓄を S とすれば，$S=E-C$ であるから，①②より，③ $Q=I-S$ という投資 I と貯蓄 S の関係式が得られる．$Y=\pi O$ であるから，$\pi=\dfrac{Y}{O}$ に②③式を代入すれば，物価に関する基本方程式 $\pi=\dfrac{E}{O}+\dfrac{I-S}{O}$ が得られる．この式によれば，投資 I と貯蓄 S の変化によって物価水準が変動する．もし I=S であれば，産出量全体の物価水準は $\dfrac{E}{O}$（産出量 1 単位当たりの正常生産費）に等しい．もし $I-S=Q>0$ ならば（意外の利潤），産出量全体の価格水準は $\dfrac{Q}{O}$ だけ上昇する．もし $I-S=Q<0$ ならば（意外の損失），産出量全体の価格水準は $\dfrac{Q}{O}$ だけ下落する．すなわち，投資と貯蓄の乖離によって物価水準が変化する，貯蓄―投資アプローチによる物価水準決定を示唆したものであった.

　この基本方程式は，実物市場の投資と貯蓄の乖離だけでなく，スウェーデンの経済学者クヌート・ヴィクセル（1851~1926 年）が発案した**自然利子率**（貯蓄と投資が一致する場合の金利）と**貨幣利子率**（金融市場で決まる金利）を用いれば，金融市場と接続して理解することができる．$I-S=Q=0$ が成立している場合，自然利子率と貨幣利子率が一致して物価は変化しない．もし，貨幣利子率が自然利子率よりも下がれば，投資が上昇するので，物価は上昇する（逆は逆である）．すなわち，金融当局を通じて貨幣利子率をある程度裁量的に制御できれば，物価の上昇・下落を引き起こすことができる．こうしてケインズは貯蓄と投資が一致するように，通貨当局が金利をできる限りコントロールし安定的に物価を制御することができると述べ，管理通貨制度を論じたのである.

　ケインズの『貨幣論』に対して，真っ向から反対の政策的帰結を論じた経済学者が，当時ライオネル・ロビンズによって LSE（London School of Economics and Political Science）に招かれて『価格と生産』（1931 年）を発表したフリードリ

ヒ・ハイエクであった．ロビンズは，ハイエクの『価格と生産』をさらに実践に活かし『大不況』（1934 年）という著作を発表し，LSE 対ケンブリッジが生じた．ハイエクによれば，**貨幣の中立性**（貨幣経済は実物経済と独立していることで**古典派的二分法**が成立していること．**第 6 章**参照）から，貨幣は一般物価水準に影響するだけで，実物経済にまったく影響を与えない（**第 1 章**参照）．仮に貨幣が市中に供給されたとすれば，銀行による信用創造を引き起こす．信用創造はそれ以前の貯蓄と投資のバランスを崩し，市場利子率の低下を引き起こして過剰な貯蓄を投資に回す．投資の増加は**生産財部門**の生産を拡張し好況の引き金になる．これはやがて消費ブームを引き起こす．生産財部門の拡張は資源を**消費財部門**から生産財部門へ移したことを意味するので，消費財生産は増えないから，物価は上昇する．やがて信用創造が終わると，生産財部門に対する資金が提供されなくなるので，不況が生じる．ここで，中央銀行が景気刺激政策として貨幣を供給すれば，消費財部門と生産財部門の不均衡はますます広がり，インフレは進む．したがって，生産構造に貨幣が投入される場合，生産構造に歪みが生じないように自然利子率と貨幣利子率が一致するように金融政策を行う必要がある．しかし貨幣利子率を自然利子率に一致させるように金融政策を行使しようと試みても，そもそも自然利子率を発見することができないため，かえって実物経済を攪乱させるだろう．つまりハイエクは，貨幣は中立的ではないのだから通貨当局が制御すること自体が経済変動の原因となるため，経済を自由な競争に委ねざるを得ない，と論じたのである．ケインズの『貨幣論』もハイエクの『価格と生産』も，自然利子率と貨幣利子率というヴィクセル発案の枠組みを用いたことを**ヴィクセル・コネクション**[2]と呼ぶ．

　ケインズとハイエクの論争は長くは続かなかった．というのは，ケンブリッジ内部の若手研究者たちが，『貨幣論』の世界では産出量が一定であることが仮定されているのではないか，すなわち $\pi = \dfrac{E}{O} + \dfrac{I-S}{O}$ の O が一定であることを指摘したことで，ケインズは，産出量すなわち雇用の問題に目を向けるのである．

『雇用・利子および貨幣の一般理論』
── 有効需要の原理 ──

(1) 有効需要の原理

　ケインズは，失業者の解消を目指すため，『一般理論』を出版し，**有効需要の原理**を提示した．有効需要とは，消費，投資，政府支出といった貨幣に裏付けられた需要のことで，政府や中央銀行が主導者となり，国民所得を増やし，それによって雇用を創出する．『一般理論』は，ジョーン・ロビンソン，リチャード・カーン，ピエロ・スラッファ，ジェイムズ・ミードらのケンブリッジの若手研究者らとの知的サークルにおける議論を通じて形成された著作である．今日のマクロ経済学では開放経済（海外との貿易が行われているモデル）が想定されているが，ケインズの『一般理論』では閉鎖経済が想定されている．

　『一般理論』を理解するには，有効需要の原理に関する因果関係を理解することが重要である．フローチャート**図8-1**をみよう．**図8-1**は，まず大枠として貨幣市場，財市場，労働市場が描かれ，貨幣市場の中で金利が決まり，財市場の中で政府支出や投資や消費が決まることで全体の産出量が決まり，産出量が決まることで雇用量が決まることを示したもので，矢印がその因果関係を示している．図から明らかなようにケインズは，国民所得としてのGDPが増大

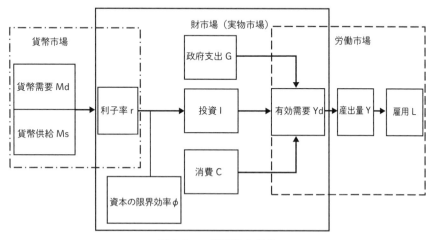

図8-1　一般理論の骨格

出所）筆者作成.

することこそ，産出量および雇用量が増大すると考えているが，その鍵となるのは，投資や政府支出や消費という有効需要が増大することにあるとし，流動性選好説や乗数理論こそ，有効需要の増大を支える理論的支柱である．

(2) 貨幣市場

ケインズは，① **取引的動機**（財を購入するための動機），② **予備的動機**（財を購入する際に予備として保有しておく動機）に加えて，利子率を貨幣の手放す報酬としてとらえる**流動性選好**による，③ **投機的動機**を提示して，①〜③を要因として，貨幣需要（貨幣で持とうとする需要のこと）を表した．他方，貨幣供給は，中央銀行が外生的に市中に与えられるとし，貨幣需要と貨幣供給が一致するところで，利子率が決まると論じた．実物経済と貨幣経済をコインの裏と表とし

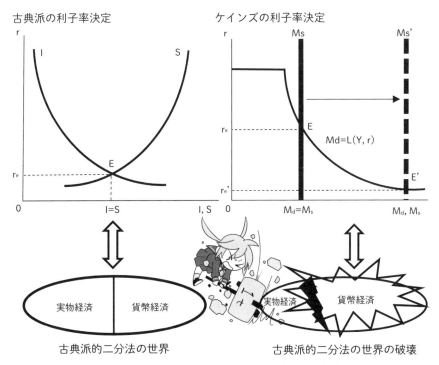

図8-2 古典派の利子率決定とケインズの利子率決定

出所）筆者作成．

115

て考える古典派的二分法は，**図 8-2** で示されるように，財市場の世界で右下がりの投資曲線（利子率が低くなれば投資が増える）と右上がりの貯蓄曲線（利子率が高くなれば貯蓄が増える）が交差する点で，利子率が決定される．他方，ケインズは，従来の古典派的二分法・貨幣の中立性を否定し，実物経済と貨幣経済が複雑に入り乱れる現実の経済社会を流動性選好説という貨幣経済によって捉えようとした．その点を便宜上数式で示せば，貨幣需要 $M_d＝L$（r，Y）（M_d：貨幣需要，r：利子率，Y：所得）と貨幣供給 M_s（貨幣供給は中央銀行によって与えられるため，垂直に書ける）が一致するところで利子率が決定される．$M_d＝L$（Y）は取引的動機・予備的動機を要因として所得に依存するため水平に書ける一方，$M_d＝L$（r）は，利子率の変化に依存して貨幣で持つか金融資産で持つかを決めるため，右下がりになる．その場合，仮に中央銀行が貨幣供給量を増大させれば，M_s から $M_s{}'$ へシフトし，利子率が下がる．

利子率が下がれば，債券から株式に資金が流れて株式市場の株価も上昇するが，ケインズは，株式市場を美人投票になぞらえて，株価の上昇が必ずしも金利の下落や会社の実力に伴うものではないと考えていたことに注意が必要である．美人投票とは，たとえば昭和の歌姫は美空ひばりか松田聖子か中森明菜か山口百恵か中島みゆきか太田裕美の誰かといった投票を行うとき，得票数が最も多い歌手に投票した人に賞金が出る場合，どういった状況になるかを問うた投票である．この場合，たとえ中森明菜や太田裕美が好きな歌手であっても，自分が好きな歌手に票を入れずに，他の人がどのように行動するかを予想し合う（いうまでもなく，美空ひばりである）．これは，どの銘柄の株が値上がりするかを互いに予想し合う株式市場と同じである[3]．ケインズによれば，長期的には，株式の保有は会社の実力を反映するため株価は上昇するかもしれないが，短期的には，投機家は即時の利益を得たいがために，どの株価が上昇するか，他の投機家の動向や噂をたよりに株式を購入している．

(3) 財市場

消費需要は，ケインズ型消費関数 $C＝cY＋C_0$ と書ける．この場合，C_0 は基礎的消費，c は限界消費性向（限界消費性向は，所得の増加分のうちどれだけ追加的に消費へ回すかの割合のことである．たとえば c＝0.3 であれば，所得の 30 パーセントを消費に回す）であり，$0<c\left(=\dfrac{\Delta C}{\Delta Y}\right)<1$ であるから，C は Y の増加関数である．所得

が増えれば増えるほど消費は増え，さらに限界消費性向が上昇すれば消費は増える．$Y=C+I$，$C=cY+C_0$から，$\Delta Y=\dfrac{1}{1-c}\Delta I$ を導くことができる．投資が増えれば，$\dfrac{1}{1-c}$ で示される何倍もの乗数効果によって，国民所得は増加する．これがケインズの弟子カーンが考案した**即時的乗数理論**であり，公共投資政策の説得的論拠の一つとなった．[4]

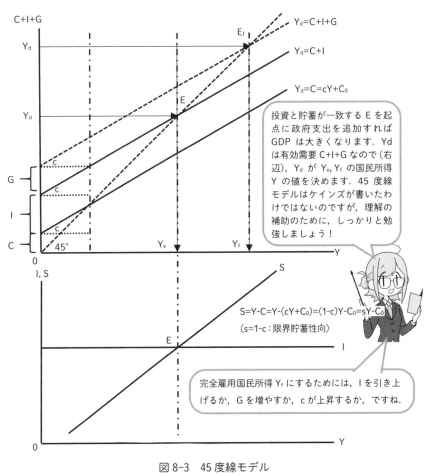

図8-3　45度線モデル

出所）筆者作成．

　投資は，原則として利子率が下落すれば増大するが，**資本の限界効率 φ**（企業の収益率）と利子率が一致するところで決まる．銀行から資金を借り入れる場合は，資本の限界効率と利子率が一致するところで，投資を決定する．しかしケインズが企業者の**アニマル・スピリット**（動物的血気のように企業者の野心的な意欲）や**不確実性**（将来に関して根本的に予測できないことを意味する極度の不確実性）を指摘しているように必ずしも φ＝r によって投資を決めるという紋切り型の投資行動を是認しているわけではないことに注意したい．

　さらに政府支出を考慮すれば，Y＝C＋I＋G と書ける（開放経済を想定すれば，輸出 X，輸入 M とすれば，Y＝C＋I＋G＋X－M と書ける）．消費，投資，政府支出が増大すれば，国民所得が増大するのだから，Y は有効需要である．**図 8-3** は 45 度線モデルである．完全雇用の状態における国民所得の水準 Y_f であるとしよう．このとき Y＝C＋I では I＝S であるから，国民所得は Y_e である．完全雇用国民所得 Y_f にするためには，有効需要 Y_d の要因である I を引き上げるか，G を増やすか，c が上昇するか，である．Y_d は有効需要 C＋I＋G であり（右辺），Y_d が Y_e と Y_f（左辺 Y）の値を決める（各自，様々なケースについて考えてみよう）．

(4) 労働市場

　ケインズは，非自発的失業が存在する状態を一般的な状態であるとみなした．その理由は労働供給が貨幣賃金率の関数であり，**非自発的失業**が存在する状態である場合は，賃金の効用が労働の限界不効用を上回るので，**図 8-4** のように，その貨幣賃金率 w で労働供給を行う．しかし，完全雇用の状態であれば，賃金の効用と労働の限界不効用が等しくなるので，貨幣賃金率が上昇しなければ労働供給を行わない．そのため非自発的失業が存在する状態で雇用量を増やすためには，労働需要曲線を D → D' に増やす必要がある．

　こうしてケインズは，大量失業が生じる大不況期には，低金利政策を行っても，資本の限界効率が下方シフトすれば，民間の投資は活性化しない場合があるため，赤字国債を発行してでも公共投資を行うことを主張し，雇用を創出することで失業者を減少させることを主張したのである．

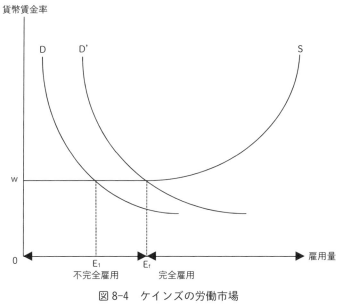

貨幣賃金率

D　D'　S

w

0　E₁　Eᶠ　雇用量

不完全雇用　完全雇用

図 8-4　ケインズの労働市場

出所）筆者作成.

(5) ケインズの『一般理論』のモデル化

　ケインズの『一般理論』の骨格は，ヒックスによって「ケインズ氏と古典派」（1937 年）という論文で，**図 8-5** のような IS-LM モデルが提示された．縦軸が r，横軸が Y とすれば，IS 曲線と LM 曲線を描くことができる．IS 曲線は財市場の均衡（Y=C+I(r)+G+X−M）を表したものである一方，LM 曲線は貨幣市場の均衡（$M_s=M_d=L(Y, r)$）を示したものである．IS-LM モデルは，財市場と貨幣市場の Y と r を同時に決定するため一般均衡理論であるとの批判があるものの，財政政策・金融政策を明示した画期的なモデルであった．たとえば図 8-5 のように，(1)LM 曲線が水平のケースでは**流動性の罠**（これ以上利子率を引き下げても国民所得の増大が見込めないこと）が生じているため，拡張的な財政政策を行うことで IS 曲線を右にシフトさせれば，国民所得が増大すること，(2)LM 曲線が垂直のケースでは貨幣需要の利子弾力性が 0 であるため（つまり利子率が変化しても貨幣需要は変化しない），財政政策は無効であること（**クラウディング・アウト**を引き起こすこと），が示される．こうして IS-LM モデルは，サミュエルソン＝ハンセンによる 45 度線モデルとともに世界のマクロ経済学で

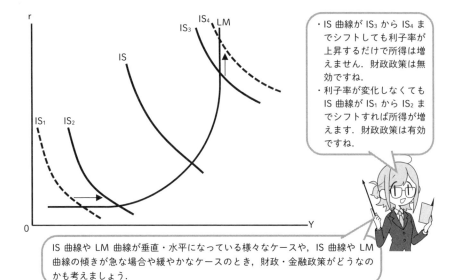

IS 曲線や LM 曲線が垂直・水平になっている様々なケースや，IS 曲線や LM 曲線の傾きが急な場合や緩やかなケースのとき，財政・金融政策がどうなのかも考えましょう．

図 8-5　IS-LM モデルによる財政・金融政策

出所）筆者作成．

教えられるようになった．さらに雇用政策においても，イギリスの『雇用白書』（1944 年），アメリカの「雇用法」（1946 年）に見られるように，ケインズ政策が採用された．第 2 次世界大戦後，ポール・サミュエルソンをはじめとした**新古典派総合**（新古典派経済学とケインズ経済学を総合した学派）が形成されたりイギリスではポスト・ケインズ派が形成されたりして，**マネタリズム**や**新しい古典派経済学**が学界を席巻するまで，ケインジアン・エコノミクスは多大な影響を与えた（第 10 章参照）．

 ケインズの遺産──『一般理論』の長期化と国際経済秩序──

　ケインズの遺産を二つ挙げれば，(1)有効需要による理論の長期化としての経済成長論，(2)国際通貨制度としての**バンコール**，である．

(1)**一般理論の長期化**──ハロッドの経済成長論──
　ケインズの『一般理論』は，あくまで短期の理論であって，長期の理論では

なかった．経済不況に対峙するための書で，ケインズは，長期においては古典派の理論が成立する，と述べた．

　ケインズの高弟ロイ・ハロッド（1900〜1978 年）は，ケインズの有効需要の原理を長期化する観点に立ち，**自然成長率**（人口増加と技術進歩によって達成できる産出高の極大成長率），**保証成長率**（必要資本係数を満たしながら一国の資本ストックが成長する時の国民所得の成長率），**現実成長率**（現実の国民所得の成長率）の三つの成長率を提示することで，経済成長論の基礎を打ち立てた．自然成長率，保証成長率，現実成長率が全て一致する時を**黄金時代**と呼ぶ一方で，現実成長率が保証成長率から少しでも逸れると，政府の介入がなければ，加速度的に不安定な状態になるという**不安定性原理**（ナイフエッジ原理）を提示した．ハロッドの経済[5)]成長論によって，ロバート・ソロー（1924 年〜）が新古典派の手法による経済成長の安定性原理を提示し，以後，ポール・ローマー（1955 年〜）の**内生的成長論**をはじめとする現代の経済成長論が展開されている．

(2) バンコール

　ケインズは，第 2 次世界大戦後の国際経済秩序のプランを描くために，ブレトン・ウッズにおける英米の交渉に参加した．アメリカ代表であるホワイトは，ドルを基軸通貨とする国際通貨制度を提示した一方，イギリス代表であるケインズは，バンコールという国際通貨を提示し，「国際清算同盟」案を展開した．最終的にホワイト案が採択され，基軸通貨ドルのもと，IMF と世界銀行，そして固定相場制によって世界の国際決済が行うことが決められた．しかしブレトン・ウッズ体制は，アメリカの巨大な経済力の上に成り立つ制度であり，アメリカの国力が減少したならば，制度的に耐えられなくなるシステムでもあった．1960 年代に「ドル危機」と呼ばれる事態を招いたため，IMF は 1969 年に「国際清算同盟」に類似した制度である SDR を設けた．しかしそれでもアメリカの国際経済力の低下は否めず，1973 年ついに変動相場制に移行し，現在に至っている．投機マネーによって為替相場が急激に変動するリスクを回避するために，ケインズのバンコールの構想は現代でも再検討すべき課題の一つである．

おわりに

　ケインズは，現実の経済社会に応えるための経済学を考案すると同時に，マクロ経済を考察するためには独自の理論が必要であることを意識し，『貨幣改革論』（貨幣数量説）→『貨幣論』（貯蓄と投資の乖離）→『雇用・利子および貨幣の一般理論』（有効需要）を順に発表した．ケインズの経済学は，一般的に財政政策と結び付けてイメージされることが多い．しかしこれらの三つの著作に全て「貨幣」という文字が書かれていることから明らかなように，ケインズは貨幣の問題を深く考えた貨幣理論家であった．ケインズは，利子率を引き下げても，投資が必ずしも活発になるとは限らないこと，アニマル・スピリットによる投資活動はきわめて不確実性であることなど，今日の行動経済学を彷彿とさせるような，現代の市場経済を考える上で極めて重要な示唆を与えている．強いて言えば，ケインズこそ，アダム・スミスやミルの伝統を受け継ぐモラル・サイエンティストであるとさえいえるだろう．ケインズの意思は，ロビンソン，カルドアなどの**ポスト・ケインジアン**，マンキューやスティグリッツなどの**ニュー・ケインジアン**，クルーグマンなどの**オールド・ケインジアン**といったように第一線の経済学者に影響を与えている．

注
1）『貨幣改革論』でケインズは「長期的にみると，われわれはみな死んでしまう．嵐の最中にあって，経済学者に言えることが，ただ，嵐が遠く過ぎ去れば波はまた静まるであろう，ということだけならば，彼らの仕事は他愛なく無用である」［ケインズ 1995a：66］という有名な文言を残し，短期的に事態を解決すべきであると強く主張した．
2）ヴィクセル・コネクションは，ヴィクセルの「累積過程」（貯蓄と投資の乖離によって物価が変動すること）に端を発する理論が，リンダール，ミュルダール，オーリンなどのストックホルム学派，ミーゼスやハイエクなどのオーストリア学派，ケインズやロバートソンなどのケンブリッジ学派に大きな影響を与えたことを指す［平井・野口 1995］．マーシャル経済学にこうした自然利子率と貨幣利子率に相当する考え方がすでに存在していたという研究も提示されているため［伊藤 2007］，貨幣理論の潮流を見る上でヴィクセル・コネクションだけによる整理は注意が必要である．
3）ケインズの美人投票とは次の通りである．「玄人筋の行う投資は，投票者が100枚の写真の中から最も容貌の美しい6人を選び，その選択が投票者全体の平均的な好みに

最も近かった者に賞品が与えられるという新聞投票に見立てることができよう．この場合，各投票者は彼自身が最も美しいと思う容貌を選ぶのではなく，他の投票者の好みに最もよく合うと思う容貌を選択しなければならず，しかも投票者のすべてが問題を同じ観点から眺めているのである．ここで問題なのは，自分の最善の判断に照らして真に最も美しい容貌を選ぶことでもなければ，いわんや平均的な意見になると期待しているかを予測することに知恵をしぼる場合，われわれは三次元の領域に到達している．さらに四次元，五次元，それ以上の高次元を実践する人もあると私は信じている」[ケインズ 1995b：154]．

4）乗数効果には，波及論的乗数理解と即時的乗数理解の二つが存在する．波及論的乗数理解は，マクロ経済学の教科書で説明されるように投資の波及効果として理解するものである．他方，即時的乗数効果は，波及効果を考慮せず，乗数の値が限界消費性向によって決まるものとして理解するものである．ケインズの『一般理論』は，カーンの乗数過程を取り入れているため，即時的乗数効果として理解することが正しい［中村・八木・新村・井上 2001：223-232］．

5）現実成長率が保証成長率より高ければ，加速度原理（消費財需要の増加がある一定の割合で投資財需要の増加をもたらすこと）によって必要とされる投資額が，現実の投資額を上回り，現実成長率がさらに高くなる．逆は逆である．

第9章 厚生経済学の展開

——政策判断としての経済学——

は じ め に

　厚生経済学（Welfare Economics）は，様々な経済環境において最適な状態は何であるかを規定し，実際の経済で運営されているメカニズムがその最適な状態を達成できるかどうか，あるいは達成できないときにどのような政策が必要かを検討する基礎理論の一つである[1]．もちろん，経済政策を探究した経済学は，その歴史を辿れば，イギリス古典派経済学やそれ以前にまでさかのぼることもできる（**第1章～第4章**参照）．しかし，マーシャルの経済学を受け継ぎ，経済学は光明を求める学問であるとともに果実を求める学問であると述べ，厚生経済学の名称をその分野に与えた，アーサー・セシル・ピグー（1877～1959年）の主著『厚生経済学』（1920年）こそ，厚生経済学の出発点である．

　しかしライオネル・ロビンズ（1898～1984年）が『経済学の本質と意義』（1932年）において，ピグーの『厚生経済学』を「イギリス経済学と功利主義の偶然の沈殿物」と述べて，ピグーの厚生経済学の前提にある**功利主義**の想定，すなわち**効用の個人間比較**ができることを批判したことで，旧厚生経済学への信頼が失墜し，**科学としての経済学**の歩みとともに**新厚生経済学**が発展した．しかし科学武装をした新厚生経済学は，**カルドア・ヒックス補償原理**とも矛盾を引き起こし，ポール・サミュエルソン（1915～2009年）の**社会的厚生関数**によっては完全無欠な論理が展開されたが，ケネス・アロー（1921～2017年）の社会選択理論に関する**不可能性定理**によって，厚生経済学は再び**規範経済学**に戻ることが示され，今日では，**帰結主義**（ある行為が良いか悪いかについて，その行為がもたらす帰結によって考えること）ばかりでなく**非帰結主義**（ある行為がもたらす帰結でなく，そのプロセスから良いか悪いかを考えること）による厚生経済学の研究が進められている［鈴村 2000；2001］．そのような流れの中で，かつてロビンズに批判されたピグーの厚生経済学も，累進課税制度に代表されるように現代の経済

政策に大きな影響を与え続けている[2].

　本章では，こうした政策判断としての厚生経済学の流れを，(1) ピグーの『厚生経済学』，(2) ロビンズの批判および新厚生経済学の二つの流れ，アローによる批判，(3) 新しい厚生経済学の流れを中心に紹介する．

1　ピグーの厚生経済学の誕生

　ピグーは，マーシャルの弟子であったと同時に，功利主義者シジウィックの弟子でもあった．そのため，功利主義的手法を用いて，社会全体の所得の再分配の問題を考えた．功利主義は，「功利（効用）の原理」と呼ばれ，人々の快楽・苦痛を表す効用を数量化し集計することで「最大多数の最大幸福」を希求する考え方で，ジュレミー・ベンサム（1748～1832年）が提唱したものである．個人間で効用を足したり引いたりするためには，境遇や階層によって人々の効用や幸福感は異なるにもかかわらず，すべての人々が「平等な満足の享受能力」をもつことが想定されなければならない．そこからベンサムは，イギリス社会に属するすべての人々が平等な満足の享受能力をもつから，個人間におけ

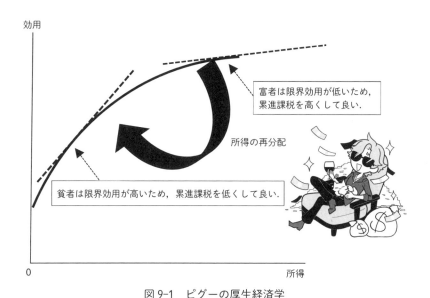

図 9-1　ピグーの厚生経済学

出所）筆者作成.

る快苦計算が可能であると考えたのである．ここでピグーらによって持ち出された
れたのが，**限界効用逓減の法則**である．

　図9-1のように，所得が増大すればするほど，効用が増大するが，限界効用
については逓減する．貧しい人の所得に対する限界効用は大きいが，富裕者の
所得に対する限界効用は小さい．したがって富裕者に多額の税金を課し，貧し
い人にその分を再分配すれば良い．そこで，所得の再分配のための累進所得課
税を提唱したのである．この考え方は，ジェヴォンズ，エッジワース，ヴィク
セルらに共通した考え方で，とくにイギリスの経済学者を中心として経済学の
中に大きく影響されていた．[3)]

② 新厚生経済学の二つの流れ

(1) ライオネル・ロビンズの批判

　ピグーの厚生経済学に対する批判の口火を切ったのはロビンズである．**所得
の再分配**の前提は，同じような境遇にある人々がすべて等しい満足享受能力が
あることを暗黙裡に仮定し，貧しい人も豊かな人も限界効用逓減の法則が適用
される．しかしロビンズは，人間はそもそも多様であり，選択の自由があるの
に，なぜ同じような境遇であると想定されるのか，と論じた．ロビンズは，**基
数的効用**（効用の大きさを数値で表すこと）でなく**序数的効用**（効用に順位を付けるこ
と）を掲げ，個人の選択による自由な経済社会を理想とした．この考え方は，
ミルによる人間の個性と多様性，さらには当時 LSE で同僚であったハイエク
の個人主義とも関連する．

　ロビンズは「経済学は，諸目的と代替的用途をもつ希少な諸手段との間の関
係としての人間行動を研究する科学である」［ロビンズ 1931］と定義した．この
定義は，あまりにも機械的で道具主義的であるという批判がある一方で，ある
目的を達成するために幾つかの手段を合理的に選択することを含意する（「機会
費用」の考え方と同じである．**図9-2・第6章**参照），序数的効用による選択・選好関
係としてのパラダイムを主張した．ロビンズが，効用の個人間比較（例えば，
ある人とある人の効用の大きさを比較すること．効用の個人間比較が可能であるためには，
基数的効用でなければならない）は不可能であることを論じたことで，ピグーが厚
生経済学の前提とした基数的効用でなく，序数的効用に依拠した選好関係（例
えば，りんごとみかんがあれば，りんごをみかんよりも選好すること．「りんご>みかん」

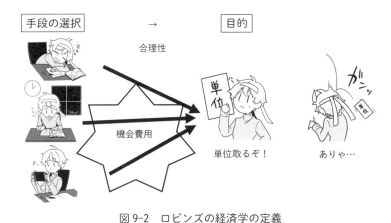

図 9-2　ロビンズの経済学の定義

出所）筆者作成.

と表記する）や無差別曲線（ある人が二財を消費する際にそれらの組合せを変えても満足度が変化しない点を結んだ曲線のこと．たとえば，ある人の満足度が「りんご3個とみかん2個」と「りんご2個とみかん3個」のどちらの組合せも同じであれば，それらは無差別曲線上にある）による**パレート基準**（パレート最適を判断基準とすること）が主流となったのである（**第6章**参照）.

(2) 新厚生経済学の潮流[4]

ニコラス・カルドア（1908~1986 年）とジョン・ヒックス（1904~1989 年）はロビンズの指摘を受け，効用の個人間比較を回避するために，政策の効果を分配効果（効用の個人間比較に依拠して所得の再分配などを行う効果）と生産効果（所得を増大させる効果）に分けた上で，前者を所与として，後者を潜在的に上昇させる可能性を探ることによってパレート基準を達成するという**補償原理**を提示した.

エッジワース・ボックスを用いると，聖子さんと知世さんの二人の効用の組合せを u（$U_{聖子}$, $U_{知世}$）とすれば，二人の効用の組合せの軌跡 u-u は**契約曲線**である（**第6章**参照）. いま，**図 9-3** のような**生産可能性曲線**（スイートピーとラベンダーの生産量の組合せを示した曲線）を想定すれば，O_A, O_B, O_C のように，生産可能性曲線上にある無数の点に対応する無数の契約曲線を引くことができる. 契約曲線は，聖子さんと知世さんそれぞれの無差別曲線が接する点を繋いだ曲線であるから，聖子さんの効用が増大すれば知世さんの効用が減少するトレー

127

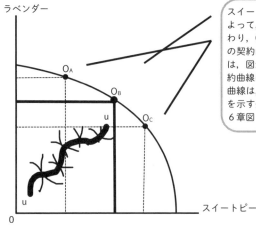

スイートピーとラベンダーの組合せの変化によって，エッジワース・ボックスの形状も代わり，O_B のように，O_A, O_C においても無数の契約曲線を考察することができる（ここでは，図が粗雑になるため，O_A, O_C における契約曲線は書いていない）．O_A, O_B, O_C を結んだ曲線は，スイートピーとラベンダーの生産量を示す生産可能性曲線である．図の左下は第6章図6-4を表す．

図 9-3　生産可能性曲線とエッジワース・ボックス

出所）筆者作成.

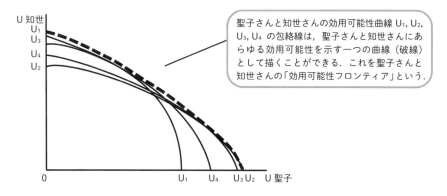

聖子さんと知世さんの効用可能性曲線 U_1, U_2, U_3, U_4 の包絡線は，聖子さんと知世さんにあらゆる効用可能性を示す一つの曲線（破線）として描くことができる．これを聖子さんと知世さんの「効用可能性フロンティア」という．

図 9-4　効用可能性曲線と効用可能性フロンティア

出所）筆者作成.

ドオフの関係になっている（逆は逆である）．たとえば U_1 であれば $U_{聖子}$ の値が 0 のとき，$U_{知世}$ は最大値であるが，$U_{聖子}$ の値が増大していけば $U_{知世}$ の値は減少していく（他も同じように考えてみよう）．図 9-4 のように横軸に $U_{聖子}$，縦軸に $U_{知世}$ とし，無数の契約曲線をその図に一つずつ書き直した曲線 U_1，U_2，U_3，U_4，…U_n を**効用可能性曲線**と呼ぶ．スイートピーとラベンダーの組合せ

は無数にあることから，契約曲線も無数に存在する．よって効用可能性曲線も無数に存在する．したがって**図9-4**のように，効用可能性曲線の群を考えると，破線で示された包絡線を**効用可能性フロンティア**として描くことができる．効用可能性フロンティアは，長期平均費用曲線が短期平均費用曲線の包絡線として描かれることと同様に，無数の効用可能性曲線群を一つの曲線として表現したものである．

　ここで効用可能性フロンティアにパレート基準を適用してみよう．**図9-5**のように，横軸に$U_{聖子}$，縦軸に$U_{知世}$をとり，二種類の効用可能性フロンティア u-u と z-z が存在するとしよう．一般に配分 A と比較して配分 B において，誰の効用も減少させずに少なくとも 1 人の効用が増加するとき，配分 B は配分 A に比較して**パレート優越**である，という．たとえば図中の破線 P'-P-P'' の北東側への領域に点 Q が存在すれば，パレート優越である（これは，点 Q が点 P と比較して，$U_{聖子}$，$U_{知世}$いずれにおいても効用水準が高いからである）．同じ効用可能性フロンティア u-u 上でも Q' の点にあれば，点 P に対して点 Q' はパレート優越ではないと判断される（これは，点 Q' が点 P と比較して，$U_{聖子}$は効用水準が大きいけれども，$U_{知世}$は効用水準が小さいからである）．

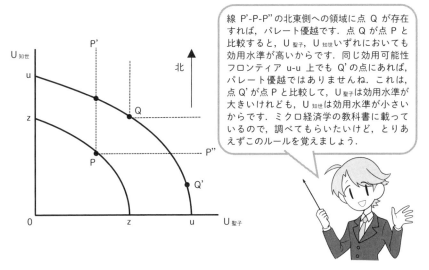

線 P'-P-P'' の北東側への領域に点 Q が存在すれば，パレート優越です．点 Q が点 P と比較すると，$U_{聖子}$，$U_{知世}$いずれにおいても効用水準が高いからです．同じ効用可能性フロンティア u-u 上でも Q' の点にあれば，パレート優越ではありませんね．これは，点 Q' が点 P と比較して，$U_{聖子}$は効用水準が大きいけれども，$U_{知世}$は効用水準が小さいからです．ミクロ経済学の教科書に載っているので，調べてもらいたいけど，とりあえずこのルールを覚えましょう．

図 9-5　効用可能性フロンティア

出所）筆者作成．

(3) カルドア基準とヒックス基準

　ここで図 9-6 を見よう．図 9-6 の領域 A は図 9-5 とほぼ同義である．このとき，領域 A では，Q_0 の状態から Q_1 の状態へ移動することができれば，パレート優越を得ることができる．Q_0 の状態から Q_1 の状態へ移動することは，スイートピーとラベンダーの組合せを変更すれば達成することができる．Q_0 と P_1 を比較したとき，聖子さんは Q_0 から Q_1 に移行することで，P_1 に比べて Q_0 で不利益を被る知世さんの損失を補償することができる（$U_{知世}$ をみると P_1 での $U_{知世}$ は Q_0 での $U_{知世}$ に比べて大きい）から，聖子さんと知世さんはともに P_1 よりも大きい効用を得ることができる．経済政策の観点から言えば，受益者が損失者に補償することによって，その政策に同意させることができる．それを**カルドア基準**（カルドアの補償原理）と呼ぶ．

　他方，見方を変えて，領域 A においては，z-z が u-u を北東側へ横切っていないため，Q_1 と P_1 の状態をまず比べると，P_1 で不利益を被る個人をどのように補償しても，Q_1 よりもパレート優越的な状況に移行できない．この場合，P_1 から Q_0 への移行を是認すること，すなわち経済政策の観点から言えば，損失者が受益者に補償を支払って，その経済政策の実行を断念することに同意させる可能性を探求することになる．これを**ヒックス基準**（ヒックスの補償原理）

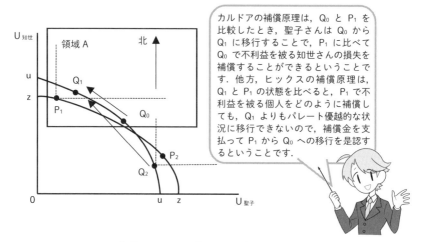

図 9-6　カルドア基準・ヒックス基準およびシトフスキー・パラドックス
出所）筆者作成．

と呼ぶ.

(4) シトフスキー・パラドックス

ティボール・シトフスキー（1910〜2002年）は，カルドア基準およびヒックス基準のいずれにも問題があることを指摘した．図 9-6 ですべての領域を考えよう．Q_2 から Q_1 に移行すると，Q_1 は P_1 よりもカルドア基準でパレート優越的である．一方，P_1 から P_2 に移行すれば，P_2 は Q_2 よりカルドア基準で優越的である．同じく P_1 と Q_2 をヒックス基準で比較すれば，P_2 が Q_2 より優越的であるため，P_1 との比較では Q_2 を是認できず，さらに Q_1 が P_1 より優越的であるため，Q_2 との比較で P_1 を是認できない．このようにカルドア基準では相反する二つの結論が導かれると同時にヒックス基準では判定ができないという逆説のことを**シトフスキー・パラドックス**という．そのためシトフスキーは，Q_1 がカルドア基準で Q_2 より優越的でかつ Q_2 がヒックス基準で是認されるときに，Q_1 が Q_2 よりも優越的である，という「二重基準」を打ち立てたが，実現可能な選択肢が三つ以上ある場合には政策判断の矛盾を生む可能性が示された．こうしてパレート基準による新厚生経済学は袋小路に入った.

(5) サミュエルソン＝バーグソンの社会的厚生関数

新厚生経済学のもう一つの流れとして，アメリカのサミュエルソンとアブラハム・バーグソン（1914〜2003年）による社会的厚生関数がある．N 人の経済主体の社会状態に対する選好順序を R_i とし，経済主体 i が社会状態 x より社会状態 y を選好すれば，その主体の選好関係の状態は xR_iy と書く．社会全体の効用関数は，$R=F(R_1, R_2, \cdots\cdots R_n)$，この時の効用関数を U_i とすれば，社会全体の選好関係の xRy（このとき，社会状態 x, y の効用の大きさを比較すれば，$u(x) \geq u(y)$ が成立している）となり，社会的厚生関数は $W=(U_1, U_2, \cdots\cdots U_n)$ と書ける．したがって社会状態を順序づける社会的厚生関数 W が最大になるように，効用の組合せを，資源の初期配分から独立に順序づけすれば，論理的矛盾は生じない．この社会的厚生関数を $W(U_A, U_B)$ と表すことができるので，社会的厚生関数と効用可能性フロンティアの接点によって，望ましい配分を選択することが可能である（図 9-7 参照）．サミュエルソンによる社会的厚生関数は，(1)「新厚生経済学」でいう「パレート基準」の問題（パレート基準によって最適な状態を示すことができないこと），(2)功利主義による効用の個人間比較の問題

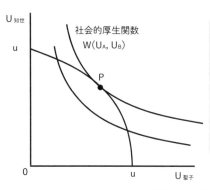

効用可能性フロンティアと社会的厚生関数が接する点Pこそ，望ましい配分です．この方法は，最適な状態を示すことができなかったカルドア基準やヒックス基準（パレート基準）の問題を回避することができるばかりでなく，効用の個人間比較を行わなくても最適な状態を示すことができますね．

図9-7　社会的厚生関数

出所）筆者作成.

（効用は個人間で比較することができないこと）を止揚し，論理的な無矛盾が全く生じないものである．しかし実はこの社会的厚生関数は，選択に論理的な無矛盾が生じないと言っても，慈悲深い専制君主，国家，民族，あるいは群集心理，神によるいかなる政治体制が敷かれても問題が生じないことを意味する．この点について，サミュエルソンは，ロビンズと同様に，経済学において倫理的価値判断は外部の問題であるとの立場を取り，倫理学や政治学など別の領域で考えることであるとしたが，仮にも「新厚生経済学」という名を冠するその手続きの矛盾を鋭く論じた人物こそアローである．

(6) アローの社会的選択論と厚生経済学

　アローは，『社会的選択と個人的評価』（1951年）で，社会的厚生関数では，社会的厚生判断を形成するプロセスおよびルールは完全に不問とされていることから，社会的意思を決定する民主的ルールをつくることが困難であることを示した．そして社会を構成する人々が表明する厚生判断にもとづいて社会的厚生判断を形成する集計プロセスのルールを，厚生経済学の重要な手続きとして提示した．たとえば，多数決のパラドックスを考えてみよう．ひろみさん，ひできさん，ごろうさんがそれぞれ**表9-1**のように中華料理，和食，フランス料理に関する選好順序をつけたとしよう．中華料理と和食について多数決を適用すると，ひろみさん，ごろうさんが中華料理，ひできさんが和食を選ぶので，中華料理が選ばれる．和食とフランス料理について同様に考えると，ひろみさ

表9-1　多数決のパラドックス

	中華料理	和食	フランス料理
ひろみさん	1	2	3
ひできさん	3	1	2
ごろうさん	2	3	1

出所）筆者作成.

ん，ひできさんが和食，ごろうさんがフランス料理を選ぶので，和食が選ばれる．フランス料理と中華料理について同様に考えると，ひできさん，ごろうさんがフランス料理，ひろみさんが中華料理を選ぶので，フランス料理が選ばれる．すると，選好関係によって，「中華料理＞和食＞フランス料理」と並べても，**推移性**（選好関係が，事象A＞事象B，事象B＞事象Cであれば，事象A＞事象Cという関係）によって，再び「フランス料理＞中華料理」となるため，順位を決定することができない．

　アローは，これと同様の事例を用いて，社会的意思を決定する民主的ルールを作ることがいかに難しいかを論証し，さらに個々人が合理的だと思う順位付けをもつ社会では，ある種の倫理的に妥当だと思われる社会的順序付けは，民主的政治プロセスを通じて一般的に存在しないことを論証した．これをアローの**不可能性定理**と呼ぶ．アローによる社会的厚生関数の批判は，サミュエルソンの社会的厚生関数が論理的に破綻していることを指摘したのではなく，民主的アプローチ・集計的方法こそ厚生経済学の体系的基礎であることを示したのである．アローの「不可能性定理」によって，新厚生経済学は暗礁に乗り上げた．

 ## 新しい厚生経済学の流れ

　新旧厚生経済学は，これまで見てきたように，帰結の是非から遡って行動や政策の是非を判定する帰結主義に終始していた．しかし「新しい」厚生経済学の潮流は，新しい経済政策を検討する方向性で議論が進んでいる．功利主義の修正という観点から，ジョン・ロールズ（1921〜2002年），ロナルド・ドウォーキン（1931〜2013年），アマルティア・セン（1933年〜）が新しい分配のあり方を展開している．ロールズは，最も恵まれない人々に配慮したい財の公正な分配

として，社会契約説に基づく正義論を展開し，市民として自由がつねに平等に保証されるべきであると述べた．その上で，社会的かつ経済的不平等は，最も不利な状況にある者に配慮するという条件，および公正な機会平等の保証という条件を満たすように是正すべきであることを論じた．ドゥォーキンは，他人が持っている資源を羨ましく思わなければ良いという資源分割の平等から，人間が平等に尊重されることへの権利を提唱した．センは，分配する価値は一つの基準では測れないとして功利主義を批判し，福祉とは人々がしたいことを実現できる**潜在能力**の開発を確保するように財の配分を平等に行うことであり，**機能**（社会に参加することや健康であることなど，それらによって達成できる状態のこと）と潜在能力による自由と福祉の理論を展開している[5]．

　このように新しい厚生経済学は，功利主義の修正としての新しい厚生とは何かという観点で論じられる．正義論をはじめとする法哲学も盛んであるが，厚生経済学はパレート最適や功利主義を超えて，倫理学や法哲学の考え方を取り入れる中で，多様な広がりを見せている．

お わ り に

　快楽を数量化して快楽計算を行うこと，正しさや善悪の基準を幸福や快楽を生み出すのに役立つかという功利性にもとめる考え方を提示したのはベンサムであるが，現代経済学を見る限り，かつてロビンズによって序数主義が打ち出されたにもかかわらず，「功利主義」の呪縛から逃れているとは言い難い．なぜなら，たとえばゲーム理論の利得関数（たとえば囚人のジレンマで扱われているように「利得」を数値化していることは，ある種の基数的効用と同じである）にも見るように（**第15章**参照），効用（功利の原理）は経済学の柱の一つであるからである．それでは経済学は功利主義の呪縛から離れられないかといえば，そうではない．スミスが，他者の心に共感する想像力をもっているからこそ，内面に「公平な観察者」をおき，社会的正義にかなう行為に共感し，そうでないことに反発する同感にもとづく感情が個人の利己心を規制することで社会正義が保たれると述べた（**第2章**参照）ように，経済学ばかりでなく，倫理学や政治学，哲学などの様々な学問領域を総合していくことが，厚生経済学のフロンティアである．

注

1）厚生経済学は，実証経済学ではなく規範経済学の一種であると捉えられることも多い．実証的な主張は，世界がどのようなものかを叙述したものである一方，規範的な主張は，世界がどのようにあるべきかを規定するものである．

2）近年，ピグーの研究書や論文集が公刊され，ピグーの経済学や倫理学の再評価が進んでいる（本郷［2007］，山崎［2011］，ピグー［2015］等）．

3）功利主義は，ベンサムやミルに見られるようにイギリス人の学説であるといってよい．ミルは，ベンサムの「量的功利主義」を修正し，「質的功利主義」を提唱した点は注意が必要である．しかし**第8章**で指摘したようにケインズは，マクロ経済学を考える際に，「合成の誤謬」からミクロ経済学の快苦計算による集計を批判した．ケインズは，愛・美に包まれた心の重要性や直覚によって把握される「善」を説いたムーアの影響を受けて，「功利主義」を批判した．

4）ここでのミクロ経済学の二財モデルの知識が必要不可欠なので，ミクロ経済学の教科書（たとえば西村［1995］）を参照しつつ，読み進めることが望ましい．

5）非帰結主義として，選択機会の内在的価値および選択手続きの内在的価値に目を向ける動きがある［鈴村 2000］．

第10章 反ケインズ的マクロ経済学の登場

は じ め に

　第2次世界大戦終結後，二度と戦争を起こしてはならないという反省のもと，資本主義国では政府による積極的な市場への介入を行うケインズ経済学が影響力を強めた．イギリスでは，「ストップ・アンド・ゴー」と呼ばれるケインズ政策が保守党・労働党による「コンセンサス」で実施され，アメリカではポール・サミュエルソンらによる新古典派理論とケインズ理論を統合させた**新古典派総合**が頭角を現した．しかし1960年代後半から，物価が徐々に上昇し始めると同時に失業率が上昇しはじめ，1970年代にインフレーションと経済停滞が同時に生じるスタグフレーションが世界経済を襲った．ケインズ理論に基づく財政金融政策を用いても，西側諸国ではインフレが生じつつ失業率が高くなる世界的な膠着状態が生じた．「大きな政府」によって歪められた産業・社会構造・労働組合の問題を抜本的に改革し，民間企業による自由な競争を打ち立てる「新しい古典派」が復活した．そして，政府による規制を最大限撤廃する**新自由主義**（ネオリベラリズム）を掲げたサッチャー政権やレーガン政権が誕生した．「新自由主義」の理論的本質こそ，自由競争を核とする競争モデルであり，ミクロ経済学自体をマクロ経済学全体に適用する**反ケインズ的マクロ経済学**が登場し，マクロ経済学全体がミクロ化したのである．今日のマクロ経済学は，ニュー・ケインジアンの視点で価格の粘着性を仮定しつつ**リアル・ビジネス・サイクル論**や**合理的期待形成仮説**を緩めた統合的なモデルとしての，**動学的確率的一般均衡（DSGE）モデル**が展開されつつある[1]．

　本章は，こうしたミクロ経済学を基礎に置く反ケインズ的マクロ経済学の登場と展開について，ミルトン・フリードマンの**マネタリズム**，フリードリヒ・ハイエクの経済学，ロバート・ルーカスの批判，「新しい古典派」の登場を中心に，理解することを目的とする．

マネタリズムの復活──フリードマンの登場──

(1)ニュー・マネタリズム

マネタリズムは，物価や名目所得の変動をもたらす最大の要因は，通貨供給量であると考え方である．貨幣数量説によれば，MV＝PT（M：貨幣量，V：流通速度，P：物価，T：取引量）である．右辺PT（貨幣量と取引量を掛けたもの）はY（所得）と同義だから，GDP（国内総生産）と捉えられる．よってMV＝Y（＝PT）を $V=\dfrac{Y}{M}$ と書き直せば，経済社会を通貨がどれくらいの速度で回転しているかを示すことができる．この貨幣数量説によれば，流通速度Vと取引量Tが一定であると仮定すれば，「貨幣の増加 → 生産物の価格上昇 → 労働価格・賃金の上昇」になる（**第1章・第7章**参照）．貨幣数量説に総雇用・総産出量を取り入れて「新しい貨幣数量説（ニューマネタリズム）」を論じたのが，シカゴ学派の総帥ミルトン・フリードマン（1912～2006年）である[2]．

「新しい貨幣数量説」は，かいつまんでいえば，貨幣量を裁量的に増やしたり減らしたりしても産出量や雇用に長期的に影響を与えないことを論じたものであるが，その仕組みは次の(1)から(5)までの順番で生じる．すなわち，(1)賃金の上昇は，労使交渉があるため，生産物の価格上昇に比べて遅れる．(2)生産物の価格上昇によって企業は生産量を増やす一方，実質賃金は減少するため，労働者を雇う．(3)労働者は実質賃金の減少をすぐに認識せず，賃金が上昇しているという貨幣錯覚を一時的に覚えるため，労働を提供する．(4)長期的には，労働者は実質賃金が低下していることに気がつき，労働の提供をやめる．(5)労働供給は元の水準に戻り，雇用や産出量も元に戻る[3]（**第1章・第7章**参照）．

こうしてフリードマンは，ケインズ主義的な裁量的な財政・金融政策を行えば，経済社会の状態が最適なGDPから乖離するため，マネーストックを一定の増加率で長期的な経済成長率に合致させるように増大させるk％ルールを採用することが望ましい，と述べた．そもそもマネタリズムの思想は，地金論争や金本位制に端を発するリカードウとマルサスが関わった論争（**第3章**参照），ケインズとハイエクの貨幣の中立性をめぐる論争などのかつての通貨論争のなかで培われてきたものである．そのため，これまでの貨幣数量説に雇用・産出量を含めた「ラグ」による景気変動を説明したことで「ニュー」と冠がつけら

れているが，ハイエクが貨幣の中立性や古典派的二分法を論じていたことを見
るならば（**第8章**参照），実質的には「マネタリズム」の復活といいかえてもよ
い[4]．

(2)　フィリップス曲線と自然失業率仮説

　オーストラリア出身のイギリスの経済学者アルバン・ウィリアム・フィリッ
プス（1914〜1975年）は，イギリスにおける賃金上昇率（縦軸）と失業率（横軸）
との間にトレードオフの関係を示す右下がりの曲線を示した．**フィリップス曲
線**は，歴史的な経験則でありどこまで一般的な性質を有するかは明らかではな
かったが，ケインズ経済学と結びつけられることで論じられてきた．なぜなら，
財政・金融による有効需要政策を行えば失業率が減少すると同時に，賃金や物
価が上昇するからである．しかし1970年代にスタグフレーションが広がり，
フィリップス曲線の形状が垂直になったり右上がりになったりと通常の形態と
は異なる形状に変化していく中で，ケインズ経済学の限界が指摘されるように
なった．

　フリードマンは，右下がりのフィリップス曲線を想定することは，諸個人の

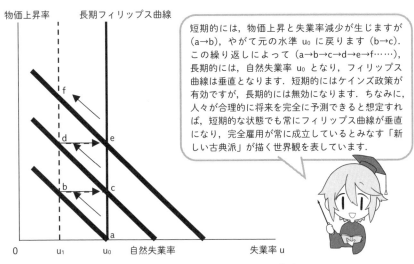

図10-1　フィリップス曲線と自然失業率仮説

出所）筆者作成．

インフレ予想の動きを見落としているとし，**自然失業率仮説**を提示した．**図10-1**のように，ある予想物価上昇率 Pe と両立する長期均衡点 a にあるとしよう（失業率は u_0，Pe は 0 である）．このとき失業率を下げる目的で財政・金融政策がとられたとする．その場合，物価が上昇し，生産物価格がにわかに上昇しはじめるため，雇用を拡大し産出量を増やそうとする．その結果，労働市場が超過需要となり貨幣賃金率が上昇する．労働者は物価水準の上昇が生じていることはわからないが，賃金が上昇しているため労働錯覚として労働供給を増加させる．その結果，失業率は u_0 から u_1 まで低下し b 点に到達する．しかし企業や労働者は物価上昇に気がつき，企業は雇用量・産出量を，労働者は労働供給を元の水準に戻す．政策当局者は，再び失業率を下げるために，財政・金融政策を繰り返すのである．つまり，a → b → c → d……といったプロセスが続くことになる．総需要拡大政策が雇用拡大効果をもたらすのは，予想物価上昇率が現実の物価上昇率と乖離する一時的な現象に過ぎず，ひとたび予想が現実に適合すれば，その効果は失われる．したがって長期的にみれば，フィリップス曲線は垂直になる．このように，失業は一時的に解消するものの，ケインズのいう**非自発的失業**（働きたくても働けない人が存在すること）は生じず（**第 7 章**参照），**摩擦的失業**（一時的に仕事がない人が存在すること）が存在する仮説を「自然失業率仮説」という．この仮説に従えば，u_0 が自然失業率の水準となり，政府が財政政策や金融政策を行っても，失業率が減るわけではなく，むしろインフレを招くだけである．

(3)「アダム・スミスに戻れ」

　1960 年代後半から 1970 年代にかけて，先進国では，デモや労働者による社会に対する不満が生じて，インフレと経済停滞が共存するスタグフレーションの問題を解決することのできないケインズ政策の限界が指摘されるようになった．フリードマンは，上で述べたマネタリズムや自然失業率仮説を論じるばかりでなく，政策面においても負の所得税（政府から給付金を受け取ること）や授業料切符制（子供や保護者が学校等を選択し，学校は集まった教育バウチャーに応じて政府から学校運営費を得ること）を提唱することで，プロパガンダの如くケインズ理論や「大きな政府」を攻撃し，「小さな政府」への回帰を先導した．このようにフリードマンは，人間の選択の自由，すなわち自由な競争こそ，経済発展や経済成長に繋がるから「アダム・スミスに戻れ」と唱導したのである．いうま

もなく，フリードマンのマネタリズムは，スミスらの伝統的な古典派経済学と中身や性質が異なるが（**第2章参照**），「フリードマン主義」と呼ばれる徹底的なケインズ批判によって，ロバート・ルーカス（1937年〜）らの「新しい古典派」と呼ばれる一連の流れをつくった．

 ## 社会哲学的見地からの展開——ハイエクの復活——

(1) 社会哲学者ハイエクの登場

　フリードリヒ・ハイエク（1899〜1992年）は，1931年に『価格と生産』を刊行し，オーストリア学派の貨幣的景気循環理論を論じて，ケインズとの論争の中で，脚光を浴びた（**第8章参照**）．しかしケインズの『一般理論』が公刊された後，ケインズ経済学の圧倒的な影響の中で，ハイエクは『利潤・利子および投資』（1939年）や『資本の純粋理論』（1941年）のような一連の著作を発表していくものの，ハイエクの経済学は徐々に忘れられていった．しかし大戦中に，福祉国家や計画経済，社会主義経済への批判として執筆した『隷属への道』（1944年）を発表することで，自由主義の社会哲学を展開し，自由主義思想の観点から経済社会の問題を論じた．1950年にLSEからシカゴ大学へわたり，社会哲学の見地から『自由の条件』（1960年）や『法と立法と自由』（1973, 76, 79年）や『致命的な思いあがり』（1988年）などの一連の自由主義哲学に関する著作を発表し，ケインズ流の「大きな政府」や「混合経済」を鋭く批判した．イギリスのマーガレット・サッチャー首相がハイエクの著作を聖書のごとく愛読したように，保守反動の流れのなかで，ハイエクの著作は読まれ，1980年代にはフリードマンと同じく「新自由主義」の流れを作り上げた．ベルリンの壁やソ連の崩壊をみて，ハイエクは亡くなった．

(2) 自生的秩序の形成——偽りの個人主義と真の個人主義——

　ハイエクは個人主義を二つの伝統に分類した．一つが「偽りの個人主義」，二つが「真の個人主義」である．前者は，デカルト的な合理主義的な擬似個人主義のことで，マルクスの社会主義からケインズ流の福祉国家まであらゆる設計主義を含む一方，後者は，スミスやヒュームやマンデヴィルなどのスコットランド啓蒙思想の影響を受けた慣習，伝統，法に依拠した個人主義である．後者における慣習，伝統，法は，自然発生的に形成された制度やルールを意味し，

ハイエクは後者を重視する．市場システムも同じように，合理的な擬似個人主義ではなく，自生的に形成された慣習，伝統，法による個人主義によってつくられてきたことが重要であるから，ハイエクは「自生的秩序」に基づく自由な競争こそ市場経済の根本的な秩序であるとし，「偽りの個人主義」による計画経済社会ではなく，「真の個人主義」による自由な競争社会こそが重要である，と主張した．

(3) ハイエクの完全競争市場批判と市場過程論

　完全競争市場では，消費者・生産者が無数に存在していること，生産物の同質性や完全情報，参入や退出が自由であること，が想定されているため，消費者や生産者が最小の費用を知っていたり，生産者が消費者の意向と欲望を完全情報として理解していたりする．しかしハイエクによれば，広告，値引き，製品差別化は，完全競争の定義から排除されているが，競争の過程によって解かれるべき問題である．ハイエクは，市場が人為的秩序でなく自生的秩序によって形成されたものであるから，競争は本質的に意見の形成の過程であって市場における知識の分散と分業が重要であると述べ，完全競争市場を徹底的に批判した．ハイエクは，市場は知識が様々な場所で分散しているため，個人の理性でなく知識の分業によって生み出されたある一定のルールに従って，人為的でなく自生的に生み出されるものである，と考えた．ハイエクによれば，社会という複雑な秩序の中では，人間の行為の結果は，彼らが意図したものと極めて異なり，意識的に発明されたものではなく，有益とわかったものが生き残ることで成長した制度や習慣や規則によって，ある目的に役立つように導かれる．そのため，中央集権国家や「大きな政府」によって人為的に市場全体の社会厚生を最大化することはできない．たとえ市場が独占になったとしても自生的秩序による自由競争に任せるべきである，とハイエクは述べたのである．

　このようにハイエクは，市場の均衡ではなく均衡に至るプロセス，すなわち市場の調整過程こそ重要であるとし，企業者の活躍，市場参加者の競争による対話，その中で市場が発展していくことを重視した．人間の非合理性や無知，時間を重視し，ルールによる自生的秩序としての市場を中心に据えるハイエクの市場論は「市場過程論」と呼ばれ，進化経済学の源流の一つである（**第 15 章**参照）．

(4) 貨幣発行自由化論

　ハイエクは，ケインズとの論争で，通貨当局の無責任な政策がつねにインフレをもたらす傾向があるため，通貨当局が市場に介入しないようにするための一定のルールを課すことによってインフレを解決できる，と考えていた（**第8章**参照）．しかしハイエクは『貨幣発行自由化論』（1976年）を後に発表し，すべての中央銀行制度を廃止し，すべての銀行に通貨発行の自由を認める，という急進的な結論を引き出した．ハイエクによれば，銀行がある通貨を過剰に発行した場合，その通貨に対する信用低下が生じその通貨自体の価値が下がるため，かえって適正な通貨量が保たれる．要するに，通貨という特殊な商品だけを政治的に管理する必要はなく，様々な通貨の間で競争が存在すれば，安定した信用秩序がつくられる．こうしたハイエクの考え方は斬新でラディカルかもしれないが，かつてスコットランドでは民間銀行による通貨が自由に発行されていたし，現在われわれが利用しているビットコインや電子マネー，地域通貨は，デポジットではあるものの，ハイエクの貨幣発行自由化論に通ずる通貨システムである．フリードマンの主張するルールによる貨幣供給の制御は新自由主義を標榜している．とはいえ，それを中央当局によるルールの統制であると考えれば，通貨の競争によってインフレを抑制できるというハイエクの貨幣発行自由化論は，自由主義的な社会哲学によって徹頭徹尾一貫している，と言えるだろう．

(5) 徹底的な自由主義

　ハイエクによって批判された「偽りの個人主義」は，合理主義的な制度設計を主張する点で，実はイギリスの伝統的な自由主義の経済学の流れの一つである「功利主義」に連なる．ハイエクの盟友で同じ自由主義を標榜するロビンズでさえも，政策勧告を行う際は試金石として功利の原理を用いるべきであるとし，自らを暫定的な功利主義者であると認めた．しかしハイエクの語る自由主義は，政府による市場への介入や制度設計をある程度は認めるイギリスの伝統的な「古典的自由主義」とは異なり，むしろ徹底的な自由主義である．ハイエクも敬意を表したイギリス最大の知識人であるミルは自由主義や功利主義を論じる際に個性と自由，ソクラテスの言う無知の知を論じたが，ハイエクも謙虚で自律的な人間像を探究し，合理性ではなく無知や謙虚さから自由主義を真摯に論じることで，個人の自由を守るために設計主義批判を展開した．フリード

マンが，人間の合理性からマクロ経済学批判を企てたとすれば，ハイエクは無知や非合理性などの人間らしさから計画経済や社会設計に連なる「大きな政府」を徹底的に批判したのである．この意味でハイエクは，一貫した自由主義者である．[5]

 ③ 「新しい古典派」とマクロ経済学のミクロ的基礎付け

(1) ルーカス・クリティック：「経済学方法論」によるケインズ批判

　フリードマンは，1953年に「実証経済学の方法論」を発表し，(1)経験的命題を伴わない形式的命題だけの経済理論はありえないこと，(2)経験的命題についてはその予測力でのみ理論が選択され，仮定の現実説明力は不問に付すること，の二点を主張した．ロバート・ルーカス（1937年～）はフリードマンのシカゴ大学時代の学生であったが，その考え方を受け継ぎ，1976年にいわゆる**ルーカス批判**を行い，マクロ経済政策においてルールを変更するためには，過去のデータによる推計値を利用するのではなく，各人のインセンティブとそれに基づく行動の変化をきちんと予測しなければならないことを主張した．ルーカス批判によって，「合理的期待形成学派」や「リアル・ビジネス・サイクル（実物的景気循環）論」，さらには「DSGE（動学的確率的一般均衡）論」のように，個々の経済主体の最適化を考慮するミクロ的基礎付けを有するマクロ経済分析が主流となった．

(2) サプライサイド・エコノミクス

　1980年代のアメリカでは，需要サイドを刺激することで経済成長に影響を与える，ケインズ経済学の考え方ではなく，新しい古典派経済学の考え方による，企業の競争や技術革新などの供給サイドを刺激することで経済成長が促進されると考えられるようになった（図10-2）．当時のアメリカ経済は，貯蓄が不足して投資資金を賄うことができずに生産性が上昇しない状態にあると考えられていたため，(1)貯蓄や勤労意欲を刺激するように税制を改革すること，(2)社会保障制度を見直すこと，(3)技術革新を促進するために企業減税を行うこと，が政策として掲げられていた．このレーガン政権で行われた政策を裏付けた理論こそ，**サプライサイド・エコノミクス**である．アーサー・ラッファー（1940～）が，**図10-3**のように税率を減らせば税収を増やすことができるラッ

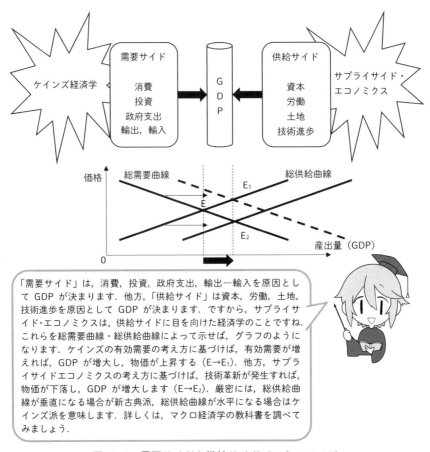

図10-2　需要サイドと供給サイド（サプライサイド）

出所）筆者作成.

ファー曲線を提示した．この曲線は，ラッファーが1974年にワシントンのレストランでカクテル・ナプキンに書いたことに由来すると言われるように，実証的にも理論的にも全く裏付けのない曲線であった．

　さらにマーティン・フェルドシュタイン（1939～2019年）は，アメリカ経済を成長させるためには，(1)税率を引き下げ勤労意欲や投資意欲を高め，貯蓄優遇政策によって投資資金を増やすこと，(2)政府規制を緩和して競争促進を図ること，(3)高福祉政策をやめ労働者の勤労意欲を高めること，を主張した．

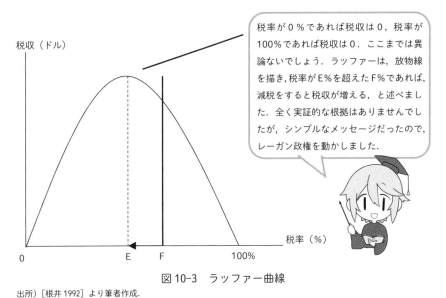

図10-3　ラッファー曲線

出所）〔根井1992〕より筆者作成.

しかし税率の引き下げは，資産所得者の利益を増やして社会の不平等を拡大し，貯蓄は投機に向けられ，バブル経済を引き起こした.

　レーガノミクスは，財政赤字と貿易赤字という「双子の赤字」をもたらしたのである.

(3) 均衡予算主義によるケインズ経済学批判

　財政政策としてのケインズ政策を批判したのが，公共選択論の唱道者であるジェームズ・ブキャナン（1919～2013年）やリチャード・ワグナー（1941年～）の『赤字の民主主義――ケインズが遺したもの――』（1977年）や，ブキャナンの『選択のコスト』（1973年）である．ケインズ政策は，不況時には財政支出を増やし，景気加熱時には財政支出を減らす．議会制民主主義において経済政策を行う場合，国民の利害に沿う可能性が高い．減税や公共投資などの拡張的政策は国民に受け入れられる一方，増税などの引き締め政策は国民が支持しない．ブキャナンとワグナーは，ケインズ主義の財政支出によってインフレーションが生じると，民間部門の活力が削がれるため，健全な財政運営が行われなくなる，と述べた．ブキャナンとワグナーは，ケインズの経済政策を，赤字

国債を伴う拡張的な財政政策であると解して，個々人の合理的選択によるアプローチから均衡予算主義や「小さな政府」を主張する点に特徴がある．

(4) 実物的景気循環（リアル・ビジネス・サイクル）論

　実物的景気循環論は，キッドランドやプレスコットらが提唱したモデルで，技術ショックや財政政策などによる実物的な要因によって，景気変動が生じることを述べたものである．マネタリズムや合理的期待学派が予期されないマネーストックの変動などの名目的な要因によって景気変動を説明するのに対して，実物的景気循環論は，最適貯蓄を考えるラムゼー・モデルを用いて，経済が効率的な資源配分を達成している均衡状態にあると考えているため，景気変動は均衡からの乖離ではなく均衡自体の移動として捉えるところに特徴がある．技術革新が生じて生産が上昇すれば，雇用量も増大して全体の産出量が増大する．他方，財政支出の増大は今期の利子率を上昇させるため，労働者は今期一所懸命働くことで稼いだお金を貯金すれば高い利息が得られる．今期の労働供給は増大する．それゆえ来期の消費水準は高くなり，産出量は増大する．このように実物的な要因で経済は変動しても，経済は伸縮的な価格を通じて常に均衡し効率的な資源配分が達成されていると考えるため，非自発的失業は存在しない．実証的な基礎を欠いた空論であると批判する研究者も存在するが，実物的景気循環論は，市場の調整機能や市場均衡に信頼をおく「新しい古典派」の真骨頂である．

④ ケインズ経済学のミクロ的基礎付け!?

　「新しい古典派」の動きは，マクロ経済学の世界をいかにミクロ経済学の説明によって基礎付けるのかという点でケインズ経済学に大きな影響を与えた．ケインズ経済学では，労働組合や制度的問題から価格や賃金の粘着性を前提に議論を進めてきたが，なぜ価格や賃金が硬直的なのかに焦点を当てたのが「ニュー・ケインジアン」である．第1に，ジョゼフ・スティグリッツ（1943年～）の**効率賃金仮説**がある．効率賃金仮説は，賃金の切り下げは労働者の士気に悪影響を与え生産性の低下を引き起こすから，賃金を切り下げずにそのままにしておくことが企業にとって得策である，という学説である．第2に，ロバート・ソロー（1924年～）による**インサイダー・アウトサイダー理論**がある．

これは，インサイダーの高賃金と非自発的失業が以下の2点の理由から同時に存在するという学説である．① 企業内にすでに雇用されている労働者（インサイダー）に代えて失業中の労働者（アウトサイダー）を雇用すれば，求人コストや訓練費用が必要となること，② アウトサイダーを雇用する賃金を超えなければインサイダーを雇用した方が良いこと，である．第3に，グレゴリー・マンキュー（1958年～）の**メニュー・コスト論**である．メニュー・コスト論では，価格表を書き換えてもそれを買い手に周知するための費用が，価格の変更から得られる利潤の付加分を上回るために価格が変更されない．

　今日では，動学的確率的一般均衡（DSGE）理論と呼ばれる，独占的競争，価格の硬直性，テイラー・ルール（中央銀行が誘導する政策金利の適正値をマクロ経済の指標により定める関係式のこと）等の様々な状況を取り入れたニューケイジアン・モデルがマクロ経済学の主流である．DSGE モデルは，リーマン・ショックの金融危機を全く予測できなかったため，ゼロ金利や銀行システムなどを考慮することで，改良された DSGE モデルとして発展している．もはや，ケインズの想定したマクロ経済学の世界から大きく離れていることは（それが良いか悪いかは各自の判断に委ねる）言うまでもないだろう（第8章参照）．

おわりに

　フリードマンやハイエクによるケインズ批判，そして「新しい古典派」による合理的期待としての予測の学問としてのマクロ経済学の発展によって，新古典派経済学は復権した．この意味で現代の経済学は，かつてケインズが述べたようにモラル・サイエンスではなく，数学的手法を重視する経済科学に他ならない．そもそも新古典派経済学は，経済学史においてケンブリッジ学派のマーシャルの経済学を指すが，今日ではアメリカの主流派経済学を指していると言ってよく，学史上の新古典派経済学とは異次元の世界で展開されていると言ってよいだろう．欧米における現代の経済学は理系の一部としての「サイエンス」として認識されていると言っても良い．しかし近年，DSGE モデルがリーマン・ショックを予想することは不可能であった．その結果，ケインズやマルクスの経済思想に再び注目が集まり，行動経済学や新しい経済学，ひいては異端派経済学の研究が進んでいる（第11章～第15章参照）．

注

1）近年，世界各国の主要機関，中央銀行，国際機関の経済政策において，ミクロ的基礎付けのないマクロ計量モデルに代わり，DSGE 型のマクロ計量モデルが採用されている．リーマンショックを予想することができなかったことから，いくつかの新しい条件が付与され，大きな進化を遂げている．

2）初期のフリードマンは，フィッシャー型の貨幣数量説ではなく，$\frac{M}{P} = Y$ というマーシャル型の貨幣需要関数を想定して，「恒常所得仮説」（家計の消費は，給料や賃金などの恒常所得によって決められると考える消費理論）を提唱していることは，興味深い．

3）新貨幣数量説と関連して，「フィッシャー方程式（名目利子率＝実質利子率＋物価上昇率）」によってケインズ批判を説明することも可能である．すなわち，実質利子率が投資と貯蓄による実物的要因によって決まるとすれば，マネーストックの上昇→物価の上昇→名目利子率の上昇によって，ケインズの金融政策は本来金利が低下するが，かえって金利を上昇させることになる．

4）金融理論において，貨幣供給は内生的に決まっているため中央銀行は金利を制御することに努めるべきであるという内生説と，貨幣供給は外生的に決まっているため貨幣供給の制御に努めるべきであるという外生説の議論は，現在も絶え間なく継続している．

5）オーストリア学派は，ミーゼスやハイエクらによって発展し，ナチス・ドイツの迫害によってアメリカで「ネオ・オーストリア学派」として復活し，ロバート・ノージックらの無政府主義など，現在でも一定の影響を与えている．

第 **III** 部

現代の異端派経済学の諸潮流

第11章　なぜ異端派経済学が必要なのか

第11章 (image at left margin)

は じ め に

　本章では，第Ⅲ部の冒頭にあたり，そもそも現代の経済学における「異端派」とは何か，そして本書は異端派をどのように位置づけているのかを説明する．その際，現代の異端派は，個々の問題意識やそれにアプローチするロジックや道具立ては異なっているものの，主流派（新古典派経済学あるいは均衡理論をベースとする経済学）に対して，大なり小なり一線を画すアプローチの有用性を共有している．そして，近年，国内外で異端派経済学（heterodox economics）の有用性を確認できる経済現象や問題提起が，以前にも増して生じている．そのような最近の現象を取り上げながら，それらに現代の異端派経済学がどのように関連づけられるか，概略的に説明する．

① 経済学における「異端派」とは何か

　経済学における「異端派」，そしてその対極にある「主流派」とは何を指すのだろうか．これは，その時々の経済状況が何を経験し，その後，どのような経済状況が人々に求められているかによって変化すると考えられるだろうから，読者は，その時々の時代を読み解くために有効な経済学を「主流派」，それ以外の経済学を「異端派」と呼ぶようなイメージをもつかもしれない．

　1998 年に設立された異端派経済学協会（AHE：the Association for Heterodox Economics）の見解を踏まえると，異端派とは，様々な意味で主流派に代替する経済理論や研究者のコミュニティのことを指す．異端派は主流派から否定された経済理論，そのような経済理論間での論争可能性や非整合性を否定することなく，多元的な態度をとる研究者のコミュニティ，さらに，そのような様々な異端派アプローチの貢献を踏まえたオルタナティブな経済理論構築への志向と

いった多層的な意味を含む用語である.

　用語としては，もともと 1930 年代から 1980 年代までの制度主義的な文献で用いられていたが，その後，主流派にある程度対抗できる理論的アプローチが含められるようになった．例えば，オーストリア学派，フェミニスト経済学，制度経済学，進化経済学，マルクス経済学，ラディカル派経済学，ポスト・ケインズ派経済学，スラッフィアン経済学，社会経済学などである．これらをまとめて表現する呼称が確立していないため，非正統派，非新古典派，非主流派など，否定語をつけるという消極的な表現から変更して，異端派と呼ばれるようになった．1990 年代後半以降，異端派系学会相互でセッションを開放し合い，異端派系ジャーナルの編集方針においても，多様な異端派アプローチによる論文を掲載することが受け入れられるようになっている.

　異端派にほぼ共通するアプローチは，資本主義の文脈における社会的供給プロセスを，経験に基づいて理論的に説明するというものである．実際の経済政策の提言は，経済が実際にどのように機能しているかに関して正確な歴史的・理論的イメージを提供する，異端派と結びついていなければならないだろう.

　これまで，異端派の暫定的な理論的・方法論的核心を構成する多くの要素が生まれてきている．そのうち，ここでは 3 点について説明しておこう.

　一つ目は，資本主義経済の構造の理解の仕方である．異端派が描き出す現実の資本主義経済は，三つの重なりあう相互依存関係からなる構造である．第 1 は，財・サービスの投入・産出としての相互依存関係である．第 2 は，労働者の賃金，企業の利潤，政府の税と，消費・投資・公共財や非市場的な社会的供給活動への支出との相互依存関係である．そして第 3 は，生産に伴う資金や貨幣をめぐる相互依存関係である．これら三つの相互依存関係を組み合わせることによって，各市場での取引が，貨幣的取引となり，ある市場での財価格や生産方法の変化が，経済全体に直接的・間接的な影響を与え，民間投資額，政府の実質的な財・サービスへの支出額，輸出額の輸入額に対する超過額が，市場および非市場的な経済活動量，市場での雇用と非市場での労働活動水準，市場および非市場における財・サービスへの消費支出を決定するという，経済の貨幣的な出入力構造が生まれる.

　二つ目は，組織に関する見方である．資本主義経済における貨幣的な出入力構造は，次の三つの組織から構成される．第 1 は，一連の市場と製品に特化したミクロ的組織である．具体的には，財・サービス市場や労働市場といった個

別の市場組織のことを指す．第 2 は，複数の市場と製品にまたがるマクロ的組織である．これには，公的機関や金融機関，すなわち，政府支出や課税，金利などを決定する組織が分類される．そして第 3 は，社会再生産を促進する非市場的組織である．例えば，家族やボランティア団体，NPO（非営利組織）などをイメージすればよいだろう．

　三つ目の構成要素はエージェンシーである．これは，方法論的個人主義に対して，社会的に埋め込まれたエージェンシーを想定することである．組織は，ジェンダー，階級，民族，さらにはイデオロギーやヒエラルキーなど，道具的・儀式的な制度に埋め込まれているため，組織を通じて行動する個人によるエージェンシーは，必ずしも最適化されるものではないと考えられている．

　異端派は，主流派の改革を目的とするものではない．むしろオルタナティブとなるものである．そのようなオルタナティブな経済学の存在意義が明白になった有名な出来事を一つ紹介しておこう．2008 年のリーマン・ショックに端を発する世界を巻き込んだ**金融危機**が起こった際，イギリスのエリザベス女王が，イギリスの経済学者たち（その多くは主流派）に対して，危機が起こることをなぜ予測できなかったのかと質問したのである．これに対して経済学者たちは，すぐに回答できず，後に，自分たちの基準や思考の枠内では，複雑に絡み合った不均衡を予測することができず，自分たちの傲慢な希望的観測が今回のような失敗をもたらした，という趣旨の回答をしたという．経済学におけるプロフェッショナルな集団であるはずの主流派であるのに，経済学界における固定化された状況や思考習慣に固執してしまうと，なんとも的外れな考えを信じて変更できなくなってしまう状況を，この逸話はよく表している．他方で，リーマン・ショック当時だけでなく，それ以前から，金融危機のような資本主義経済に固有の不安定性に対して警鐘を鳴らしてきた経済学も脈々と発展し，現代に至っている．そのような，異端派の存在や主張にも耳を傾け，理解することは不可欠な素養である．異端派は少数派であるだけであって，決して間違った理論であるというわけではないのだから．

　本章では，比較的最近の経済学的な議論や出来事において，異端派的な発想や考え方の有用性が指摘された，あるいは参照先として焦点があてられた事例を三つ取り上げて説明することにより，読者に対して，本章に続く第 12 章から第 15 章を読み進めるインセンティブを提供したい．

長期停滞論

　2008 年 9 月 15 日，アメリカの投資会社リーマン・ブラザーズの経営破綻を機に，世界規模で連鎖的な金融恐慌が発生した．いわゆる「リーマン・ショック」である．これに加えて，ヨーロッパでは 2009 年にギリシャに端を発し，さらにいわゆる PIIGS（ポルトガル，イタリア，アイルランド，ギリシャ，スペイン）諸国で，危機的な財政状況が明るみになり（いわゆる「ソブリン危機」），そのような経済危機が，世界を巻き込んだ金融危機へと発展する可能性が懸念された．

　この 21 世紀初頭の資本主義経済の危機に対して，経済学者たちは，1929 年の**世界恐慌**に端を発し，その後，1930 年代後半の急激な景気後退に直面して提唱された，かつての長期停滞論になぞらえて議論を展開した．本節では，20世紀の世界恐慌における「旧」長期停滞論と，21 世紀の金融危機における現代の長期停滞論とを対照させながら，主流派の論者が，異端派の考え方をどのように捉え，どのような形で依拠したのかを説明する．経済学史の観点から見れば，前者の代表的な論者は，現代では概ね異端派に区分されると考えてよいが，彼らの主張は，後者の論争において現代の主流派に属する論者から再度注目され，議論が展開された点で興味深い．

(1) 20 世紀の 「旧」 長期停滞論

　20 世紀の「旧」長期停滞論は，1929 年の世界恐慌直後からアメリカを襲った不況を脱するために，**ニュー・ディール**に関連する財政出動が次々に打ち出される状況下で提唱された．当初は，一時的な財政支出に過ぎなかったが，1935 年に連邦緊急救済法（Federal Emergency Relief Act）が成立し，雇用促進局（Works Progress Administration）が新設されるなど，しだいに景気回復を企図した積極的な**呼び水政策**に転換されていった．しかし，呼び水政策の基本的な考え方は，民間部門の自立性や自己回復力に期待するものであるため，そのような政策が適切で有効なものであれば，早晩，民間の活力によって不況を脱し，繁栄を続けることが可能であろうとの楽観論が横たわっていた．そして，政府による財政出動が減退するや否や，再び激しい景気後退を招き，特に 1937 年から 38 年にかけての景気後退は，それまでの楽観論を完全に払拭するものであった．1939 年 6 月 9 日に国家資源委員会がアメリカ大統領に提出した『ア

メリカ経済の構造』では，労働力，資材，熟練という国内の諸資源が，広範囲にわたって遊休しており，そのように資源を完全に利用できなかった深刻な失敗が，アメリカを長期停滞に陥れていると結論づけられた．このような時代背景のもとで，展開されたのが 20 世紀の「旧」長期停滞論である．

　1930 年代のアメリカ資本主義の停滞の原因解明に取り組んだ経済学的議論は，大きく四つに大別することができる．第 1 は，人口や技術やフロンティアのような**外生的要因**に停滞の原因を求める「外生的要因説」である．この代表格はハンセンやハロッドである．第 2 は，景気循環の**ジュグラー循環**と**コンドラチェフ循環**とが 1930 年代に同時に下降局面に入ったとみる「シュンペーター説」である（**第 13 章**参照）．第 3 は，需要サイドに注目した恐慌論の一つの考え方である「**過少消費説**」であり，これは，主にアメリカのマルクス経済学者ポール・バラン（1910〜1964 年）とポール・スウィージー（1910〜2004 年）によって展開された．そして第 4 は，独占や**寡占**の形成のような，資本主義的発展の**内生的要因**に停滞の原因を求める「内生的要因説」である．この代表的論者はシュタインドルである．

　本節では，21 世紀の長期停滞論においても言及されたハンセンの長期停滞論と，それと対照的な視点から論じられたシュタインドルの長期停滞論に焦点をあてることにしたい．その他の長期停滞論の諸説に関しては，本書の関連する章やその他の文献にあたってほしい．

(2) ハンセンの長期停滞論

　資本主義経済における停滞に関する議論は，経済学では，古典派経済学以来，論じられてきたことであって，例えば，リカードウによる利潤率低下の自然的傾向と，その帰結としての資本蓄積の行き詰まりに関する議論は，よく知られている（**第 3 章**参照）．しかし，20 世紀資本主義を背景とする経済学で，長期停滞という難題に対して本格的にチャレンジした経済学者の一人が，アルヴィン・ハンセン（1887〜1975 年）である．ハンセンは，アメリカを代表するケインジアンの一人である．当初は，ヴィクセルやカッセル，シュピートホフに代表される，大陸ヨーロッパ系経済学の景気循環論を研究し，アカデミックな場所以外でも，政府の委員会や政策策定に関わっていたが，1930 年代にはケインジアンへと転向し，アメリカにおける最初のケインズ経済学の紹介者・指導者として，また，その最もシンプルな理論モデルである**45 度線モデル**の考案者

として名を馳せた．また，ケインズの『一般理論』では，**財政政策**の議論がほとんど展開されていないのに対し，ハンセンは，主著『財政政策と景気循環』（1941 年）で具体的に展開したことから，ケインズ理論を政策論の方向で展開した草分け的存在とみなされる．「旧」長期停滞論は，ハンセンが 1939 年に *American Economic Review* に寄稿した論文「経済進歩と人口増加率の低下」によって口火が切られた．

　ハンセンの長期停滞論は，後述するシュタインドルとの比較によって，外生的要因説として位置づけられる．ハンセンが特に強調したのは，民間の投資機会の減少であった．その原因として指摘されたのは，(1)人口増加率の逓減，(2)新領土・新資源の発見の可能性の消滅，そして(3)資本使用的発明から資本節約的発明への転換の 3 点であった．そのうえでハンセンは，ニュー・ディールの諸政策に関して，呼び水的な公共投資によって，民間投資が誘導され，乗数効果を通じてやがて経済は完全雇用点まで回復するが，もし，そのような傾向がなければ，政府が民間投資の不足分を補って，完全雇用国民所得を達成できるような政府支出を行うことが必要であると主張した．そのような政府支出は，**補正的財政政策**と呼ばれる．

　ケインズによる不況対策は，(1) 利子率を資本の限界効率以下に引き下げる低金利政策，(2) 課税による所得再分配を通じた消費性向の引上げ，(3) 投資の社会的統制としての公共投資政策の三つに大別されるが，ハンセンが展開したのは，(3)に近いものであった．それに関して，ハンセンは，前掲の 1939 年論文と『財政政策と景気循環』（1941 年）で論じた．

　成熟した資本主義経済のもとでは，投資のはけ口が失われ，必然的に慢性的不況が生じる．経済の拡張は，**外延的拡張**（**資本の拡張**：実質資本の実質所得と歩調を合わせた増加）と**内充的拡張**（**資本の深化**：実質資本の実質所得に対する比率の上昇）の二つに分けられる．前者は，主に人口の増加と領土の拡張によってもたらされる経済進歩であるのに対し，後者は，主に**技術進歩**によってもたらされる．これらの拡張によって経済が十分な発展を遂げた段階に達すると，いわゆる成熟状態となり，新しい投資を誘引するような条件（人口の増加，フロンティアの開発，技術革新）が消滅する．すなわち，投資のはけ口が狭まったことによって，**有効需要**が不足し，資本と労働の不完全雇用が起こるのである．1930 年代以降のアメリカでは，領土拡張も止まり，人口増加率も下がって停滞気味になり，外延的拡張の要因が弱まったとされる．これに対処するには，技術進歩

に伴う投資の増加によって穴埋めされなければならないが，それは順調かつ連続的に生じるものではないので，あてにはできない．しかも両者は相互に関連するので，外延的拡張が減退すると内充的拡張も困難になる．そこで，必要とされるのが補正的財政政策である．

　ハンセンの主張に対して，補正的な公共投資政策は，政府部門の驚くべき拡張と，民間経済への無制限の蚕食を招く危険性をもつ恐るべき武器であるとして，特に保守派の経済学者から厳しい批判が寄せられた．

　その後，第 2 次世界大戦を経て，アメリカ経済は，かつてない成長と繁栄を遂げたことによって，ハンセンの長期停滞論はほとんど忘れ去られてしまった．しかし，その後再びアメリカ経済が失業の長期化に直面すると，サミュエルソンは，1962 年にストックホルム大学での講演で，以前の長期停滞論を思い出し，今こそ注意すべきであると述べた．このように，長期循環的な経済変動の中で，経済が不況に直面するたびに，ハンセンの長期停滞論は再評価され，そのときどきの打開策を考えるヒントを与えてきた．それは 21 世紀の長期停滞論においても例外ではなかった．

(3) シュタインドルの長期停滞論

　ジョセフ・シュタインドル（1912～1993 年）は，オーストリア生まれの経済学者である．1935 年からオーストリア景気研究所で調査研究に従事するも，1938 年のナチスによるオーストリア占領を機に祖国を去り，オックスフォード大学の講師となった．1941 年にオックスフォード統計研究所の一員となり，カレツキ（**第 14 章**参照）らとともにイギリスの戦時経済の諸問題に関する調査研究に従事した．そこで書き上げられたのが『小企業と大企業』（1947 年）と主著『アメリカ資本主義の成熟と停滞』（出版はシュタインドルがオーストリアに戻った後の 1952 年）である．

　シュタインドルの考察対象は，1930 年から 1939 年までの 10 年間にアメリカ経済が経験した長期不況であった．特に，この時期の民間資本蓄積がマイナスを記録したことに注目し，それを新しい事態の発生と捉えた．シュタインドルは，そのような事態の本質は，資本主義的発展の中に，すなわち資本主義の内生的要因に，資本蓄積に対するブレーキがあることを指摘した．シュタインドルが注目した資本主義の内生的要因とは，企業の**内部蓄積**であった．

　シュタインドルの「内生的要因説」の核心である企業の内部蓄積は，それ以

上の資金調達を可能にする資金の源泉，すなわち外部資金をどれだけ調達できるかによって補足されなければならない．その際，シュタインドルが，外部からの資金調達の程度を測る指標としたのは，企業の**負債能力**（シュタインドルはこれを「**資金調達力比率**」と呼ぶ）と**設備利用度**の二つである．内部蓄積，負債能力，設備利用度のいずれもが大きければ成長率は高く，逆の場合は逆である．このようなシュタインドルの考え方の特徴は，資金の源泉と設備の利用という供給サイドの観点からアプローチするものであり，有効需要の側面を考慮しなかったことから，長期停滞の過少消費説を展開したスウィージーは，シュタインドルの主著への書評で明確な不満を表明した．それとは逆に，設備利用度に着目した点に関しては，モーリス・ドッブ（1900~1976年）から高く評価された．

　シュタインドルは，企業の内部蓄積と設備利用度の２つの要因が，投資に与える影響を検討するために，産業全体を競争産業（過剰能力なし）と寡占産業（過剰能力あり）に区分する．一方で，競争産業においては，売上利潤を増大させようとする産業内の革新企業によるコスト削減効果と，限界企業の淘汰による売上利潤の減少をもたらす過剰な内部蓄積の膨張が作用する．すなわち，産業内の**過剰生産能力**は，絶えず競争によって是正され，早晩，正常稼働率が再確立される．他方で，寡占産業においては，価格切下げ効果はどの企業にとっても望ましいものではないので，コスト削減的技術進歩があっても価格は維持される．したがって，正常以上の売上利潤に基づく内部蓄積が，必要投資量を超える計画されざる過剰生産能力を生み出すことになり，これが企業の投資誘因の弱体化につながるのである．

　シュタインドル独自の寡占理論は，競争産業においては，価格引下げのメカニズムによって過剰能力の問題は解消されるが，寡占産業においては，**価格硬直性**のために過剰能力が常に残り，それが企業の投資を抑制するというものであった．このようなことから，シュタインドルは，アメリカ経済の長期停滞の原因が，競争産業の犠牲のもとに寡占産業の形成が進んだこと，そしてそのような寡占産業における企業の過剰能力が投資に対するブレーキとなっていることに求めた．

(4) 21世紀の長期停滞論

　21世紀の長期停滞論争とは，アメリカ経済において長期にわたって総需要が総供給を下回る状態が続いていることに関して，2013年から2015年にかけ

て，アメリカの著名な主流派経済学者によって展開された論争である．問題の本質は，慢性的に貯蓄が投資を上回っていることにあった．主流派の立場からすると，なぜ慢性的な**過剰貯蓄**が柔軟な市場メカニズムで存在できるのか，ということが問題とされた．

　最初に問題を提起したのは，アメリカの財務長官や世界銀行のチーフエコノミストなどを歴任したローレンス・サマーズ（1954 年～）であった．彼は，リーマン・ショック以前にインフレや金利上昇が見られなかったことを背景に，金融危機以前から総需要は不足しており，完全雇用は実現されず，それが現在も続いているという仮説を立てた．そのうえで，歴史的経験などから，公共インフラ投資支出は，それが国内にとどまり，いったん設置されるとインフラの便益はすべて国民に還元されて社会的収益はきわめて高くなるといえることから，経済成長を促進し，長期的な生産能力を増大させ，将来世代の負担を減らすことにも資するため，新たな借金で賄っても，長期的な**債務／GDP 比率**の引下げに貢献すると主張した．

　このようなサマーズの主張は，先述した 20 世紀の長期停滞論のうち，ハンセンの問題意識と処方箋を想起させるものである．サマーズの主張の背景には，従来の経済学の定説ではなかった，二つの経済学的アイデアがとり入れられている．

　その一つは，**ヒステリシス**（履歴効果）と呼ばれるものである．それはもともと，ある物体に力を加えたとき，その力を元に戻してもその物体が完全に元に戻らないことを意味する概念である．これを経済政策に適用してみると，通常のマクロ経済学では，大規模な公共投資は**クラウディング・アウト**効果を生み出して，財政支出の効果が打ち消されるとされるが，ヒステリシスが作用すると，民間投資を圧迫するどころか，**クラウディング・イン**（投資の呼び水）になるというように，180 度異なる帰結に至る．

　もう一つのアイデアは，財政と金融政策に関する伝統的な見方には，大幅な変更が必要であるという，**ポリシー・ミックス**に関連するものである．これに関してサマーズが主張したのは，(1) 財政赤字削減で，ある種の需要を別の需要で代替し，金利を引き下げ，資本コストを引き下げ，投資の呼び水にすること，(2) 需要不足に金融緩和政策で対応するためには，フェデラル・ファンド金利を下げる余地が必要であるが，金利ゼロの状態が続くと資産価格が上昇し，金持ちばかりが恩恵を受けて，金融安定性に問題が生じること，(3) 金利ゼロ

の状況下では，通常のマクロ経済学的なクラウディング・アウトは生じないこと，そして⑷財政緊縮のメリットである財政健全化は，むしろ正反対の財政拡大政策によって実現されること，以上の4点である.

　以上のようなサマーズの問題提起に応じたのが，当時のFRB議長だったベン・バーナンキ（1953年〜）と現代の主流派（ニュー・ケインジアン）の論者の一人であるポール・クルーグマン（1953年〜）であった．両者は必ずしも同じ立場からサマーズに論戦を挑んだわけではないが，彼らに共通の問題意識は，そもそもアメリカ経済は長期停滞に直面しているのか，という反論から始まった．バーナンキは，均衡実質金利が長期にマイナスであり続けるはずはないという理由で懐疑的であり，クルーグマンは，開放経済における世界的な過剰貯蓄を問題視した.

　以上のような，21世紀の長期停滞論では，1930年代の「旧」長期停滞論が参照され，特にハンセンの長期停滞論は，再び議論の俎上に載せられた．他方で，1930年代のその他の学説・考え方は，この論争では焦点があてられなかったが，シュタインドルの主張や過少消費説，またシュンペーターの長期停滞論は，21世紀の長期停滞論に対して参照すべきメッセージをもっているだろうか．読者自身で考えてほしい.

 ## ③　格差と分配に関する諸問題

⑴ 拡大する経済格差——ピケティによる問題提起——

　トマ・ピケティ（1971年〜）の大著『21世紀の資本』（2013年）は，日本でも翌2014年に翻訳され，経済学の理論・実証・政策提言までしっかりとカバーした本格的な専門書であるにもかかわらず，各種メディアでも広く取り上げられ，空前の世界的ベストセラーとなった．経済学においては，ピケティの問題提起に対して賛否両論あるが，格差問題が，依然，脚光浴びるようになったのは間違いない．ここでは，ピケティが問題視した現代資本主義の課題を明確にし，それが異端派経済学にどのように関連づけられるかを説明する.

　ピケティが『21世紀の資本』で示した，現代の経済格差の事実は次の三つである.

　　⑴ 所得の不平等は，1940年代に低下した後，その後は拡大傾向にあるこ

と

　このことは，経済学で「**クズネッツの逆 U 字仮説**」として知られている，資本主義経済の初期においては不平等が拡大し，経済発展にともなってそれは縮小するという仮説を，ひっくり返す事実である．ピケティはこれを，経済学でもよく用いられる**ジニ係数**のような総合指数ではなく，**税務統計**を活用して所得階層ごとの所得や富のシェア等によって格差の多様な側面を示した．

(2) **資本／所得比率**（GDP に対する資本の割合）は 1950 年ごろまで低下し，その後は上昇傾向にあること

(3) **資本収益率**が経済成長率を上回る状態が，歴史的に観察されること

これに関してピケティが示した不等式は，一般によく知られたものである．資本収益率（資本収益／資本）を r，経済成長率を g とすると，

$$r > g \quad (11.1)$$

となり，この不等式が成り立つ限り，格差が拡大していくことを表している．その根拠は，国民所得は g でしか増加しないのに対し，資本所有者（**金融資産の大量保有者など**）の富は，r に等しいスピードで増加することにある．このような違いが，富める者をますます富ませ，結果的に，「トップ 1 ％」と形容される，とてつもない富裕層が，富を独占している状況を生み出すというのである．

　ピケティは，これを理論的に論証するために，資本主義経済に関する二つの基本法則なるものを示した．一方の**資本主義の第 1 基本法則**とは，資本所有者の所得が国民所得に占める割合を α としたとき，それが r と資本／所得比率 β の積になるという，(11.2) 式のような関係である．

$$\alpha = r\beta \quad (11.2)$$

　他方，**資本主義の第 2 基本法則**とは，長期的には，β が，貯蓄率 s を g で割ったものになるという関係であり，(11.3) 式のように定式化される．

$$\beta = \frac{s}{g} \quad (11.3)$$

　さて，ここで二つの基本法則を結合させて，第1法則の式に第2法則のそれを代入すると (11.4) 式が得られる．

$$\alpha = \frac{rs}{g} \quad (11.4)$$

　(11.4) 式の意味するところは，s を一定とすると，g に比べて r が大きいほど，経済格差 α が大きくなる（その逆も成り立つ），ということである．

　歴史を振り返ると，20世紀後半は，高度経済成長期を中心に，経済成長率が比較的高く，経済格差は平準化される傾向にあった．しかし，その後の成熟した先進資本主義経済における安定した低成長への移行に加え，経済の金融化やグローバル化や GAFA（Google, Apple, Facebook, Amazon をまとめた略称）[1]のような情報通信産業のプラットフォーム企業の台頭によって，資本収益率は低下しないどころかますます高まる傾向にある．このような所得格差や資産格差の是正のために，ピケティが提案する政策提言が，**資本税**（富裕税，財産税）の導入である．

　以上のようなピケティの問題提起に対して，経済学では，(1) ピケティの「資本」概念は，主流派の資本概念（固定資本）に加えて，住宅や土地，さらに金融資産も含んだ，あまりにも広義のものである，(2)『21世紀の資本』は，理論の本ではなく歴史統計の本であって，ジニ係数などの不平等指数を用いていないのは，税務統計というデータの制約が原因である，といったいくつかの重要かつ本質的な指摘が提出された．

　ピケティが提起した格差問題は，現代特有の現象ではない．古典派経済学以来の分配問題が，現代資本主義の実状を踏まえて新たに展開されたものである．所得分配あるいは所得の再分配問題は，経済学史における分配理論の系譜を本書で学んだうえで，あらためて読者自身が考えてみてほしい．

(2) 新しい所得分配政策となりうるか──ベーシック・インカム──

　近年，ベーシック・インカムという言葉が，ますますメディア等で取り上げられるようになり，国内外で，今後のあるべき社会保障政策として議論され，真剣に導入が検討される向きもある．そもそもベーシック・インカムの考え方は，1980年代以降，第2次世界大戦後から現代に至る**福祉国家**体制の動揺の中から出てきた議論である．それは，就労の有無，結婚の有無を問わず，すべ

ての個人（性別や年齢を問わず）に対して，**ベーシック・ニーズ**を充足するにたる所得を無条件で支給しようという**最低所得保障**のことである．また，租税と社会保険による**社会保障給付**のうち，現金給付部分をすべてベーシック・インカムに置き換え，その財源を勤労所得への比例課税と，各種所得控除の廃止に求めようとする租税と社会保障を一体化させた政策構想であるともいえる．

これまでの経済学においても，これと類似した構想があり，例えば，ミルトン・フリードマンの「**負の所得税**」や，アンソニー・アトキンソン（1944〜2017年）の「**参加所得**」，さらに，市場社会主義論の立場からジョン・ローマー（1945 年〜）が提唱した「**クーポン経済**」などがある．

ベーシック・インカムの系譜を紐解くと，いくつかの時期と段階に区分される. まず，資本主義経済成立期の 18 世紀末，ともにイングランドの思想家・哲学者であるトマス・ペイン（1737〜1809 年）とトマス・スペンス（1750〜1814年）の思想に遡ることができる．彼らの思想を背景に，最初に実行されたのが**スピーナムランド制**（1795 年）と呼ばれる仕組みである．

次に，第 2 次世界大戦後，**ベヴァリッジ報告**（1942 年）に基づいて福祉国家体制が構築された．それは，(1) 完全雇用の下，フルタイムで働く成年男性労働者と，家庭内での無償労働を担う専業主婦からなる一組の夫婦を「標準家族」と考え，(2) 労働に基づく賃金から社会保険料を拠出して，社会保険の受給権を獲得することにより，国民の自助努力（勤労）と**ナショナル・ミニマム**（生存権保障）を統合した，**包括的社会保障制度**の構築であった．しかし，その背後で，福祉受給者の自尊心や自立心が損傷される，賃金闘争という手段では「**失業と貧困の罠**」からの脱却や福祉の公正な配分は実現されない，あるいは，性別分業の解消が進まないといった問題や課題が明らかにされた．そのような中で，負の所得税（フリードマン），**児童給付制度**（1970 年代末のイギリス労働党政権）のような，ベーシック・インカムにつながっていく試みが打ち出された．

最低所得保障としてのベーシック・インカムには，三つの段階がある．第 1は，**完全ベーシック・インカム**である．これは，人々の生活に必要なベーシック・ニーズを充足する金額を無条件に支給するものである．第 2 は，**部分的ベーシック・インカム**である．これは，ベーシック・ニーズの充足には足らず，したがって所得税率も低くて済むが，他の社会保障給付などによって補足されなければならないとするものである．そして第 3 は，**過渡的ベーシック・インカム**であり，上述二つの導入に至る過渡的な措置の段階である．

　ベーシック・インカムは，実際の本格的導入までには至っていないのが現状であるが，これまで深められた議論を通じて，その可能性や課題が明らかになってきているのは確かである．新たな可能性としては，次の4点が指摘できる．第1は，日本の現行の生活保護でも問題とされることがあるが，**資力調査**（ミーンズテスト）に伴う**スティグマ**（恥辱）から解放されるということである．第2は，性別分業に基づく核家族モデルから人々を解放し，それだけでなく，個人の自立に基づく社会的共同組織の形成を促進することにもつながるということである．第3は，正規雇用と非正規雇用の問題のような，労働市場の二重構造化や不安定度が高まっている中で，労働賃金への依存から人々の生活を解放できると同時に，従来の完全雇用と結びついた社会保障制度の限界を乗り越えられるということである．そして第4は，国家福祉（国家による社会保障給付）と財政福祉（税控除という形でのウェル・ビーイングの提供）に分断された現在の税と社会保障の分断を，統合化・合理化できるということである．ただし，検討を重ねていくべき課題として，これまでもしばしば言及されてきた財源の確保の問題のほか，医療・福祉などの社会的サービス，現物給付については念頭に置かれていないことや，勤労意欲という意味での労働と所得とを切り離すことの是非などが指摘されている．

お わ り に

　本章では，異端派経済学を学ぶ意義を少しでも示そうという目的で，比較的最近の具体的問題のいくつかを紹介した．おそらくこれだけでは，まだ十分に異端派の有用性は伝わっていないだろう．しかし，本章に続く第12章から第15章を読む際には，読者の身の回りで生じている経済的問題や，もっと広く現代の日本経済あるいは現代の資本主義経済の具体的問題をイメージしながら，各章の異端派アプローチがどのように適用できるかを考えてほしい．

注

1) Google の正式な社名は Alphabet であり，Facebook は 2021 年に社名を Meta Platforms に変更した．
2) ベーシック・インカム構想の歴史に関しては，山森［2009］が詳しい．また，関心のある読者には，本格的な参考文献として van Parijs and Vanderborght［2017］を挙げておきたい．

第12章 マルクスの資本主義観

は じ め に

　マルクスあるいはマルクス経済学は，もはや「オワコン」なのか？いやそんなことはない．マルクスとエンゲルスによる『共産党宣言』(1848年)は，「一つの妖怪がヨーロッパをさまよっている――共産主義の妖怪が」という印象的な言葉で冒頭を飾っているが，ヨーロッパを経済学に，共産主義をマルクスに置き換えてみると，現代の経済学におけるマルクスおよびマルクス経済学(政治経済学，社会経済学)の立ち位置を的確に表現している．

　資本主義が様々な困難や問題に直面するたびに，マルクスは，何度も復活を遂げてきた．マルクスが生きた19世紀のヨーロッパ資本主義は，経済発展にともなって，機械による労働の代替や，子どもや女性労働者の搾取，都市問題や公害問題など，様々な問題が表出してきた時代だった．マルクスの社会・経済思想は，そのような困難な時代をどのように乗り越えればよいか，賛否はともかく，その時代の人々に大きな影響を与えてきたことは間違いない．時は21世紀になっても，いわゆるリーマン・ショックに端を発する金融危機，経済格差の急速な拡大(**第11章**参照)，情報社会における技術の飛躍的発展，自然災害や感染症パンデミックなど，資本主義経済は，様々な困難に直面し続けている．19世紀資本主義の徹底的な分析からマルクスが解明した資本主義経済の本質が，21世紀の現代においても貫徹しているとするならば，困難が生じるたびに，現代人がマルクスに立ち返り，何らかの期待と関心を寄せるのも，うなずける話である．

　本章では，マルクスが解明した資本主義の本質に焦点をあてることによって，なぜマルクスが現代においても完全に忘れ去られることはないのか，という疑問に対して読者の思考を促したい．

マルクス体系の三つの源泉

　カール・マルクス（1818～1883年）は，プロイセン（現在のドイツ）のライン州トリーアで生まれた．学生時代から有力紙の記者・編集者として反権威主義的な記事や論文を多数執筆していたが，政府当局の検閲によって，その後の人生は亡命を余儀なくされ，激動のヨーロッパ大陸を転々としながらも，絶えず当時の経済社会を徹底的に問い続けた．そのような激動の生涯において，マルクスの思想形成に大きく影響を与えた三つの知的源泉がある．

(1) 第 1 の源泉——ドイツ哲学——

　その第 1 は，学生時代の知的環境だったドイツ哲学である．当時の若きマルクスが格闘した思想家は，ヘーゲルとフォイエルバッハだった．ヘーゲルの哲学は，**弁証法的観念論**と呼ばれる．これは，人類に共有されている普遍的理念が現実的主体を規定するが，実際には，現実の様々な物質的制約を受けて，理性とは矛盾した形で現れるという考え方である．つまり，「理性が現実を規定する」という関係が，人類史を貫いているということなのである．

　これに対し，もう一人のフォイエルバッハは，ヘーゲル哲学に真っ向から反論した．ヘーゲルの規定関係では理性が一人歩きしてしまい，それが現実の人間的感性を抑圧してしまう．だから，「現実が理性を形成する」という，ヘーゲルとは正反対の規定関係でなければならないと論じた．このようなフォイエルバッハの考え方は，**唯物論的疎外論**と呼ばれ，マルクスもこれを受け入れた．ただし，フォイエルバッハが，共同体的存在として人間を捉えたのに対し，マルクスは社会的存在と捉えた点で両者は異なる．そのうえでマルクスは，ブルジョア的**私的所有**から**生産力**を解放し，それを基盤として「諸個人の全体的個人への発展」を促すような世界史的運動を通じて，共産主義という未来社会を展望した．

　このように，ヘーゲルとフォイエルバッハを乗り越えて提唱されたマルクスの考え方は，**実践的唯物論**と呼ばれる．当時のドイツ哲学を乗り越えようとしたマルクスは，世界を様々に解釈するだけでなく，世界を変革するような実践の重要性を説いたのである．このようなマルクスの主張は，『ドイツ・イデオロギー』（1845～46年）などで展開されている．

(2) 第2の源泉——フランス社会主義思想——

　マルクスにとって第2の知的源泉は，亡命先のパリで遭遇したフランス社会主義思想である．ちなみに，マルクスは亡命先のパリで，その後，生涯の盟友となるフリードリッヒ・エンゲルス（1820～1895年）と，初めて出会っている．マルクスは，当時のフランスの社会主義思想家たち（**第5章参照**）の主張を，**空想的社会主義**と呼んで批判した．空想的社会主義とは，前近代的な身内共同体を基盤としたユートピアで漸次的な私的所有の廃止を目指そうという考え方だが，そのような理念や青写真を，彼らが大衆に押し付けるものだった．これに対してマルクスは，単に反資本主義を志向するだけでは不十分で，革命や闘争のような実践によって私的所有を廃止しなければならないとした．マルクスのいう私的所有の廃止とは，賃労働の搾取を通じて得られた成果によって不断に自己増殖する近代的所有から階級的性格を剥ぎ取り，社会の全構成員に帰属させることである．このようなマルクスの主張は，『共産党宣言』（1848年）などにまとめられている．

(3) 第3の源泉——イギリス古典派経済学——

　マルクスにとって第3の知的源泉は，エンゲルスの勧めで研究を開始した，イギリス古典派経済学である．マルクスは，最後の亡命先となったロンドンで，大英博物館に通いながら，そこの図書室でスミス，リカードウ，マルサス等の著作を，片っ端から詳細なメモを取りながら読みあさった．そのうえで，マルクスは，スミスやリカードウの古典派経済学をブルジョア・イデオロギー擁護のために利用した経済学者たちの考え方を，ブルジョア経済学あるいは俗流経済学と呼び，批判的に乗り越えようとした．この成果は，最終的に未完成に終わったが，『資本論』として結実した．ここで注意すべきは，『資本論』は，古典派経済学を全部否定してゼロから構築されたまったく新しい経済学の書ではないし，資本主義とは別の経済体制について論じた書でもないということである．『資本論』は，古典派経済学の資本主義分析の摂取の上に形成された，マルクスによる徹底的な資本主義分析の書なのである．

② マルクスの資本主義の捉え方

(1) 資本とは何か

　マルクスあるいはマルクス経済学を理解するためには，いくつもの乗り越えなければならない壁が立ちはだかっている．その最たる障壁の一つは，マルクスの主著『資本論』(第 1 巻，1867 年) のタイトルにもある資本概念だろう．資本とは何か？　マルクスが私たちに示している回答は，「**自己増殖する価値の運動体**」という，何とも理解するのが困難な表現である．この意味するところは，資本という人間ではないモノが主体であり，そのような主体が自分で運動しながら，それ自身の価値を増殖させていくモノであるということである．

　図 12-1 は，資本主義経済のもとでのモノづくりの流れを示したものと考えてもらえればよい．まず，資本が「運動体」であることの意味を説明しておこう．マルクスはそれを**資本主義的生産様式**という概念を使って説明する．実際にモノづくりを開始する前の段階で，資本は「貨幣資本」として存在する．それが人間を介した交換によって生産に必要な「商品資本」，すなわち生産手段と労働力に変わる (マルクスはこれを姿態変換＝変態と呼ぶ)．ここで労働力が商品であるというのは，マルクスに特有の考え方である．これら二種類の「商品資本」は，生産の現場で生産過程に投入されることによって，別の新たな生産物としての「商品資本」に変わる．最後に，人間を介して販売・交換されると，再び「貨幣資本」に変わる．資本主義においては，この最後の貨幣資本は，量

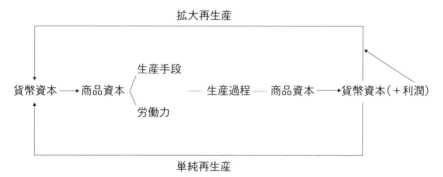

図 12-1　資本の循環

出所) 筆者作成.

的に最初の貨幣資本より増えていなければならず，少なくとも同じ量でなければならない．この増えた分は，姿を変えてきた資本の価値の増加分を指しており，マルクスはこれを**剰余価値**と呼んだ．これは，一般に，利潤と呼ばれるものに相当する．こうして，最後の貨幣資本は，再び，次の生産を開始する前の貨幣資本の位置に戻ることになる．以上が，資本の「運動体」としてのプロセスである．

　次に，資本の価値が「自己増殖」することの意味は，やや理解するのが難しい．図中の「利潤」はどこから生じたのだろうか？　図の左端から右端への資本の運動を，あらためて実際の取引や交換の側面から書き換えると，「市場での購買 → 生産過程 → 市場での販売」ということになる．左右両サイドの市場取引においては，等価交換（需要サイドと供給サイドが対等な関係で取引すること）が原則なので，資本の価値が自己増殖するきっかけは存在しない．したがって，「生産過程」以外に，資本が自己増殖できる場はないということになる．生産過程において，いかにして資本の価値が増殖するのかに関しては，次節の**価値法則**のところで明らかにする．

(2) マルクスの歴史認識——史的唯物論——

　マルクスは，経済社会の大きな歴史の中に，資本主義を位置づけることによって，資本主義社会の後に到来するであろう未来社会を展望した．このようなマルクスの歴史認識は，**唯物史観の法則**あるいは**史的唯物論**と呼ばれ，最もまとまった形で示されているのが，『経済学批判』（1859 年）の「序言」である．その要点を示した**図 12-2** を用いて，説明してみよう．

　マルクスは，経済社会の構造を，**上部構造**と**下部構造**という二階建ての構造物に見立てている．一方の社会の土台となる下部構造は，賃労働関係のような商品生産において取り結ばれる**生産関係**，つまり経済によって構成される．他方で上部構造は，法律，文化，思想，ルール，慣習など，経済以外の社会的な諸々のものによって構成される．このような社会の発展は，主に下部構造における**生産力**の発展によって牽引される．ところが，同じく下部構造に含まれるその他の生産関係は，必ずしも生産力の発展のスピードに対応して変化していくわけではない．こうした生産力の急速な発展と既存の生産関係との矛盾に対して，それを乗り越えるための手段としてマルクスが指摘したのが，**階級闘争**である．現代の日本社会が，情報通信技術の発展スピードに関して，他の国に

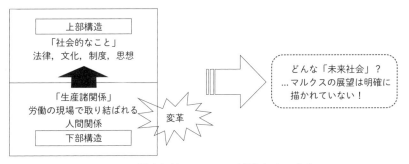

図 12-2　社会経済システムの構造とその変化

出所）筆者作成.

比べて遅れをとり，企業におけるテレワークの導入や，日常業務や教育のオンライン化が喫緊の課題になっていることを想起すると良いだろう.

　マルクスは，大局的な視点から，経済社会の歴史は階級闘争の歴史であると捉え，社会構造を歴史的に振り返ると，それは，原始共同体（アジア）的，奴隷制（古代）的，封建的，資本主義（近代ブルジョア）的生産様式と変遷してきたと結論づけた. マルクスによると，資本主義的生産様式は「人類社会の前史の最終段階」である. つまり，マルクスにとって，資本主義社会は，本当の意味での人類社会ではないのである. 資本主義社会において，商品生産における人間の**疎外**（後述）が克服されてはじめて，それに続く未来社会の到来によって，真の人類社会の歴史が始まるのである. そのような未来社会とは，どのような社会だろうか. これまで，資本主義に対抗する経済体制として，かつてのソビエト連邦や東ヨーロッパ諸国の社会主義が実在したが，マルクスは，未来社会が社会主義であるとは明言していない. マルクスは，資本主義社会が，その内部で増幅する矛盾によって崩壊した後の未来予想図について，必ずしも明確に描いていないのである. ソビエト連邦も東ヨーロッパ諸国も 20 世紀の終わりに崩壊し，ほぼ資本主義だけが残った現在，資本主義は数多くの問題を抱えながら存続している. 今後の資本主義の行く末とその先の社会をしっかり考えることは，マルクスが私たちに残した大きな課題なのである.

マルクスが発見した三つの経済的法則

(1) 法則Ⅰ——価値法則——

『資本論』の冒頭で，マルクスは商品の社会的性格を解き明かしている．資本主義における商品は，生産手段の**私的所有**と**社会的分業**を条件として生産されている．そのような商品は，二つの社会的性格をもっている．その一つは，他人のために役に立つ**使用価値**としての性格であり，他人のために役立つ具体的なモノを作る労働を，**具体的有用労働**と呼んでいる．もう一つは，自分が欲しいものを入手するのに役立つ**（交換）価値**としての性格であり，これは社会的分業による生産システムの一部を構成する労働であることから，**抽象的人間労働**と呼ばれる．このように，商品に価値を与えるのは労働である．言い換えるなら，商品の価値は，その生産に投下された労働によって表すことができる．マルクスは，この**投下労働価値説**をリカードウから継承した（第3章参照）．

　マルクスが資本主義の本質として商品に注目し，商品から考察を開始した背景には，商品にこそ，資本主義の矛盾があったからである．商品を生産する社会的分業は，相互に関連し合っていながら，各作業に従事している労働者は，各作業に関する，いわばバラバラな熟練を身につけていく．このように，本来，人間と人間との社会的関係でありながら，それが商品や貨幣の交換を通じた物的関係として表されるところに矛盾があるのである．このような商品生産における労働は，作ったものは労働者自身のものにはならず（労働生産物からの疎外），喜びや達成感を感じにくい強制された労働であり（労働からの疎外），単なる肉体的生存のための労働でしかない（類的存在からの疎外）という意味で，マルクスは，**疎外された労働**と呼んだ．

　資本主義的生産においては，労働力までも商品化される．なぜなら，歴史的に見て，生産手段が資本家によって私的に所有されるようになると，封建的な身体的拘束から解放されているという意味での人格的自由と，生産手段を所有していないために自分自身の労働力しか売るモノをもっていないという意味での生産手段からの自由という，**二重の意味で自由な労働者**が出現することになったからである．この**労働力商品**は，労働市場（実際には，雇用契約を結ぶ場）において賃金と交換される．一般に，労働力商品を市場で売買する場合，売る側と買う側は，対等な関係で雇用契約を取り結ぶ．ところが，いったん市場で

売買が成立した（雇用契約が成立した）後は，労働力商品の処分権の行使は，入手した購入者の自由であることから，雇用契約の内容を超えて労働者を働かせる（いわゆるサービス残業のようなものだけを指すのではない）ことが可能になるのである．ここに剰余価値が発生する秘密がある．この剰余価値の発見こそ，古典派経済学を批判的に乗り越えたマルクスの到達点であり，価値法則の核心部分なのである．

資本主義経済における剰余価値の意義を解明するために，マルクスは，社会的に決定される商品価値を，次のように定式化する．ここで注意すべきことは，商品価値は，社会全体として決まるのであって，個別具体的な商品の価値を表現したものではないということである．商品価値を決定するのは，投下された労働時間であるが，個々の労働者はそれぞれ能力が異なるため，同じ1時間の労働でも，生産される商品価値は異なる．したがって，マルクスは，社会的に決定される商品価値は，社会的に平均的な労働による労働時間によって決定されるとしたのである．

商品価値 X＝不変資本の価値 C＋可変資本の価値 V＋剰余価値 M

(12.1)

ここで，右辺第1項の**不変資本**の価値とは，機械設備などの生産手段を作るのに投下された労働時間で決まる価値であり，現在の商品生産においては，不変資本の価値の一部だけが，商品に移転するだけである．右辺第2項の**可変資本**の価値とは，資本家による労働力商品の自由な処分によって，労働者が新たに付け加えた価値（付加価値）のうち，雇用契約上の労働時間（それに対応する賃金）に相当する価値である．これは，労働者が消耗した体力を回復させるために購入する生活手段商品の価値に等しい．右辺第3項の剰余価値も，資本家による労働力商品の自由な処分によって，労働者が生み出した価値である．しかし，これを生み出した労働には賃金が支払われていない．それどころか，労働者は，まさか支払われていないとは思ってもいない部分なのである．これが搾取である．ここで，可変資本の価値に対する剰余価値の割合（M/V）は，**剰余価値率（搾取率）**と呼ばれ，これをできるだけ高めていくことが，資本家にとって至上命題となる．

資本主義的商品生産において剰余価値を増大させる方法には，マルクスによると，**図 12-3** で示すような二つがある．図では，可変資本の価値に相当する

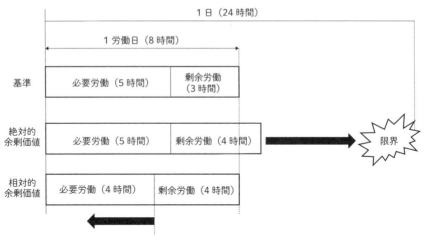

図 12-3　剰余価値を増大させる二つの方法

出所）筆者作成.

労働時間を**必要労働時間**，剰余価値に相当する労働時間を**剰余労働時間**，1 日の労働時間を**1 労働日**と，それぞれ呼んでいる.

　一つ目の方法は，1 労働日を延長したり，労働者の働きぶりを強化したりすることによって，剰余労働時間を物理的に延長して達成する方法である. これを，**絶対的剰余価値**の生産という. しかし，これには 1 労働日は 24 時間を超えることができない時間的限界と，労働者の働きぶりの強化の肉体的・体力的限界が存在する. これに対して，二つ目の方法は，新しい生産技術や機械の導入によって労働の生産力を増大させ，それによって生活手段商品の価値を低下させる方法である. 言い換えるなら，1 労働日はそのままで，必要労働時間を短縮することによって，剰余労働時間を増大させる方法である. これを，**相対的剰余価値**の生産という. 1 労働日は不変なので，時間的制約や肉体的・体力的限界に制約されることなく，それゆえ，労働者に気づかれて反発を招くことなく，剰余価値の大きさを増大させることができるのである.

　ここで，先に注意しておいた，商品価値は社会的に決定されることを思い出してほしい. この相対的剰余価値の生産も，社会全体として達成されることになる. しかし，生活手段商品の価値の低下は，実際には，個別資本が労働生産性を高めることによって，すなわち商品 1 単位を，より少ない労働時間で生産

できるようになることによって達成されるのである．このように，個別資本の企業努力によって増加された剰余価値のことを，マルクスは**特別剰余価値**と呼んで，社会全体として追求される相対的剰余価値と明確に区別した．

　さて，マルクスは，生活物資の価値を低下させて相対的剰余価値を実現するような生産力の発展の歴史に関して，三つの段階を区分し，それぞれの特徴をかなり詳細に論じている．まず第 1 段階は，**協業**である．これは，同一のあるいは異なる関連した生産過程において，多くの人々が計画的に協力しながら労働する形態である．続く第 2 段階は，**分業に基づく協業**である．これはマニュファクチュア（工場制手工業）のことであり，協業する多くの労働者が，いくつもの作業工程に分割され，各工程を一人または集団で担うような形態である．手工業段階において労働生産性を上げるための方法は，このように分業を推進することである．その具体的な現れとして，工場内分業や企業内分業がある．特に工場内分業においては，各作業工程において専門性が高まり，熟練が形成される．このような関連する作業工程や取引関係のつながりを俯瞰的にみれば，社会全体として分業体制が成立していることがわかる．これを社会的分業と呼ぶ．マルクスが最後に検討した第 3 段階は，**機械制大工業**である．労働過程において，労働が機械に置き換えられ，従来の手作業や補助的な道具を用いた労働は，機械・設備を操作・制御するだけの単純労働になってしまう．以上のような歴史的段階を経て，資本主義的生産は，ますます少ない労働時間で商品を生産することが可能になり，資本はそれだけ剰余価値を増大させることが可能になったのである．

(2) 法則 II ──資本蓄積の法則──

　資本主義的生産における**資本蓄積**とは，剰余価値が資本へ転化することである．すなわち，利潤の一部を再投資して生産規模を増大させることである．したがって，資本蓄積と投資はコインの裏表のような関係にあるように見えるが，厳密には，投資行動と資本蓄積行動は異なる．資本蓄積は，投資（資金を投じること）するだけでなく，さらにそれが追加的な生産手段や追加的な労働力商品として具体化され，それによって生産力の増大に至るところまでを指す概念である．

　図 12-1 で説明したように，最終的に当初の貨幣資本の価値量を回収し，それを上回る価値の増加分，すなわち剰余価値として価値増殖するが，この剰余

価値が次期の生産（すなわち**再生産**）にあたってどのように処分されるかという点が，資本蓄積に大きく関係する．もし，剰余価値がすべて資本家によって消費されるなら，次期の生産は，今期と同じ規模で繰り返されることになる．このように毎期同じ規模で生産が繰り返されることを，**単純再生産**という．これに対して，剰余価値の一部は資本家によって消費されるが，残りは次期の生産の追加的な生産手段と追加的な労働力の購入に充てられるなら，次期の生産量は今期よりも増大することになる．このように期間を通じて生産量が増大していくことを，**拡大再生産**という．したがって，資本蓄積の法則とは，拡大再生産に関連する法則である．拡大再生産が可能になるためには，経済システム内部に，追加的生産手段と追加的生活手段が含まれること，特に後者に関連して，追加的な労働供給が存在することが条件となる．生産規模の拡大の程度は，剰余価値のうち，どれだけの割合が追加的な生産手段と労働力の購入に充てられるかに依存する．この割合は**資本蓄積率**と呼ばれる．

　資本蓄積の効果を見るためにマルクスが注目した概念が，**資本の有機的構成**である．これは，可変資本の価値（V）に対する不変資本の価値（C）の割合（C/V）として表現される．マルクスは，これは資本主義的生産における技術的構成を反映したものであるとしたが，その意図を正確に反映させるためには，

$$\frac{C}{V+M}$$

でなければならないという議論もあり，この割合は「生産の有機的構成」と呼ばれる[1]．分母に剰余価値Mを考慮しなければならない理由は，この部分も，生産に直接関わった労働力によって生み出された価値だからである．したがって，この割合は「生きた労働（分母）」に対する「死んだ労働（分子）」の割合を意味する．

　法則Ⅰでみたように，機械化の進展という意味で資本主義的生産が発展していくと，VがCに対して相対的に減少していくことになる．マルクスは，これを**資本の有機的構成の高度化**と呼んだ．これが進行していくと，労働力が相対的に余ってしまい，**相対的過剰人口**をうみだすことになる．これは，失業者に相当する概念である．こうして経済システムにプールされる過剰な労働人口は，経済変動に応じて，柔軟に引き抜いたり補給したりすることができることから，マルクスはこれを**産業予備軍**と呼んだ．これは，資本主義的生産を直接に担い，労働力を意のままに利用できる資本家階級の立場から命名された概念であろう．このように，資本主義的生産の発展にともない，資本家階級にうま

く利用されながら，労働者階級の**窮乏化**がますます深刻化していく様を，マルクスは資本主義に内在的な問題として暴露したのである．

(3) 法則Ⅲ——利潤率の傾向的低下法則——

利潤率の傾向的低下法則は，法則Ⅰと法則Ⅱの結果として現実に表出するものである．(12.1) 式の記号を使って表すならば，利潤率 π は (12.2) 式のように表すことができる．

$$\pi = \frac{M}{C+V} \qquad (12.2)$$

ここで，右辺の分母・分子を V で割ると，

$$\pi = \frac{\dfrac{M}{V}}{\dfrac{C}{V}+1} \qquad (12.3)$$

となることから，利潤率の変動をもたらす要因は，分子の剰余価値率（M/V）と分母にある資本の有機的構成（C/V）ということになる．資本主義的生産においては，資本の有機的構成の高度化によって，産出量の増大という意味で経済発展がもたらされるので，(12.3) 式で，剰余価値率を一定とした場合，資本の有機的構成が高度化していくと，利潤率は低下せざるをえないことになる．[2] ここに，資本主義的生産が発展すればするほど，利潤率は低下せざるをえないという資本主義経済の矛盾が現れる．

こうして，資本主義経済の矛盾が現実に表出すると，利潤を追求する個別資本間の競争がますます激化し，その結果，**資本の集積**（一つの資本の規模が大きくなること）や**資本の集中**（複数の個別資本が一つの大きな資本になること）が進行し，資本主義的私有制が崩壊に至る．マルクスは，この資本主義過程の最後の段階を，「収奪者が収奪される」と表現した．

4　抗争的交換モデル──マルクスのエッセンスの継承──

(1) マルクス経済学のその後

　マルクスとエンゲルス以降のマルクス経済学の経済学史と言えば，19 世紀後半以降の歴史的展開に対応させて，『剰余価値学説史』（1905～1910 年）を編纂したカール・カウツキー（1854～1938 年），独占資本主義段階の資本の運動形態を『金融資本論』（1910 年）で展開したルドルフ・ヒルファディング（1877～1941 年），そして，ジョン・ホブソン（1858～1940 年）やウラジーミル・レーニン（1870～1924 年）の帝国主義論へと展開される系譜を辿るのが一般的であろう．しかし，ここでは，ソ連・東欧型の社会主義体制崩壊以降，マルクスの経済学批判の精神が，現代の異端派における資本主義分析においてどのように活かされているか，という積極的側面を紹介する方が有益であると考え，一つの代表的な理論モデルを取り上げることにしたい．

　その理論モデルとは，1968 年にアメリカで設立されたラディカル派経済学連合（URPE : Union for Radical Political Economy）の中心的論者であるサミュエル・ボールズ（1939 年～）とハーバート・ギンタス（1940 年～）が，1990 年に *Politics and Society* に発表した「**抗争的交換**（Contested Exchange）」モデルである．

(2) 抗争的交換モデルの概要

　ボールズとギンタスの言う抗争的交換とは，一方の経済主体が他方の経済主体をコントロールするという不平等な権力関係にもとづく契約・交換関係のことである．特に，労働市場における需要と供給は，現実には，労働者が提示された貨幣賃金率と引き換えに，雇用者の権威のもとに従うことに合意するという形で，雇用契約が成立する．雇用者の労働者に対する賃金の支払いの履行は，法的に強制されるが，労働者の雇用契約上の約束の履行，すなわち，指示された仕事に対する適切な**労働努力**の提供は，法的に強制されない．このような労働市場に特有の需要と供給の関係において，雇用者が労働者から期待する労働努力を引き出す手段として用いるのが，**解雇の威嚇**である．

　まず，労働供給サイドから考えてみよう．労働者にとって，解雇の威嚇は，**失職コスト**（**雇用レント**）によって認識される．ここで失職コストとは，現在の職を失うことによって喪失する所得のことである．具体的には，現在の賃金か

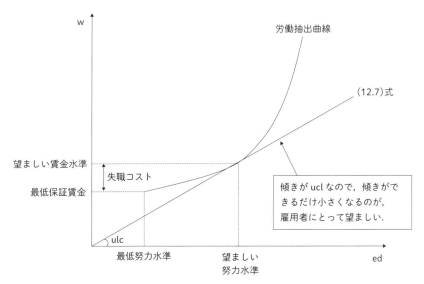

図 12-4　抗争的交換モデル

出所）筆者作成.

ら**最低保証賃金**（現在の職を失った場合，次の職において期待される賃金）を差し引いた額である．この失職コストが高ければ高いほど，解雇の威嚇はますます有効に作用する．貨幣賃金率と労働努力は連動して高まるが，努力は体力等の限界によっていずれ頭打ちになるため，**労働抽出曲線**は図 12-4 のように表される．

　次に，労働需要サイドを考えてみよう．資本主義経済における雇用者（企業）の目的は，もちろん利潤の追求である．いま，総売上額 S から原材料と減価償却費 M および賃金総額 W を差し引くと，（12.4）式のように利潤総額 Π が算定できる．

$$\Pi = S - M - W \quad (12.4)$$

付加価値で表される純産出高 Y は，S から M を引いたものであるから，

$$Y = S - M \quad (12.5)$$

となり，（12.4）式と（12.5）式から，

$$Y = \Pi + W \quad (12.6)$$

が得られる．この (12.6) 式から，純産出高は利潤と賃金に分配されること，そして，一方への分配が増えれば，他方への分配は減ることから，利潤と賃金は相反関係にあることがわかる．すなわち，利潤を追求することは，賃金を抑えることと表裏一体の関係にある．ここで，労働者が雇用者（企業）に提供する労働努力を考慮しながら，単位労働費用 ulc（unit labor cost）を計算してみよう．これは，貨幣賃金率 w を労働１時間あたりの産出高 z で除すことによって計算できる．そして，z は，労働努力１単位あたりの産出量 e（労働の効率性）と１時間あたりの労働努力の大きさ d を掛けることによって算定できるので，この関係を定式化すると，(12.7) 式のようになる．

$$ulc = \frac{w}{z} = \frac{w}{ed} \quad (12.7)$$

ここで，ulc を抑えるためには，w をできるだけ抑え，e と d をできるだけ高めればよいことが明らかであることから，雇用者と労働者との対立軸が浮き彫りになる．

　最後に，労働供給サイドから導出された労働抽出曲線と，労働需要サイドから導出された (12.7) 式は，縦軸に w，横軸に ed をとることによって，**図 12-4** のように一つの図で示すことができる．

　図 12-4 から，次のようなことが読み取れる．第１に，労働需要サイドを表す ulc は，傾きが ulc の直線として描かれるので，傾きをできるだけ小さくすることが望ましいが，その下限は，労働抽出曲線と接するような傾きとなることである．第２に，そのような接点で決まる望ましい賃金水準と最低保証賃金との差が，労働者にとって失職コストになることである．そして第３に，雇用者が労働者に提示する賃金水準は，望ましい賃金水準以上でも，またそれ以下でも，それぞれの ulc に見合う労働努力を引き出すことができないことである．このような意味で，このモデルは，労使間の対抗的関係だけでなく，ケインズのいう賃金の下方硬直性をも説明しうるモデルであることがわかる[3]．

おわりに

　マルクスの経済学研究プランにおいては，『資本論』がその完成形ではない．マルクスは，道半ばで膨大な遺稿を残したまま 1883 年にこの世を去った．現

代のマルクス研究のトピックスの一つである遺稿の整理・研究からは，現代資本主義の諸問題に対して示唆を与えるような新発見も報告されている[4]．そのような意味でも，資本主義経済が存続する限り，マルクスは，資本主義経済について考える材料やアイデアを，私たちに与え続けてくれているのである．

注
1）例えば置塩［1976：267-268］を参照．
2）利潤率の傾向的低下法則は，従来より，理論と実証の両面から非常に多くの研究が積み重ねられてきた．特に，置塩信雄（1927〜2003 年）と柴田敬（1902〜1986 年）は，この法則をめぐる論争において，大きな功績を残した．彼らの研究成果は，「柴田＝置塩定理」と呼ばれ，現代においても国内外で議論の対象とされている．定理の詳細に関しては，例えば置塩［1976：第 4 章］を参照．
3）抗争的交換モデルの帰結は，いわゆるニュー・ケインジアンにおける**効率賃金仮説**と結論的には同様であるが，そこに至るモデルの背景や設定，具体的な定式化において，両者は異なる．
4）例えば，斎藤［2019：2020］などがある．

はじめに

　ヨーゼフ・A・シュンペーター（1883～1950年）は，間違いなく経済学史における巨星でありながら，他の経済学者とは異なる輝きを放っている．本章のタイトルにある「孤高の」という修飾語は，それを表したものである．シュンペーターが孤高である理由は，私生活や学界の外でのいくつかの不幸や不運によって形容されることも多いが，少なくとも次の2点が経済学史の観点から重要である．

　第1は，経済学の歴史に大きく貢献し，後に著名な経済学者となる多くの弟子を育てながら，シュンペーターの名前を冠した学派が形成されなかったことである．ケインズの場合は，ケンブリッジで「ケインズ・サークル」が形成され，そこからケインズ学派に発展したのに対し（**第8章**参照），シュンペーターの場合は，ハーバードで，サミュエルソンをはじめとする多くの著名な後進を育てながら，彼らはそれぞれ独自の道を歩んだことから，シュンペーター学派を形成することはなかった[1]．

　第2は，偶然にも同じ1883年生まれで，ほぼ重なる時期を生きたケインズとの学問上の良きライバル関係である．数あるシュンペーターの伝記のうち，マクロウ［2010］には，シュンペーターの生涯にわたる二つの大きなテーマが，貨幣問題と景気循環であったとの指摘がある．前者に関しては，ケインズの『貨幣論』（1930年）に先を越されて出版を断念し，後者に関しては，『景気循環論』（1939年）を出版するも，ケインズの『雇用・利子および貨幣の一般理論』（1936年）がすでに大流行していたため，シュンペーターが期待していたような学界の反応を得られなかった．そのような意味で，シュンペーターは孤高である．

　しかしながらシュンペーターは，経済学史のうえでは孤高かもしれないが，

現代においては，シュンペーターといえば，「**イノベーション**」と結びつけて広くイメージされている．シュンペーターの経済学体系において，**企業者**による**新結合**を意味するイノベーションは，確かに外すことのできないキーワードである．しかし，それだけでは，きわめて一面的な理解である．本章を通じて，資本主義経済に関する壮大なシュンペーター体系の概略を学んでほしい．

 ## シュンペーター体系の枠組み

(1) 科学としての経済学

　シュンペーターの未完の遺作『経済分析の歴史』(1954年) の冒頭では，シュンペーター体系の大枠を理解するための方法論が論じられている．それによると，科学としての経済学に対して科学的にアプローチするためには，次のような二つのステップを踏まなければならないとされる．第1のステップは，**ヴィジョン**を形成することである．ヴィジョンとは，分析対象に対する認知活動のことであって，分析的努力の対象に値する首尾一貫した現象を頭の中に描くことである．ヴィジョンが明確化できた後に続く第2のステップは，それを言葉で概念化したうえで，**分析道具** (歴史，統計，理論) を用いて科学的モデルを構築することである．このように，事実的研究 (ヴィジョンの形成) と理論的研究 (理論モデルの構築) との相互作用を通じて，科学的命題が形成されるのである．シュンペーターの経済学方法論は，**図13-1**のように示される．

　シュンペーターにとって，科学的分析道具の一つである理論には，**経済静学**，**経済動学**，**経済社会学**の三つが含まれる．シュンペーターは，概ねこの順で，自身の経済学体系を構築し，特に経済静学と経済動学の基礎は，30歳までに

図13-1　シュンペーターの経済学方法論
出所) 筆者作成．

ほぼ完成させた．しかも，青年期に確立されたその経済理論体系は，その後も，大幅に修正されることなく一貫して保持された．もう一つの経済社会学に関しては，『経済発展の理論』(1912年)の初版第7章で素描が示されたが，シュンペーターが意図した通りに読者に受け入れられなかったことから，同書第2版(1926年)以降では削除され，その後，あらためて経済社会学が論じられたのは，特に『資本主義・社会主義・民主主義』(1942年)においてであった．

　シュンペーターが三つの分析道具の中で最も重視したのは歴史だったが，それは単なる歴史的記録ではなく，歴史と理論を統合した「理論化された歴史」であった．社会現象の相互依存性と発展の観点から長期の歴史的過程を捉えるこのような歴史認識を，シュンペーターは，特にドイツ歴史学派のシュモラー(第5章参照)とマルクス(第12章参照)から看取した．塩野谷[1998]によると，このような歴史認識には，相互依存性と統一性に焦点をあてる水平的視点と，発展過程に焦点をあてる垂直的視点の両方が不可欠であり，前者の視点は制度的経済学の，後者の視点は進化的経済学の，各分析対象に相当するものであるとされる．このような意味で，シュンペーター体系は，現代の異端派の諸潮流に，広く影響を与えている．

(2) 静態と動態の二分法

　経済現象の最も一般的な特徴は，各現象が単独で生起するのではなく，現象間の相互依存関係として生起するところにある．例えば，生産量，消費量，価格といった要素的な現象の変動を想像すればよいだろう．そのような変動しつつあるものを捉えるための一つの手段は，それが「変化しない」と想定できる一点において捉えることである．これが均衡という考え方である．

　シュンペーターは，均衡を軸として組み立てられる経済学を，純粋経済学と呼んだ．そして，それは**静態論**と**動態論**の二つに区分される．静態論とは，均衡状態を叙述することによって，現象間の相関関係を直接的に把握するものであり，動態論とは，均衡状態の推移を叙述することによって，現象の発展過程を把握するものである．したがって，静態論と動態論は，共に均衡理論を基礎として成立するものである．経済学において，静態論と動態論との区別を最初に導入したのはJ.S.ミル(第4章参照)であるが，いわゆる近代経済学において，この二分法を経済学の中心に据えた代表格の一人がシュンペーターである．シュンペーターは，『経済発展の理論』の「日本語版序文」[シュンペー

2020] で，前者についてはワルラスから，後者についてはマルクスからそれぞれ大きな影響を受けたと述べている．

 ## 『理論経済学の本質と主要内容』——ワルラスからの継承——

　シュンペーターがワルラスから継承した**経済循環**の理論とは，もちろん一般均衡理論のことである（**第6章**参照）．ただし，シュンペーターは，ワルラスの一般均衡理論をそのままの形で，自身の経済循環の理論としたわけではないことに注意が必要である．それは，「シュンペーター版」一般均衡理論といってもよいだろう．このシュンペーター独自の経済循環の理論は，『理論経済学の本質と主要内容』（1908 年），および，その内容を発展的に要約した『経済発展の理論』の第1章で論じられている．

　全体としての経済循環とは，財の消費と生産が一定の社会秩序から成り立っており，各経済期間において，前期と同様の消費生活および生産活動が維持・継続されるようなプロセスのことである．シュンペーターは，年々の経済生活が本質的に同じような軌道上にあるプロセスの観点から描写したものであって，それは動物的有機体の血液循環になぞらえられるとしている．したがって，経済循環の理論が均衡を軸に構成されるのは，経済生活が，多少のゆらぎを伴いながらも，絶えず均衡に戻っていく傾向があるからである．このような傾向が存在するならば，過程内で行動する各経済主体は，財の価格や数量を決定するための手段を与えられ，そのときどきの与件とその変化に対して**適応**することが可能になる．ある価格（＝生産費）の下で，財が大きく増減することなく，年々ほぼ同じ内容でその過程を繰り返すことにより，経済の量的関係に存在する関数関係を発見できれば，客観的な生産費の法則にしたがって循環プロセスが進行することになる．シュンペーターは，このような意味で，主観的な人間の動機なしに財の数量体系を客観的に叙述できるワルラスの一般均衡体系という分析道具に大きな魅力を感じたのである．

　しかし，シュンペーターは，ワルラスの一般均衡理論を，そのままの形で継承したわけではない．特に，次の二点において，シュンペーター独自のアレンジが施されている．第1は，純粋に分析道具としての関数関係として理解するのではなく，マルクスの単純再生産を想起させるような，時間を通じたプロセスとして捉えていることである．第2は，経済過程に生じた変化に対する反応

185

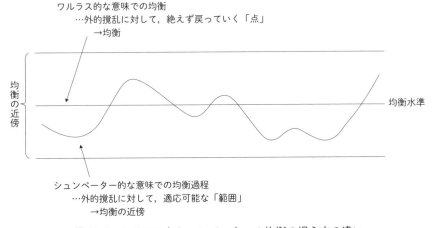

ワルラス的な意味での均衡
　　…外的撹乱に対して，絶えず戻っていく「点」
　　　→均衡

均衡水準

均衡の近傍

シュンペーター的な意味での均衡過程
　　…外的撹乱に対して，適応可能な「範囲」
　　　→均衡の近傍

図 13-2　ワルラスとシュンペーターの均衡の捉え方の違い

出所）筆者作成.

装置のメカニズムを記述しうるように，均衡を静止状態ではなく，一定の振れ幅をもった「**均衡の近傍**」と捉えていることである．そのうえで，シュンペーターは，一般均衡理論という用語に代えて，「**定常過程**」(stationary process) の理論，あるいは「**循環的フロー**」(circular flow) の理論と呼んでいる．ワルラスの一般均衡理論とシュンペーターの経済循環の理論の違いを示したのが，**図 13-2** である．

　以上のことをまとめると，自由競争の結果としての均衡状態とは，生産費の法則に従って正常な循環過程を辿ることになる．この過程においては，(1) すべての生産物の価格はその生産費に一致することから，生産の状態を変更する誘因が作用せず，(2) すべての生産財がその生産力に応じて対価が支払われ，(3) 貨幣は存在するが，貨幣の貯蓄や蓄積は存在しないため，現実の荒波のなかにあっても，結局それを静止的な海面に復帰させようとする適応的な力が常に働いているのである．

③　『経済発展の理論』——マルクスからの継承——

(1) マルクスからの継承
シュンペーターは，**経済発展**の源泉が，資本主義経済の内的要因にあるとい

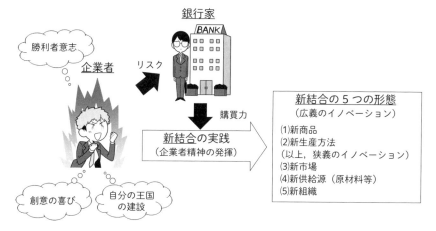

図 13-3　シュンペーターにおける資本主義経済の経済発展
出所）筆者作成.

うヴィジョンをマルクスの資本主義観から継承した．マルクスの理論的な分析
道具に関しては，概ね否定的だったが，マルクスのヴィジョンに関しては，後
にそれを「経済進化」と表現したように高く評価した．しかし，両者の考える
経済発展のきっかけに関しては違いがある．前章で説明したマルクスの史的唯
物論を用いて考えると，マルクスの場合，資本主義経済の発展は，下部構造に
おける資本蓄積を通じた拡大再生産であるのに対し，シュンペーターの場合は，
上部構造における**企業者精神**という意識が発揮されることである．このように，
資本主義経済の構造における下部構造と上部構造のいずれを起点とするかに関
して，両者には相違があるものの，その後の発展過程に関しては，上部構造と
下部構造の相互作用を通じて進行していくと捉えている点において，両者は視
点を共有しているのである．
　マルクスにおいては，資本主義経済における経済発展の源泉は，生産手段の
私的所有と資本家階級による資本蓄積にあるのに対して，シュンペーターにお
けるそれは，**新結合**，**企業者**，**銀行信用**という三つの要因にある．これら三つ
の要因の関係を図示したものが**図 13-3** である．

(2) 新結合——イノベーションの本当の意味——
　さて，シュンペーターと言えば，一般に，イノベーションと結びつけて理解

されることが多いが，シュンペーター自身は，『経済発展の理論』において，「イノベーション」という用語を使用していない．シュンペーターの言葉では，それは「新結合」である．これは，既存の生産に関連する諸要素の組合せを変えることなのである．言い換えるなら，まったく無の状態から，何か新しいものを生み出すことではないのである．シュンペーターが具体的に提示した新結合の形態は，次の五つである．

(1) 新しい財貨の生産
(2) 新しい生産方法の導入
(3) 新しい販路の開拓
(4) 原料・半製品の新しい供給源の獲得
(5) 新しい組織の実現

　これらのうち，(1)と(2)は，現代では，それぞれ**プロダクト・イノベーション**と**プロセス・イノベーション**と呼ばれるものであり，従来，一般にイノベーションとして頻繁に取り扱われてきたものである．この二つを狭義のイノベーションと呼ぶとすれば，シュンペーターのイノベーションは，(3)から(5)も加えた広義のイノベーションを考えていたことになる．

　このように，ときに新たな発見や発明を付加しながらも，基本的には既存の組合せを変更して新結合を実践することこそイノベーションであるというシュンペーターのメッセージは，とりわけイノベーションや起業の必要性が叫ばれるようになった現代において，示唆に富む指摘であろう．

(3) 企業者——新結合の担い手——

　新結合を遂行する担い手は，企業者である．シュンペーターにとって，企業者は，これまで説明したような科学的分析を通じて導出された**道具主義**に基づく概念であるため，例えば，ビル・ゲイツ（マイクロソフト社），スティーブ・ジョブズ（アップル社）のような，起業による成功者をイメージした「起業家」とは区別して，「企業者」を用いた方が適切である．

　シュンペーターの企業者が企業者たるゆえんは，企業者精神をもち，それを発揮するかどうかだけにかかっている．企業者精神とは，自分の王国を建設する夢想と意志をもっていること，勝利者意志をもっていること，創意の喜びを強くイメージすることである．したがって，企業者と資本家（経営者）は，明

確に区別されなければならない．組織を滞りなく運営していくのが資本家の役割であるが，それは，通常の経済循環，すなわち定常過程においてもその役割が必要とされる．企業者は，新結合の遂行によって，そのような定常過程に変化を引き起こす機能を担っていることから，資本家とは区別されなければならないのである．

(4) 銀行信用——資本主義的新結合の特徴——

企業者としての機能は，リスクを顧みずにやる気さえあれば，その機能を果たせる条件を備えていることになることから，どのような経済環境，経済体制のもとでも存在しうるものである．しかし，資本主義経済にあっては，新結合を遂行するためには，既存の生産活動から新たな生産に必要な諸要素を引き抜いてくるための新たな購買力が必要になる．ここに，新結合の遂行をファイナンスする主体である**銀行家**と，銀行家が企業者に提供する銀行信用が不可欠になる．すなわち，銀行家による銀行信用なしに，資本主義的な新結合は起こり得ないのである．

銀行家は，企業者のリスクを請け負って銀行信用を供与することから，その見返りに利子を請求することができる．企業者が支払う利子の源泉は，新結合の遂行の成果である企業者利潤にあることから，企業者が存在する余地のない定常過程においては，利子概念も存在しない．したがって，このような利子の考え方を**動態的利子論**と呼ぶ．シュンペーターは，これを師であるベーム＝バヴェルクの利子論に対置して論じた．

ここで注意すべきは，静態的な定常過程においては企業者に提供できる資金は存在しないことから，銀行信用は，**信用創造**を通じて無から創造されることである．したがって，利子とは，貨幣的現象であって，貯蓄と投資を媒介する実物的概念ではないのである．このようなことから，動態的な発展理論においては，貨幣数量説に固有の貨幣ヴェール観は否定される．したがって，貨幣数量説から脱却を図る貨幣経済観は，シュンペーターとケインズに共有されていたことになる．

4　『景気循環論』——経済理論体系の総決算——

第2節で扱った『理論経済学の本質と主要内容』で静態理論を，第3節で

扱った『経済発展の理論』で動態論をそれぞれ論じたシュンペーターは，両方が統合されたところに『景気循環論』を位置づけた．同書には，それを象徴するかのように，「資本主義過程の理論的・歴史的・統計的分析」という副題が付されている．『景気循環論』は1000頁をはるかに超える大著であるが，それはまさに経済社会学を除くシュンペーターの経済学体系の集大成と言えるだろう．

(1) 1910年論文

シュンペーターは，『経済発展の理論』に先立って，1910年に**経済恐慌**の本質に関する論文（"On the Nature of Economic Crises"）を書いている．おそらく，これがシュンペーターの動態論に関する最初のアウトプットであると考えられる．この論文では，結論部分で，以下のような，経済恐慌の本質に関する九つの命題が示されている[2]．

(1) 経済現象は異なる二つの種類のものに分けられる．静態現象と動態現象である．

(2) 動態は純粋経済的な発展からなり，これは経済そのものの中から生ずる経済像の変革であって，並外れた知力とエネルギーを持つ企業者の「新結合の遂行」によって引き起こされる．

(3) 経済発展は本質的に経済の静態的均衡の攪乱である．

(4) この攪乱は反動を招き，新しい均衡状態に向かう運動を引き起こす．

(5) この静態化すなわち均衡回復の過程は発展現象を終わらせ，経済の価値・価格体系の再編成および整理の過程を導く．

(6) その結果，好況と不況の交替という現象が生ずる．

(7) 均衡回復の過程では，経済恐慌と呼ばれる事態が必然的に生ずるというのではないが，容易に生じうる．

(8) 経済は，静態経済であっても，恐慌を引き起こす偶然の攪乱に曝されている．

(9) 攪乱は統一的な現象ではなく，共通の特徴も見られない．

(1)は二分法に依拠した分析枠組みに則った経済的局面の区分に関するものである．(2)と(3)は，新結合の遂行による発展過程に関するものである．続いて(4)から(6)は，発展に対する反動によって新しい静態的な循環過程へと向かい，景

気の交替が完了する．この反動に伴う不況過程を「整理の過程」としているところが，シュンペーターに特徴的な説明である．(7)は，経済恐慌に直接関連した言及であるが，シュンペーターは，均衡回復の過程，すなわち，景気後退過程は，必ず経済恐慌という形で生じるものではないとしている．これは，マルクスやマルクス経済学のいう恐慌の必然性を否定するものである．(8)と(9)は，そのような経済恐慌は特別な問題ではないとする見解に関連する命題である．

　ここで，命題という形で提示されたシュンペーターの景気循環論の原型は，『経済発展の理論』の初版第6章で具体化され，同書第2版で整理され，その後，いくつかの景気循環に関して考察した論文を経た後，『景気循環論』において，歴史と統計に依拠しながら本格的に論じられることになったのである．このように，景気循環論は，シュンペーターの経済学研究のライフワークであったことは間違いない．

(2) 景気循環の図式

　シュンペーターの景気循環は，シュンペーター自身が図式化したように，均衡の近傍から繁栄（prosperity）が始まり，撹乱された状態に適応すべく**整理過程**としての後退（recession）がそれに続いて，新たな均衡の近傍に至る**二局面循環**が，基本となる図式である．これを表したのが，**図13-4**である．第2節でも説明した均衡の近傍は，生産要素が完全利用されている静態的な均衡点と捉えるのではなく，小さな撹乱が生じる可能性は常にあるが，それは与件の変化に対する反応で対処可能な場合，定常的な均衡付近でゆらぎが生じるだけで

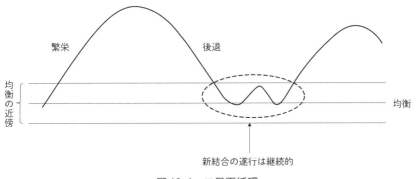

図13-4　二局面循環

出所）筆者作成.

済むことになり，そのような対処可能な一定の範囲を示した概念である．また，図では，シュンペーターが新結合の遂行が連続的に生じるというよりも，断続的に生じるものであることを強調したことを，破線の囲み部分で表している．

　各局面においてどのような事態が進行するかに関して，簡潔にまとめておこう．まず繁栄局面は，最初の新結合の遂行によって，それが生じた部門に，他の部門から銀行信用によって引き抜かれた資源が引き込まれ，関連部門の経済活動も拡大を始める．最終的に，これらの直接・間接的に影響を受ける部門の繁栄が，失業率の低下，賃金の上昇，投資の促進など，経済の拡大をもたらす．シュンペーターは，新結合の遂行の副作用として，新結合の成功を目の当たりにした**模倣者**が，先行者に続いて群生するなら，繁栄局面の拡大は，もっと大規模になることも考えている．これを**第二次波動**と呼び，**図 13-5** のように循環の変動幅が大きくなるのである．次に経済の縮小や不況は，新結合の成功に対する経済の反応と適応の局面である．適応は，新結合によって生じた新たな状況を受容した企業と，旧結合からスイッチできない企業との間の競争に関連する．企業は，競争に適応することを余儀なくされ，その過程で，新結合の普及による価格低下，銀行借入の順調な返済によるさらなる価格低下（**自動デフレーション**），廃業や効率的な企業への吸収，レイオフなどが含まれる．

　続いて，シュンペーターは，二局面循環の基本図式に，整理過程としての後退局面における悲観によって，**異常整理**が生じる可能性を指摘する．これは繁

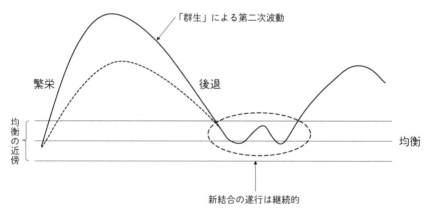

図 13-5　第二次波動を伴う二局面循環

出所）筆者作成．

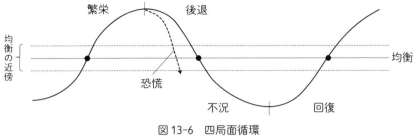

図 13-6　四局面循環

出所）筆者作成.

栄局面をもたらした新結合が引き起こした攪乱の規模に依存する．創造的な新結合が大規模であればあるほど，それへの適応過程において大規模な破壊が生じるという意味で，まさに，新結合の遂行は，**創造的破壊**のプロセスなのである．このような異常整理によって，後退局面は新たな均衡の近傍を通過して，不況（depression）局面に突入する．もし，その後退が急激に生じる場合は，経済恐慌に発展する場合もある．不況局面は，いわゆる景気の底に至って回復（recovery）局面に移行し，再び新たな均衡の近傍に至る．二局面循環の図式に，不況局面と回復局面を加えた図式は，**四局面循環**と呼ばれ，**図 13-6** のように表される．

　ただし，この四局面循環に関しては，不況の底で何が生じているのか，回復をもたらす各方面での事業再開や新たな試みの開始は，新結合の遂行を伴うことはないのか，といった様々な疑問が生じる．景気の底における上向反転の契機に関しては，シュンペーターに限らず，現代の景気循環研究に至るまで，いまだ十分に議論が尽くされていない課題でもある．

　最後に，シュンペーターは，シュンペーター以前の，三つの代表的な景気循環の実証研究を結びつけて，**複合循環図式**を展開する．それらは，(1) 主に在庫変動に起因し，約 40 カ月の比較的短い周期を描く**キチン循環**（短期波動），(2) 設備投資の変動に起因する約 10 年周期の**ジュグラー循環**（中期波動），そして(3) 主に基盤技術の技術革新に起因する約 50 年周期の**コンドラチェフ循環**（長期波動）であり，シュンペーターがそれぞれの循環の存在をつきとめた経済学者の名前をとって名付けたものである．これらを結びつけると，計算上では，1 周期のコンドラチェフ循環の中には，6 周期のジュグラー循環と 20 周期のキチン循環が含まれる．いくつかの注目すべき要因が，景気循環のどの局面に

あるかの組合せによって，その時々の景気の状況について説明できるという点で，魅力的な分析的枠組みのように思えるが，シュンペーター自身による統計的な論証は，残念ながら『景気循環論』では明確かつ適切には示されなかった[3].

 ## 5 『資本主義・社会主義・民主主義』
——資本主義的発展過程の先に何を見たか——

　シュンペーターが生前に刊行した最後の大著が，『資本主義・社会主義・民主主義』である．これは経済社会学を論じた著作であるとの見方もある．いずれにしても同書の主要な主張は，資本主義はその成功によって**社会主義**に移行せざるを得ないという，逆説的な**資本主義没落論**である．シュンペーターは，このような主張の根拠として三つの根拠を指摘している．

> (1) 企業組織が巨大になり，官僚的な職制ができあがってくると，新結合の計画と実行が日常業務化され，そのような業務を担う部署が，かつてのカリスマ的な企業者に取って代わったこと．
> (2) 資本主義体制のもとで政治を担っていたのは旧体制の貴族階級であり，彼らは経済自由主義に好意をもち，促進するような政策をとったことが資本主義の発展に大きく寄与したが，資本主義の成果を享受したのは統治能力をもっていない資本家階級であったことから，資本主義体制を支えた貴族階級を没落させたこと．
> (3) 資本主義の成功によって生活水準が上昇し，教育が普及して，広範な知識人階級（労働組合も含まれる）が形成されたが，このような階級は資本主義に対して敵対的・批判的だったこと．

　それでは，資本主義の成功の後に到来する社会主義は，実際上，実行可能なのであろうか．これに対するシュンペーターの回答は「イエス」である．なぜなら，経済過程には，変化に適応する反応装置が備わっているため，均衡理論を社会主義的な計画経済にも適用することができるはずだと考えたからである．ところが，その後の，いわゆる**社会主義経済計算論争**を詳細に検討するまでもなく，現存した計画経済体制（ソビエト連邦や社会主義体制下の東欧）は，ことごとく崩壊し，名実ともに社会主義の実行可能性は否定された．しかし，シュンペーターは，自ら待ち望んで資本主義没落論を展開したのではない．むしろ，資本主義文明に愛着を感じていたにもかかわらず，彼自身の理論体系からは，

没落してしまうと判断せざるを得なかったのである．すなわち，シュンペーターの資本主義没落論は，根も葉もない場当たり的な将来展望でなく，彼の経済発展の理論に根ざしたものだったのである．

おわりに

　本章では，シュンペーターの四つの主著を軸に据えて，壮大なシュンペーター体系のエッセンスを説明した．途中で注意喚起したことだが，シュンペーターと結びつけて言及されることが多いイノベーションという概念は，シュンペーターによると新結合の遂行を意味している．決して完全な無から何か新しいことを成し遂げることではないのである．このように，旧来から存在する諸要素を，新たに組み合わせることから生起する発展過程は，実は，シュンペーター自身の経済学体系の構築・発展のプロセスそのものにおいても遂行されていたのである．本章を読み進めていくうちに，このことに気づいた読者もいたかもしれない．冒頭で紹介したシュンペーターの学派形成に対する考え方や，『経済発展の理論』の「日本語版序文」でワルラスとマルクスに大きく影響を受けたというシュンペーターの告白にあったように，シュンペーターは先人の提唱した概念や考え方を，まさに新結合の遂行を通じて，独自の経済学体系を構築したのである．そのような意味で，シュンペーターは「経済学史における企業者」であったといえるだろう．

注

1）シュンペーターが学派を形成しなかった理由には，様々な憶測がある．例えば，柴田敬（1902～1986 年）は，アメリカへ留学した際，シュンペーターから何度も学派の形成について聞かされ，その際，学派をつくる条件として，(1) 従来の経済学になかった新カテゴリーを経済学に挿入すること，(2) そのカテゴリーなしには解釈できないような経済の動きが生じる時代になっていること，(3) そのカテゴリーを導入した大きな理論体系を仕上げるために 4，5 人の協力者が得られること，以上の三つをシュンペーターが挙げていたという［柴田 1987］．また，ハーバード時代の直接の門下生の一人である都留重人（1912～2006 年）は，シュンペーターが，学派抗争の時代が続いた経済学を，真の科学にするためには，物理や化学のように，学問全体が一つの客観的体系をなすための礎は，多くの科学者がそれに共同で貢献し，どのような業績でもそれが科学的貢献に値するなら，その分野の共有財産としていくべきだと考

　　え，学派闘争の続いていた当時の経済学を憂いていた，と回想している［都留 1993］.

　2）この邦訳に関しては，塩野谷［1995：第7章］の訳出に依拠している.

　3）シュンペーターの『景気循環論』に対するいくつかの書評のうち，サイモン・クズ
　　ネッツ（1901〜1985年）によるもの［Kuznets 1940］が最も的確である.

第14章 ポスト・ケインズ派経済学
――異端派経済理論の統合――

は じ め に

　ケインズから影響を受けたその後のケインズ経済学の展開には，大きく三つの方向が存在する．それらは，市場の不完全性に注目するケインズ経済学と競争市場を前提とする新古典派経済学とを統合した新古典派総合（**第8章**参照），貨幣量や物価水準といった貨幣的数量が産出量や雇用量といった実物的数量に影響を与えるとするケインズ経済学の特徴を，ミクロ経済学的な市場の不完全性（不完全競争，情報の不完全性，相対価格の硬直性など）によって説明しようとするニュー・ケインジアン（**第10章**参照），そして，本章で扱うポスト・ケインジアンである．

　ポスト・ケインズ派経済学とは，ケインズ経済学が新古典派経済学や均衡理論に取り込まれる学界の状況に反対し，ケインズの問題意識を現代に復活させようとする経済学である．ここで言われているケインズの問題意識とは，次の六つの命題にまとめることができる［Thirlwall 2015：118-119］．

　⑴ 雇用や失業は，労働市場ではなく財市場における有効需要によって決まる．

　⑵ 有効需要の不足によって引き起こされる非自発的失業は存在し，それは労働市場の不完全性が除去されても解消されない．

　⑶　投資と貯蓄が一致するという関係は，マクロ経済理論の基本であるが，その意思決定はそれぞれ異なる経済主体によって担われており，両者に自動的な結びつきはない．その因果関係は「投資から貯蓄へ：投資という名の犬が貯蓄という名の尻尾をふる」であって，その逆ではない．

　⑷ 貨幣を流動性として保蔵する機能は，経済に大きな不確実性をもたらす．貨幣的経済では，物々交換経済とは異なり，貨幣は中立的ではない．

　貨幣が他の財と異なるのは，生産コストがかからないため，人々が貨幣をもつようになると，使用する生産要素が減少することになる．

(5) マネタリズムの核心である貨幣数量説は，完全雇用が満たされ，貨幣の流通速度が安定しているという特殊な前提の下でのみ成立するものである．そうでなければ，貨幣数量 M と物価水準 P との間に直接的な関係はない．貨幣は内生的なものであり，交換方程式（MV＝PT）の因果関係は「右辺から左辺へ」であり，そして，流動性選好の変化は貨幣の流通速度 V の変化に反映される，という三つの理由から，貨幣数量説は誤解を招くものである（T は取引量である）．さらにインフレは，コスト圧力（賃金と一次産品価格の上昇）によって，完全雇用が成立する前に生じる可能性がある．

(6) 資本主義経済の周期的変動と長期的なダイナミクスを生み出す主な源泉は，投資の意思決定である．それは企業者のアニマル・スピリットによって決定される．企業は，相対価格の変動や需要に関する不確実性ができるだけ除去された安定したマクロ経済環境の下でのみ繁栄できるが，企業者はそのような環境下でリスクをとることをいとわない．

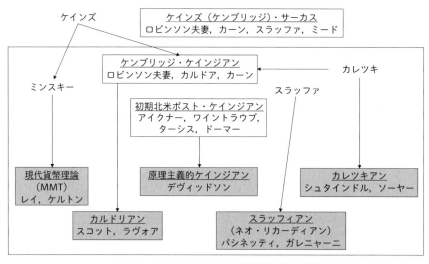

図 14-1　ポスト・ケインズ派経済学の系譜

出所）筆者作成.

　そして，これら 6 命題のうち，どれを特に重視するかによって，ポスト・ケインズ派経済学の内部でもいくつかの潮流に分類することができる．どのように分類するかに関しては諸説ある．それらを最小公倍数的にまとめるなら，**図14-1** のようになるだろう（図の網かけが現在のポスト・ケインジアンの分類である）．しかし，どの分類が妥当であるかを決めることは本章の目的ではなく，また，図中のすべての潮流を説明するにはページの制約があるため，本章では，図の下部から遡って，出発点のケインズに直接つながっている系譜の代表的経済学者（ジョーン・ロビンソン，カルドア，カレツキ，ミンスキー）に的を絞って説明する[1]．

ケンブリッジ・ケインジアン

　ポスト・ケインジアンの中で，ケインズがやり残したギャップ（特に，ケインズ経済学の長期化・動学化）を埋め合わせることに尽力し，そのうち，**有効需要の原理**に合致した経済成長と所得分配の理論を発展させるのに貢献したのが**ケンブリッジ・ケインジアン**である．その中でも，とりわけジョーン・ロビンソンとカルドアに焦点をあてることに対して大きな異論はないだろう（経済成長理論に関する無視できない貢献者であるハロッドに関しては**第 8 章**参照）．

(1) ジョーン・ロビンソンによる主流派への対抗

　ジョーン・ロビンソン（1903～1983 年）については，カーン，スラッファ，ミードらとともに当初から**ケンブリッジ・サーカス**の主要メンバーであり，このサーカスに関係した様々な経済学者の知的貢献に着目しながらケインズ理論の発展に大きく寄与した人物である．また，1971 年のアメリカ経済学会における招待講演「**経済学の第 2 の危機**[2]」（ロビンソン [1988]）のような，時として激しく情熱的な経済学者としても有名である．

　経済成長と所得分配に関する彼女の貢献の一つとして，『不完全競争の理論』（1933 年）がある（**第 7 章**参照）．しかし，それは基本的にマーシャリアンの枠組みの中にとどまっていたことから，彼女自身，それ以降，同書から距離を置いている．不完全競争の理論は，その後，カレツキの景気変動論などに継承された．また，ケインズ理論を長期に拡張する試みとして，難解な大著『資本蓄積論』（1956 年）がある．これは経済成長モデルの分類方法の点でよく知られているが，彼女の問題意識の中心だった有効需要の変化と生産能力の変化との相

互関係については，十分に分析されたとは言い難い．

　1950 年代から 1970 年代にかけて，古典派あるいはケインズ派アプローチに立脚する論者と，新古典派アプローチに立脚する論者との間で，資本理論をめぐる一大論争が展開された．この論争の主役は，イギリスのケンブリッジ（ジョーン・ロビンソン，スラッファ，カルドア，パシネッティ，ガレニャーニ）とアメリカ・マサチューセッツ州のケンブリッジ（サミュエルソン，ソロー）であったため，**「ケンブリッジ資本論争」**と呼ばれる．この論争は，一見すると難解な問題を扱っているように見えるが，経済学の主流における二つの理論的支柱の妥当性をめぐる論争であった．その論点の一つは，市場経済ではすべての生産資源が完全利用される傾向があるという**セー法則**であり，もう一つは，生産の結果としての生産物に対応する成果の分配は，それに関係した諸要素の限界的な貢献度に応じてなされるという**分配の限界生産力説**である．

　この論争の口火を切ったのが，ジョーン・ロビンソンの論文「生産関数と資本の理論」（1953 年）だった．それは，新古典派の**集計的生産関数**（産出量を Y，資本量を K，労働量を L とすると，$Y = f(K, L)$ と表される）を批判したものであり，その焦点は，集計的生産関数における資本概念のあいまいさにあった．新古典派の集計的生産関数は，リカードウに遡る土地に関する限界生産力逓減という性質を，資本と労働にも適用しようという発想に基づいたものである．資本と労働の各生産要素は，価格や分配から独立した物量単位で測定可能であって，それらの報酬である利潤率と賃金率は，それぞれの限界生産力に等しい水準で決まるとされる．労働に関しては物量単位で測定可能なのに対し，資本は物量単位（財ごとに単位が異なるため）で集計することができず，物量に価格をかけた貨幣額でなければ集計や測定ができない．ここで，諸財の価格は「資本×（1＋利潤率）＋賃金」で決定されるとすると，資本量は利潤率から独立して計測することはできない．もし利潤率が変化するなら，価格が変化することになるから，資本価値（資本の貨幣額）も変化することになる（これは**「ヴィクセル効果」**と呼ばれる）．したがって，分配の限界生産力説は循環論法（トートロジー）にすぎない，とロビンソンは断じた．

　スラッファの『商品による商品の生産』（1960 年）によって，生産過程における**技術のリスイッチング**現象は，利潤率が上昇しても必ずしも労働集約的な技術へ切り替わるとは限らないことが示されたことから，この論争はさらに熱を帯びた．そのようなイギリス側からの批判に応じたのがサミュエルソンだっ

た．サミュエルソンは，純粋な消費財と，それ自体の生産と消費財の生産の両方に投入される資本財の2種類の財が生産される経済モデルを用いて集計的生産関数の妥当性を論じた．しかし，再びイギリス側が応酬し，サミュエルソンのモデルは，二つの財の生産部門における資本と労働の投入比率が同じである場合にのみ成立する特殊ケースでしかないことが，ガレニャーニによって証明された．結局，サミュエルソンは自身の誤りを認めた．

　そのような経緯から（この論争自体は，**利子率**と社会的収益率との関係をめぐるソローとパシネッティとの間の論争へと続く），この論争はイギリス側の勝利に終わったと判定されることもある．しかし，主流派の標準的な教科書では，依然として集計的生産関数が用いられ続けているところをみると，結局この論争は平行線に終わったとみるのが妥当であろう［根井 2020：73］．

(2) カルドアの分配理論と成長理論

　ニコラス・カルドア（1908〜1986年）は，ハンガリーのブダペストで生まれ，1927年にロンドンに渡って本格的な学究人生を開始した．最初に在籍したLSEでは，ロビンズから大きな影響を受け，新厚生経済学を開拓した（**第9章**参照）．LSE時代に一時的に籍を置いたウィーン大学では，ハイエクからも直接的な影響を受けた．その後，第2次世界大戦開戦でLSEがケンブリッジへ疎開したのを機に，そこからカルドアとケインズ経済学との深い関わりが始まり，終戦後の1949年に，カルドアは正式にケンブリッジの一員となった．

　ケインズ以降のケンブリッジ学派の経済学において，カルドアが貢献した理論的成果は主に二つあり，その一つは，賃金と利潤の分配が**資本家の貯蓄性向**と**経済成長率**に依存するという分配理論を提唱したことであり，もう一つは，いくつかのバージョンの経済成長モデルを構築し，先進資本主義経済の**「定型化された事実」**を分析したことである．

(1) **分配理論**：カルドアの分配理論は，1955年の論文「分配の代替的諸理論」のタイトルにもあるように，それまで支配的だった分配の限界生産力説に対する代替的な分配理論であった．そこでは，完全雇用を仮定し，さらに，総所得を所与とした上で，それが賃金と利潤の二つに分割され，総貯蓄は，賃金に由来するものと利潤に由来するものからなると仮定したうえで，定式化が展開されている．

　まず，総投資を I，総貯蓄を S，総所得を Y，賃金を W，利潤を P とおき，さらに賃金に由来する貯蓄を S_w，利潤に由来する貯蓄を S_p とおいてそれぞれの貯蓄性向を s_w, s_p としたうえで，上記の設定を定式化すると，順に，$I=S$，$Y=W+P$，$S=S_w+S_p$ となる．いま，I を所与とし，S_w と S_p を各所得に比例的な関数と仮定すると，$I=S$ は，次のように表すことができる．

$$I = s_p P + s_w W = s_p P + s_w (Y-P) = (s_p - s_w) P + s_w Y$$

　ここで両辺を Y で除すと，

$$\frac{I}{Y} = (s_p - s_w) \frac{P}{Y} + s_w$$

となり，これを書き換えると，

$$\frac{P}{Y} = \frac{1}{s_p - s_w} \frac{I}{Y} - \frac{s_w}{s_p - s_w} \quad (15.1)$$

が得られる．この (15.1) 式は，s_w, s_p を一定とするとき，所得に占める**利潤シェア** (P/Y) は，投資比率 (I/Y) だけに依存することを表している（ただし，$s_p \neq s_w$ かつ $s_p > s_w$ である）．

　ここで，労働者は貯蓄しない，すなわち $s_w = 0$ と仮定すると，(15.1) 式は，

$$P = \frac{1}{s_p} I \quad (15.2)$$

と書き換えられる．ここで $s_p = 1 - c_p$（c_p：資本家の消費性向）である．

　以上のことから，カルドアが展開した分配理論の「代替的」たるゆえんは，限界生産力説に依拠するのではなく，**乗数理論**（(15.2 式) の $\frac{1}{s_p}$ が乗数に相当するものとみなすことができる）に依拠して構成されたところにある．

(2) 成長理論：カルドアが構築した経済成長モデルには三つのバージョンがあり，このうち純粋にカルドアによるものは，最初のモデルだけであるとされる［木村 2020：102］．具体的な定式化に関しては，カルドアのいくつか論文［カルドア 1964：1989］をあたってほしい．ここでは，モデルを理解するのに必要な

三つの特徴を指摘しておく.

　第1は，**投資関数**の定式化である．その特徴は，一方で，利潤率が一定である場合，**資本／産出比率**が一定に維持され，他方で，利潤率が変化する場合は，資本／産出比率がその増加関数になるという2点にある．第2は，**貯蓄関数**の定式化である．そこでは，先述の分配理論の考え方が導入されており，総所得が資本家の利潤と労働者の賃金に分配され，前者の貯蓄性向は後者のそれを上回るとされている．第3は，**技術進歩関数**の定式化である．カルドアは，集計的生産関数を用いず，労働者1人あたりの生産性の上昇率を，労働者1人あたりの資本増加率に直接関連づけることによって，技術進歩が経済過程において内生的に生じることを定式化している.

　カルドアが経済成長を論じた背景には，実証研究によって明らかにされた歴史的趨勢としての事実を説明するという目的があった．そのような事実は，「定型化された事実（stylized facts あるいは Kaldor's facts）」として，経済学ではよく知られている．当初，カルドアはそれをフェルドーン法則と呼んでいたことから，現在では，**カルドア＝フェルドーン法則**とも呼ばれる．この法則は，次の六つの事実によって構成される.

　　(1) 生産の総量と労働生産性は趨勢的に一定の率で持続的に成長すること
　　(2) (1)と関連して，労働1人あたりの資本量は持続的に成長すること
　　(3) 発展した資本主義社会では資本利潤率は安定し，優良債券の利回りで示される純長期利子率よりこの利潤率は高いこと
　　(4) 長期的に資本／産出比率は安定していること
　　(5) 所得中の利潤の分け前と産出高中の投資の割合に強い相関関係があること
　　(6) (4)と(5)は成長率の異なる国々にも当てはまること

　カルドアは，これらの事実は，製造業においては成り立つものの，農業やサービス業では成り立たないと論じた．カルドアにとって，製造業こそ経済を牽引する部門であるが，そのことは一部門モデルの構築を正当化するものではない．いくつかの主要な産業部門の特性や成長過程における役割が異なることを考慮すると，複数部門の相互依存関係（**累積的因果連関**）を扱いうる理論モデルを構築する必要がある（これはカルドアによる二部門モデルの構築につながった）．また一方で，これら六つの事実は，今日の経済成長理論と合致しているとされ，

その後，ローマーの内生的成長モデルやクルーグマンの収穫逓増モデルでも言及された．さらに，現代の産業構造を踏まえてアップデートされた，「定型化された事実」の現代版ともいうべき，「**新しいカルドアの事実**（the new Kaldor facts）」も提唱されている［Jones and Romer 2010］．

 ## カレツキアン・アプローチ

ミハウ・カレツキ（1899〜1970年）は，ポーランドで生まれ，ポリテクニークで土木工学を学んだ後，ワルシャワの「景気循環および物価研究所」でポーランドの国民所得統計の仕事に従事した．その時期にポーランド語で発表された1933年の論文「景気循環理論概説」が，後にジョーン・ロビンソンによって，ケインズから独立した『一般理論』の発見であると評された．1936年に『一般理論』が出版されたとき，カレツキは滞在先のスウェーデンでそれを読み，その内容が数年前に自身が発表していた論文の再発見であることに気づいて衝撃を受けたという．その後，1938年からはケンブリッジで学究生活を送り，その成果は *Essays in the Theory of Economic Fluctuations*（1939年）としてまとめられた．1940年からはオックスフォード統計研究所のスタッフとして，シュタインドル（**第11章**参照）らとともに，戦時経済の研究などに従事した．しかし，研究所における地位の問題や，研究所が政府筋から亡命者の温床とみなされたこともあって職を辞し，その後，国際労働機関や国際連合本部での仕事（『世界経済報告』の執筆指導）を経て，1954年に祖国ポーランドへ戻り，ワルシャワで教育・研究に専念した．晩年の重要な研究成果の一つとして，*Theory of Economic Dynamics*（1954年）がある．

カレツキは，有効需要の原理の同時発見者としてケインズと並び称されるが，カレツキの経済学は様々な点においてケインズと大きく異なる．カレツキはケンブリッジで研究した時期もあったが，**図14-1**でケインズからの直接の流れからは独立したところに配置されていることからもわかるように，カレツキの研究成果の独自性の方が際立っているといえる．そのような背景の一つとして，本格的な学究生活を始める前のポリテクニーク時代に，ツガン＝バラノフスキー（1865〜1919年）を通じてマルクスの再生産表式に関心をもったことが注目される．いわば出自の違いから，マーシャル経済学をベースとするケインズと，マルクス経済学をベースとするカレツキという形で区別できる．

　そこで，本節では，カレツキがケインズに先立って発見した有効需要の原理
の特徴を確認した上で，現代のカレツキアン・アプローチの源泉となっている
特徴のうち，価格理論と投資理論に絞って説明する．

(1) 古典派的伝統に基づく有効需要の原理の発見

　カレツキの 1933 年論文は，彼にとって，資本主義経済における景気循環に
関する最初の分析である．この論文で，カレツキは，景気循環とは，資本家の
利潤の変動によって引き起こされる**投資の不安定性**によって生じるものである
と論じた．

　資本主義経済において，投資は，総需要の主な決定要因であり，利潤を決定
する要因でもある．投資が利潤を決定するのであって，決してその逆ではない．
さらに，カレツキは，賃金からの貯蓄はなく，利潤は投資のためにそのほとん
どが貯蓄されるという**古典派的貯蓄仮説**（この背景には，リカードウやマルクスの生
存賃金の考え方がある）と有効需要の原理にマルクス主義的な要素を加える形で，
資本家と労働者の二階級から構成される理論モデルを構築した．このモデルで
は，**資本家的支出**（特に投資）が景気循環の鍵であるとされる．すなわち，「労
働者は稼いだものをすべて使い，資本家は支出したものを得る」のである．カ
レツキのモデルは，**図 14-2** のようなシンプルな所得・支出勘定から導出され，
政府部門のない閉鎖経済では，**粗利潤**は資本家的支出に一致することを明らか
にしている．

(2) 価格理論

　カレツキが理論的考察の対象とする市場は，時期によって変化している．
1939 年の著作においては，不完全競争市場が想定されており，そこでは独占

粗利潤	粗投資
賃金と俸給	資本家消費
	労働者消費
粗国民生産物	粗国民生産物

図 14-2　国民所得・国民支出勘定
出所）筆者作成．

度という概念を用いながら，限界収入と限界費用が一致するところで産出量が
決定されるような価格理論が展開された．それに対して，1954 年の著作にお
いては，**寡占**市場が想定され，**フル・コスト原理**と呼ばれる価格設定理論が示
された．そこには，1930 年代後半に**オックスフォード経済調査グループ**（委員
長はハロッド）が行った，実務家を対象とした質問・聞き取り調査の結果（企業
の典型的行動は，測定が困難な需要の弾力性や限界費用を意識したものではない）が反映
されている．

　ポスト・ケインズ派経済学の価格設定理論には，いくつかのヴァリエーショ
ンがあるが，総じて，単位費用と利潤を合わせて単位価格が設定されると考え
られている（**コストプラス・プライシング**）[3]．カレツキが論じた価格理論のうち最
もシンプルなものは，**マークアップ・プライシング**と呼ばれる．いま，単位価
格を p，単位直接費用（平均可変費用）を UDC，総費用マージンを θ とすると，
次のように定式化される．

$$p = (1+\theta)UDC$$

　ここで問題になるのは，企業が**マークアップ**に相当する θ をどのように決定
しているかである．1939 年の著作において，カレツキは，アバ・ラーナー
（1903〜1982 年）によって提唱された独占度概念に着目する．**ラーナーの独占度**
とは，総売上高に対する**独占収入**の割合として定義される．ここで独占収入と
は，総収入から**総主要費用**（＝賃金＋原材料費）を引いたものであり，それは粗
利潤（＝**純利潤＋共通費用**）のことである．そうすると，独占収入と総売上高の
比率は，価格から限界費用を引いた残りと価格との比率に一致する．いま，独
占度を μ 価格を p，（短期）限界費用を m とすると，独占度は，$\mu = \dfrac{p-m}{p}$ で表
される．さらに，その比率は，**需要の価格弾力性**の公式と比較すると，限界収
入が限界費用に置き換わっただけである．均衡においては限界収入と限界費用
は一致することから，この独占度は，需要の価格弾力性の逆数と同じものにな
る．こうして，カレツキは，費用と独占度に依存して決定される価格理論を展
開した．

　その後，1954 年の著作のフル・コスト原理における θ に関しては，製品あ
たりの単位直接費用（賃金費用と原材料費）と価格の比，あるいは単位直接費用
に単位固定費用（過去の企業経営の経験から，標準操業度のもとでの産出量で総固定費用

を割って算出される）を加えたフル・コストと価格の比として設定されると論じられた.

(3) 危険逓増原理に基づく投資理論

カレツキは，労働者は所得（賃金）をすべて使い果たす，すなわち賃金からの貯蓄はなく，政府部門が存在しない単純な閉鎖経済を想定すると，利潤からの貯蓄は投資と等しくなるとした．すなわち，$S_p = I$ である．ここで注意しなければならないのは，この等式（恒等式）には，右辺から左辺への因果関係があるということである．すなわち，投資が貯蓄を決定するのであって，その逆ではないということである．別言するなら，投資に対応して貯蓄の方が調整されることから，投資は能動的であり，貯蓄は受動的ということになる．

カレツキに限らず，資本主義の動態において投資が決定的に重要な役割を果たすという認識は共有されているだろう．特にカレツキは，投資決定の理論を構築する必要性を説くとともに，資本主義経済の循環的変動が，投資と経済変動の変化率との関係によって引き起こされる景気循環論を構築した.

カレツキは，1937 年に *Economica* に掲載された論文「危険逓増の原理」で，能動的な投資をファイナンスする方法を説明する理論的装置として，危険逓増原理に基づく投資理論を展開した．この原理の背景には，貸出に対する制約がなく貸付需要を満たすことができるような，銀行による**信用貨幣**の存在がある．従来の考え方では，金融機関が求める利子率を支払いさえすれば無限に投資資金の借入が可能であると想定されていたが，カレツキは，内部蓄積に基づく自己資本の大きさが投資資金の調達の制約になるとした．すなわち，企業規模の拡張に伴って危険逓増が生じるために，多くの企業は外部資金を最大限利用しようとはしなくなる．逆に，危険逓増状況下で投資資金を企業の外部から賄おうとするなら，資金調達コストが急激に高まるのである.

このような，リスクを伴う資金調達を考慮した投資理論は，次節のミンスキーの投資理論にも継承されている.

　「金融的ケインジアン」ミンスキー

ハイマン・ミンスキー（1919~1996 年）は，アメリカのシカゴで生まれ，ブラウン大学で教鞭をとりながら，ハーバード大学で学位論文を執筆した．指導し

ていたのはシュンペーター（**第13章**参照）である．シュンペーターはミンス
キーの学位論文が完成する前に亡くなってしまったが，レオンチェフがシュン
ペーターの後任を買って出てくれたため，ミンスキーは学位論文を完成させる
ことができた．1957年からカリフォルニア大学バークレー校，その後，ワシ
ントン大学に籍を置いた．ワシントン大学在籍時には，セントルイスのマー
ク・トウェイン銀行の経営に関わり，金融分野に関する理解を深めることにつ
ながったという．1960年代以降も，行政や金融機関の調査研究に携わり，金
融の動向を注視し続けた．ケインズ経済学との関係においては，1969年から
1970年にかけてケンブリッジで1年間のサバティカルを過ごし，何人かのポ
スト・ケインジアンとの交流はあったが，基本的にミンスキーの学究生活の拠
点はアメリカであった．しかし，サミュエルソン，ソロー，トービンといった
アメリカのケインジアンにはさほど親近感を抱いていなかったという．ミンス
キー自身は「**金融的ケインジアン**」と呼ばれることを好み，相対的にアメリカ
制度学派に親近感をもっていた．1990年以降は，教職を辞し，バード大学の
経済研究所で残りの研究生活を過ごした．

　本節では，まず，ミンスキーの最大の理論的貢献である，**金融不安定性仮説**
を説明する．続いて，その他の重要な貢献のうち，貨幣・銀行制度に関するミ
ンスキーの制度的・進化的考察についてとりあげる．この点は，その後の**現代
貨幣理論（MMT）**の展開における発想の源泉でもある．最後に，経済の長期的
進化に関するミンスキーの視角について説明する．

(1) 金融不安定性仮説

　ミンスキーの理論的貢献を一言で表すなら，「景気循環の投資理論と投資の
金融理論」[Wray 2021：44] ということになる．ミンスキーは，現代の景気循環
は**金融循環**であって，銀行貸出の**プロサイクリカル**（順景気循環的）な変動が，
景気循環を増幅させ，不安定性へと向かわせる力を強めると主張する．プロサ
イクリカルとは，次のような状況を指す．すなわち，企業等による投資などの
支出拡大や資産購入の拡大は，**外部金融**を通じた資金調達を必要とする．その
資金需要に応えるのが銀行であって，資金調達の需要を満たす意欲が銀行にあ
る限り，生産は拡大し資産価格は上昇するように，**銀行信用**に対する需要と銀
行の貸出意欲の両方が拡大するのである．

　前半の「景気循環の投資理論」は，投資支出の変動が景気循環の主たる原動

力と考える，通常のケインズ経済学的発想である．企業の期待が楽観的であれば設備投資などが増大し，雇用と所得の増加をもたらす（逆は逆である）．

　ミンスキーがケインズ経済学に加えた新しさは，後半の「投資の金融理論」の方にある．現代の投資は巨額であることから，かつてのような利潤からの**内部留保**では十分に賄うことができず，外部融資に大きく依存せざるを得なくなった．この融資こそ，企業の財務状況に構造的な脆弱性を生み出すことにつながったというのである．例えば，好景気には，企業や銀行は楽観的になるため，借り手である企業は，期待利潤に対して多額の債務返済を約束して融資を申し入れる．それに対して貸し手である銀行は，より少ない自己資金とより質の低い担保でも融資を許容するようになる．好景気のあいだはプロサイクリカルな融資が続くが，景気が過熱すると一転，**中央銀行**はバブルを抑えるために金利を引き上げる．こうして借り手である企業は，債務返済コストの増大に直面し，企業の財務状況が危機的な状況に陥ってしまうような事態に直面することになる．

　ミンスキーは，企業財務の**金融ポジション**の脆弱性に関して，三つのポジションを区別した．第 1 は，**ヘッジ金融**である．これは，返済期限がくる元本と利子の両方をすべて返済するのに十分な期待所得があるポジションを指す．ここでヘッジファンドのような意味とは無関係であることに注意してほしい．第 2 は，**投機的金融**である．これは期待所得が利子の返済には十分であるが，元本は借り換えなければならないようなポジションを指す．投機的というのは，所得を増やすための借換えへの継続的なアクセスが可能であるか，そうでなければ元本返済のために資産を売却しなければならないという意味である．そして第 3 は，**ポンツィ金融**である[4]．これは，利払いすら不可能になり，そのために追加的な借入れを行わなければならないようなポジションを指す．以上三つの金融ポジションはそれぞれ独立したものではなく，例えば，投機的金融のポジションにおいて，所得が減少したり，利子率が上昇したりすると，ポンツィ金融に移行してしまうというような連続性がある．このような**金融構造の脆弱性**は，いったんそれが明らかになると，好景気とは逆のプロサイクリカルな景気循環が作用することになる．2008 年のリーマン・ショック直前の金融的状況のような具体的局面を分析する際に，このミンスキーの理論的道具立ては有用である．

(2) 貨幣・金融に関する制度的・進化的考察

　ミンスキーにとって，貨幣とは，**計算貨幣**で表示された**借用証書**にすぎず，ある貨幣が他の貨幣よりも広く受け取られるという貨幣のヒエラルキーがあって，その貨幣ピラミッドの頂点に立つのが中央銀行によって発行される通貨である．そして，このような貨幣制度のもとで行われる銀行業務は，借用証書を受け入れ，顧客に代わって支払い，顧客の負債を保有するビジネスである．銀行は借用証書で支払いを行うが，それは中央銀行の**準備預金**によって決済される．したがって，銀行融資は準備預金によって制約されることになる．そこで各銀行は，フェデラル・ファンド市場（一般的には**インターバンク市場**に相当する）を通じた銀行間での準備預金の貸し借りによって制約を乗り越えようとする．そうすることによって，銀行融資に対する中央銀行の影響が弱まっていくのである．このような貨幣・金融制度に対して，ミンスキーは，プロサイクリカルな金融循環を制約するような制度的あるいは制度進化的な対応策を打ち出したのである．

　ミンスキーの金融不安定性仮説は，景気循環における金融構造の脆弱性を明らかにした仮説であるが，実際の金融危機が生じた時の不況への対応策や，金融危機を未然に防ぐための処方箋に関して，ミンスキーはいくつかの手立てを論じている．ミンスキーが考える金融構造の脆弱性への対処方法は，制度的かつ進化的なものである [Minsky 1990]．

　まず金融危機に伴う不況対策に関して，第1の対応は，大きな政府による財政支出の拡大である．これは一見当然の対応のように思われるが，ミンスキーにとって，景気後退期の政府の財政赤字拡大はまったく問題がないどころか，景気後退が恐慌に突き進むのを防ぐために不可欠なものと考えていた．第2の対応は，中央銀行が金融危機の発生した際に，**最後の貸し手機能**を果たすことである．ミンスキーは，預金の引出しに応じるために準備預金を必要とするすべての銀行に対して，中央銀行は準備預金を貸し出すべきであると論じた．第3の対応は，法定最低賃金を有効に機能させるために政府が担うべき**最後の雇い手機能**である．これは，政府が，最低賃金で無限に弾力的に雇用を供給する能力をもつという発想のもと，賃金の下限を設定し，同時に総需要と総消費の下限も設定することを意味する．それはちょうど，中央銀行の最後の貸し手機能によって資産価格の下限を設定するのに対応していることから，そのように呼ばれる．

　次に金融危機を未然に防止すための処方箋に関して，ミンスキーは，準備預金の大部分は割引窓口で供給されるべきであり，それによって，銀行に対する中央銀行の監督機能を強化し，より安全な銀行活動を担保することが可能になると論じた．割引窓口とは，銀行が中央銀行から直接に準備預金を借り入れる方法のことである．

　以上のような，ミンスキーによる貨幣・金融に関する制度的・進化的思考は，現代貨幣理論（MMT）に対して理論的基礎を提供しており，また，政府による**雇用創出プログラム**に関しても，投資の呼び水効果と福祉国家政策を組み合わせた 1960 年代のケインズ政策に代替する安定化政策と位置づけられ，現代貨幣理論（MMT）をめぐる議論においても，大きな論点の一つとなっている．

(3) 金融経済の長期的進化

　ミンスキーの金融不安定性仮説は，景気循環あるいは金融循環に関する相対的に短期の理論である．ミンスキーは，もっと長期的な視点から，金融経済の進化（長期的変容）についても論じている．

　ミンスキーによると，これまでの資本主義経済は，金融構造の観点から，四つの異なる段階を経て進化してきたとされる．第 1 段階は，19 世紀の**商業資本主義**の時代である．そこでの金融構造の支配的な担い手は**商業銀行**である．商業資本主義における企業の投資は，主に内部留保によって賄われ，銀行経営は相対的に安全なものだった．第 2 段階は 20 世紀に入ってからの**金融資本主義**の時代である．そこでの主な担い手は，商業銀行から**投資銀行**に取って代わられた．企業は大規模かつ巨額になった資本資産を購入するために，内部留保に加えて外部金融を利用しなければならなくなり，そのような長期の投資プロジェクトには高いリスクが伴うようになった．ミンスキーは，このような金融資本主義は，1929 年の世界恐慌によって崩壊したと捉えた．第 3 段階は，第 2 次世界大戦後の**経営者・福祉国家資本主義**の時代である．金融機関の行動は，ニュー・ディール政策を経て規制されたため，寡占企業の投資は内部留保によって賄われた．大きな政府と銀行に対する規制によって，金融構造は安定かつ健全であった．そして現代に至る第 4 段階は，**マネー・マネジャー資本主義**の時代と特徴づけられる．そこでは，戦後の繁栄期にプールされた巨大な貯蓄が，より大きなリスクをとるように作用した．そのような貯蓄のプールは，ヘッジファンドや政府系ファンドのような，規制が追いついていない**シャドー**

バンクを生み出し，金融構造は不安定な短期融資への依存度をますます高めていった．このような金融構造の脆弱性の高まりは，21世紀に入って世界的な金融システムの崩壊を引き起こし，そのような結末は，「ミンスキー・モーメント」と呼ばれている．

このように，ミンスキーの経済学は，金融部門がますます支配的になった資本主義の時代を読み解くために有効な理論や政策的アイデアを提供していることから，異端派はもちろん，主流派においてもミンスキーへの参照が言及されている．

おわりに

本章で取り上げた四人のポスト・ケインジアンのうち，カルドア，カレツキ，ミンスキーの三人に関しては，各節では扱えなかったが，いずれも，ポスト・ケインズ派経済学における**内生的貨幣供給論**の形成にも大きく貢献した人物である．さらに彼らの貨幣理論は，大なり小なり現代貨幣理論（MMT）の知的源泉にもなっている．関心のある読者は，関連する文献にあたってほしい[5]．

最後に，本章のタイトルの副題について触れておきたい．ポスト・ケインズ派経済学は，第Ⅲ部の他の章の異端派と比較して，相対的に理論体系が確立されている印象がある．実際，他の章の内容の至るところでポスト・ケインズ派経済学の理論的・分析的枠組みが取り入れられている．そのようなことから，「異端派経済理論の統合」の可能性をもっていると言ってよいだろう．

注
1）ポスト・ケインズ派経済学に関する包括的かつ専門的な文献として，ラヴォア[2008]，鍋島[2017]，キング[2020]を挙げておきたい．
2）経済学の第1の危機は，1930年代の世界恐慌をきっかけに発生し，ケインズの新しい雇用理論の出現によって一応解決された．そして講演当時の第2の危機は，雇用の内容あるいは雇用によって生産される国民生産物の内容に関する議論を忘れていたが故に生じているとロビンソンは主張し，分配論が存在しないことが問題であると断じた．この左派的なメッセージは，現代の格差問題（**第11章**参照）にも通ずるものがある．
3）ポスト・ケインズ派経済学の価格設定理論に関しては，ラヴォア[2008]で簡潔に整理して解説されている．

4 ）ポンツィ金融という名称は，ねずみ講を主宰していた詐欺師カルロ・ポンツィの名前
　　にちなんでいる．2008 年にバーニー・マドフが起こした詐欺事件もポンツィと類似
　　したねずみ講である．

5 ）内生的貨幣供給論に関しては内藤［2011］が最も包括的かつ本格的である．また現代
　　貨幣理論（MMT）に関しては，いまのところ賛否両論が入り乱れており，現在進行
　　中の論点であるが，例えば，レイ［2019］，ケルトン［2020］などがある．

第15章 制度と進化の経済学

はじめに

　本章では，「制度」と「進化」の二つのキーワードを軸として，主流派に対するオルタナティブな経済学を積極的に志向する，四つの異端派の潮流をとりあげる．特に，一つの，あるいは，ある程度まとまった学派と考えられる，アメリカの制度派経済学（第1節），フランスのレギュラシオン学派（第2節），そして，現代の進化経済学（第3節）においては，明示的に「制度」と「進化」が主軸に据えられている．これらに加えて本章では，経済学史的な背景を踏まえて行動経済学を取り上げている．行動経済学は，主流派がこれまで想定してきた経済人（ホモ・エコノミカス）に直接斬り込み，オルタナティブな経済行動の理論構築に取り組んでいる．

　これら二つのキーワードは，いずれも，確定された唯一の定義が存在しない多元的な意味を含む用語であり，それぞれの問題意識や論理に応じて，独自の定義を与えたうえで使用されている．本章は，これらに関連するいくつかの経済学史の潮流を寄せ集めた形で構成されているが，それぞれの異同について理解してほしい．

アメリカ制度派経済学
——ヴェブレンからガルブレイスまで——

(1) 思想的背景

　主流派の牙城となっていく19世紀末から20世紀のアメリカ経済学界において，ソースティン・ヴェブレン（1857〜1929年）の経済的思考が異端派として異彩を放っている理由を考える際に，ヴェブレンが生きた当時のアメリカの時代背景を，予備知識として知っておく必要がある．ここではジョン・ケネス・ガルブレイス（1908〜2006年）が生きた時代までを射程に入れて，アメリカ独立戦

争開始（1775 年）から約 250 年間の大きな流れを確認する.

　1775 年のアメリカ独立戦争後，建国初期の国民経済の形成と経済的自立を目的とした基盤づくりにあたって，その背景にあった経済思想は，ドイツ歴史学派（**第 5 章**参照）の影響を受けた国民主義経済学だった．初代財務長官のアレクサンダー・ハミルトン（1755～1804 年）は，北部商業資本と南部プランテーション農業を農工分業を軸とした国内市場の発展に向けて，政府による工業奨励策と保護主義による国内生産力の発展が，アメリカ経済の自立と発展に不可欠であると主張した.

　1870 年代には，大陸横断鉄道による西部フロンティアの開発が急速に進み，国内市場が急速に拡大した．それに対応して移民労働者が増加し，また，国内の産業育成のための保護関税，鉄道債などをきっかけとした外国資本の流入を背景として，飛躍的な工業発展が達成された．そのような中，スタンダード・オイルや US スチールなどの巨大独占企業が誕生し，経済を席巻するようになった．この頃のアメリカ経済学では，一方で，ジョン・ベイツ・クラーク（1847～1938 年）やアーヴィング・フィッシャー（1867～1947 年）らが基礎を築いたアメリカ新古典派経済学が，フランク・タウシッグ（1859～1940 年），フランク・ナイト（1885～1972 年）らを経て支配的な経済学となり，他方で，ヴェブレンは，それを批判し，補完する**制度派経済学**（後の「旧制度学派」）の基礎を確立した.

　1929 年の世界恐慌以降の大不況に正面から取り組んだのは，制度派経済学の方だった．数量的研究を重視し，理論研究との統合を目指したウェスリー・ミッチェル（1874～1948 年）は，大不況を切り抜けるための計画化に向けて，基礎的データの整備を主張し，また，法や制度を通じて適正な資本主義へ向けた変革の必要性を説いたジョン・ロジャーズ・コモンズ（1862～1945 年）は，中央銀行による景気安定化プログラムや，失業保険などの制度構築を提案した．実際，ニュー・ディールでは，拡張的マクロ経済政策と，労働組合を合法化したワグナー法や失業保険等を骨子とした社会保障法の制定などを含む社会民主主義的改革が実施された.

　1930 年代後半のニュー・ディール後期には，ケインズ経済学（**第 8 章**参照）の影響が一挙に押し寄せ，特に，第 2 次世界大戦後から 1960 年代後半まで，アメリカ経済学の主流派を占める時代が続いた．この時期には，ケインズの不均衡理論と新古典派の均衡理論とを結びつけた新古典派総合が支配的となり，

理論と計量分析の双方において発展を遂げた.

　ヴェトナム戦争を経て1970年代になると状況は一変し，アメリカ経済は**ス
タグフレーション**に直面して，財政・金融政策による安定的な経済成長を牽引
してきたケインズ政策は，行き詰まった. そのような中，マネタリズムによっ
て，フィッシャー流の貨幣数量説が復活し，ケインズ的な財政政策の無効性が
主張された. これ以降，アメリカ経済学は，合理的期待形成学派やサプライサ
イド経済学といった保守的な市場万能主義の時代を迎えた（**第10章**参照）. しか
し，その背後で，社会経済構造の変化に注目した新しいケインズ主義や新しい
制度主義といった異端派にも注目が集まった. このように現代経済学のホーム
グラウンドであるアメリカは，現代経済学の紆余曲折を知るためのメッカであ
るといえる.

(2) 制度派経済学の誕生

　ヴェブレンは，当時のアメリカでは輸入学問だった新古典派経済学がアメリ
カ経済学界を席巻する中で，それへの不満からオルタナティブな経済学の構築
に挑戦し，旧制度学派を形成した異端派の先駆者である. そのようなヴェブレ
ンの思想的背景には，アメリカ社会の現実を実証的に理解し，そこから有意な
結論を導出するという**プラグマティズム**の考え方がある. ヴェブレンは，一方
で，ミクロ経済学に対して，寡占（部分独占）という現実的問題に対する配慮
が欠落しているとしてマーシャル批判を展開し，他方で，ケインズ主義的マク
ロ経済学のように，政府による財政・金融政策の必要性を説くのではなく，資
本主義経済に内在する制度的欠陥の方を問題視した.

　ヴェブレンの経済学を貫く一つの大きな柱として，産業とビジネスとの**二項
対立**の視点がある. それぞれの背景にある本能の観点から，**制作者本能**と**収奪
本能**との二項対立であるとも言える. 制作者本能とは，人間はものを作り，仕
事をすることに対する本能的な性向をもつという意味で，快楽主義的な経済人
と対極をなす. 対する収奪本能とは，私的所有制のもとで金銭的競争に勝利す
ることを志向する性向のことである. ヴェブレンは，近代資本主義経済におけ
る産業とビジネスとの乖離を問題視しながら，二つの本能の予定調和に期待し
なかった.

　ヴェブレンは，社会的共同体における人間の支配的な思考習慣や行動習慣と
して，制度を定義した. したがって，制度の形成は，先の制作者本能と収奪本

能との対立の程度に依存することになる．ある特定の技術的状況における思考
様式と行動様式の累積的な相互作用の結果として，制度の水準が決まるのであ
る．このような制度形成の過程は，目的論的なものではなく，技術と制度の水
準によって，ある時代の段階が特徴づけられる．例えば，職人的生産の段階で
は，制作者本能の方が収奪本能よりも強く，機械生産の段階では，逆に収奪本
能の方が制作者本能よりも強くなる．ヴェブレンの『有閑階級の理論』(1899
年) と『企業の理論』(1904 年) は，まさに，このような人間の本能と行動に焦
点をあてながら，制度の進化を経済学的に論じた著作である．

　ヴェブレンが現代の進化経済学の知的源泉の一人と指摘される際に，1898
年の論文「経済学はなぜ進化論的科学ではないのか」が，従来からしばしば言
及されてきた．増補新訂版として 2016 年に刊行された『有閑階級の理論』(高
哲男訳，講談社学術文庫) の「附論」で，同論文が初めて邦訳されたことにより，
ヴェブレンの進化論的経済学のアイデアにアクセスしやすくなった．

　同論文で，ヴェブレンは，**進化論的科学**とは，「プロセスの，つまり広がり，
発展する継起の理論である」[ヴェブレン 2016：388] とし，過去から積み重ねら
れてきた理論の集合であると論じている．これは，ヴェブレン以前の経済学の
歴史においても当てはまりそうだが，ヴェブレンによると，前進化論的科学の
目的は，「絶対的な真理という見地から知識を定式化すること」にあり，それ
は「啓発され，熟慮を重ねられた常識からなる公式見解と事実との一致」
[ヴェブレン 2016：392-393] を意味するものであったという．これを経済学に適
用すると，古典派経済学以来の従来の経済学において定式化された法則や原理
は，「あらゆる事物が向かう傾向をもつ目的に関する先入観」を「正常性の法
則とか自然の法則」[ヴェブレン 2016：397] という形で形成されたものである．
これに対して進化論的科学としての経済学は，「産業社会を構成する人間的要
素」に焦点をあて，「事を成し遂げる方法－生活の物質的手段に対処する方法
－における変化の連続」を「累積的な変化のプロセス」[ヴェブレン 2016：403]
として，人間の遺伝的特徴と過去の経験から説明することを目的とする継起の
理論でなければならないのである．この論文の後半では，制度と進化論的経済
学に関するヴェブレンの考えが，簡潔に示されているので，最後にまとめてお
こう．まず，**制度**とは，「行為の基礎……は過去のプロセスによって形づくら
れてきた思考習慣の有機的複合体全体」[ヴェブレン 2016：410] である．そして，
進化論的経済学とは，「経済的な利害関係によって決定されるような文化的発

展のプロセスについての理論，つまり，プロセスそれ自体の見地から叙述された経済制度の累積的な継起についての理論」［ヴェブレン 2016：410］なのである．

　ヴェブレンを中心として開拓された制度派経済学は，その後，ミッチェルやコモンズらによって発展的に継承されたほか，ロナルド・コース（1910～2013年）の**取引費用経済学**と結びつき，ミクロ経済学の仮説や基準を用いて，市場，企業や法といった意味での制度の解明に取り組んだダグラス・ノース（1920～2015 年）やオリバー・ウィリアムソン（1932～2020 年）等，**新制度学派**と呼ばれる潮流を生み出した．

(3) ガルブレイスによるアメリカ主流派経済学への挑戦

　ガルブレイスは，80 年にもわたる長い学究人生において，ケインジアン，制度主義者としてアメリカ主流派経済学に挑戦し続けながら，新聞・雑誌記者，ケネディ政権のブレーンといった多彩な顔も持ち合わせていることから，実践力を重視する，勘と行動力をもった経済学者と評される．

　ガルブレイスが，実際の経験と現実に対する鋭い観察から生み出した独自の造語は，高度に分業化・専門化され，数学化された主流派経済学に飽きたらない知識人たちに訴えるものがあった．ここでは，そのような造語に焦点をあてながら，ガルブレイスの洞察の鋭さと造語の妥当性を見ていく．

　(1) **拮抗力**（countervailing power）：この概念は，『アメリカの資本主義』（1952 年）で提唱され，一つの市場の支配力が，それを相殺する他の力を組織化するような現象を表現する際に用いられた概念である．1930 年代までのアメリカのビッグ・ビジネスが，横暴な力を振りかざすことなくうまく運用されたのは，大企業と対峙する相手側（労働者，顧客など）の力が，大企業の独占力を律する抑制装置として機能するようになったからであるとされた．インフレと**社会的アンバランス**に対して，消費者運動や労働組合などが，市場の自動調整作用を果たしたというのである．

　(2) **依存効果**（dependence effect）：この概念は，『ゆたかな社会』（1958 年）で提唱された概念である．ゆたかな社会においては，所得の増加分は，ますます必需度の低い財やサービスの購入に回るようになり，それを供給サイドが，広告や宣伝によって意図的に誘導するといった形で，消費が供給に依存する現象を表現した言葉である．このような消費は，ミクロ経済学が教えるように消費理論と生産理論を独立して考える経済学では説明がつかない．

(3) **テクノストラクチャー** (technostructure)：この概念は，『新しい産業国家』(1967 年) で提唱された概念である．新しい産業国家の担い手は，市場の不確実性に対して，独力で計画化を推進していける成熟した法人企業である．そのような意思決定の担い手がこの概念であり，見ず知らずの株主個人ではなく，高度な知識と専門的能力をもった自立性のある集団のことを指している．この着想の背景には，当時のアメリカ社会が，イノベーションの担い手としての巨大企業に支配されていたという時代背景と，そのような巨大企業は，利潤最大化を目的としていないという担い手の事情の変化があった．これを受けて，ウィリアム・ボーモル (1922〜2017 年) らは利潤最大化仮説に代えて，**売上高最大化仮説**を提唱するなど，ガルブレイスのアイデアを受けた理論的展開も見られた．

　ガルブレイスが残した数多くの論考が，専門家だけでなく一般にも広く読まれたのは，ガルブレイスの著作に数式がほとんど出てこないという事情もあるだろうが，時代を読み解く着眼点や発想力こそ，ガルブレイスを異端派経済学者としての地位を不動のものとしているのである．

 ## ② レギュラシオン学派──資本主義の多様な進化過程──

(1) レギュラシオン理論の誕生

　レギュラシオン理論誕生の背景には，ニクソン・ショック (1971 年) や第 1 次オイル・ショック (1973 年) を契機に，不景気とインフレーションが同時発生するスタグフレーションによってケインズ主義の権威が失墜し，ジョーン・ロビンソンが 1971 年のアメリカ経済学会の講演で，「経済学の第 2 の危機」に警鐘を鳴らしたような，1970 年代初頭の資本主義経済の危機的状況がある．当時フランスの経済官庁 (INSEE：国立統計経済研究所) のエコノミストだったミシェル・アグリエッタ (1940 年〜) が中心となって議論の場が形成され，20 世紀資本主義を牽引してきたアメリカ経済を，経済学的に問い直すという挑戦が始まった．そこには，ロベール・ボワイエ (1943 年〜)，アラン・リピエッツ (1947 年〜) ら，若きエコノミストや学生が参加し，その成果として，1976 年に『資本主義のレギュラシオン理論』が刊行された．ここに，レギュラシオン学派が誕生したのである．

　レギュラシオン学派の学問的背景には，資本主義に関するマルクスやケイン

ズの経済分析に依拠しながら，いかにそれらを乗り越えるかという問題意識がある．そのために，アナール学派の歴史学や，ピエール・ブルデュー（1930～2002年）の社会学，『大転換』（1944年）で著名なカール・ポランニー（1886～1964年）の経済学など，様々な諸成果を学際的に取り入れている．1970年代を中心に活躍した世代（第1世代）は，戦後アメリカ経済の再生産・調整メカニズムの解明に主眼を置き，そこから「**フォーディズム**」と呼ばれる分析枠組みを創出した．

(2) レギュラシオン理論の基本的な分析枠組み

　レギュラシオン理論による資本主義分析には，核となる五つの基礎概念がある．それらの関係を図示した**図15-1**にあるように，「**制度諸形態**」，「**蓄積体制**（成長体制）」，「**調整様式**」，そして「**危機**」である．これらの基礎概念を用いて，**時間的可変性**と**空間的多様性**をはらんだ，資本主義経済の行動変化を分析することが，レギュラシオン理論の問題意識である．いずれも重要な基礎概念なので，一つずつ説明を加えておこう．制度諸形態は，五つの基礎概念の中でも，とりわけ重要なものである．なぜなら，これら諸制度の組合せや比重の違いによって，資本主義経済の構造が異なってくるからである．

　制度諸形態には，時間や空間を超えて普遍的であると考えられる五つの制度が含まれる．それらは，**賃労働関係，貨幣形態，競争形態，国家形態，国際体制**である．図中の矢印は因果関係の流れを示しており，制度諸形態の組合せに

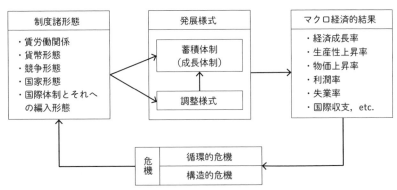

図15-1　レギュラシオン理論の五つの基礎概念

出所）筆者作成．

よって，特定の時代・地域における資本主義経済の蓄積体制と調整様式が規定され，これら二つを合わせて**発展様式**が規定される．資本主義経済は，絶えず矛盾や歪みを伴いながらも，それを規範やルールによって吸収しながら特定の方向に進み，様々なマクロ経済変数の変化を見てマクロ経済的な結果が確認される．それは，必ずしも順調な経路を進むとは限らず，資本主義経済は，政策的に対応可能な循環的危機（小危機）や，根本的な構造変化を伴うような構造的危機（大危機）を経験することによって，制度諸形態の新たな組合せが，模索され，出現することになる．このような循環的な構造変化の過程を捉えることが，レギュラシオン理論の分析的視点である．

(3) 過去の資本主義経済に適用した具体的分析

　これまでのレギュラシオン理論における研究成果によると，産業革命以降の資本主義経済は，大きく二つの蓄積体制に区分することができる．その一つは「**外延的蓄積体制**」と呼ばれ，19世紀半ばのイギリス資本主義が典型とされ，「市場競争的賃金・自由競争・金本位制・非介入的国家・植民地支配」という制度諸形態の組合せによって特徴づけられる．経済成長は，競争的市場における調整のもとで，生産の投入要素である資本や労働の量的拡大が経済成長をもたらし，それは，市場を通じた競争的な調整様式によってサポートされていた．

　もう一つは「**内包的蓄積体制**」と呼ばれ，20世紀半ばのアメリカ資本主義が典型とされ，制度諸形態の組合せは，「労使協調的賃金・寡占競争・管理通貨制・介入的国家・ブレトン＝ウッズ体制」であった．生産性上昇による大量生産と，生産性上昇にインデックスされた賃金上昇がもたらす大量消費が組み合わさって，好循環がもたらされた．それは，協調的労使交渉のような制度によって管理された調整様式によってサポートされた．

　それでは，21世紀に突入した現代の資本主義は，依然として内包的蓄積体制の状況下にあるだろうか．現代資本主義では，内包的蓄積体制を支えていた制度諸形態の組合せの多くがすでに変化しており，新たな蓄積体制の下にあるといえる．レギュラシオン理論は，現在進行形で，このような資本主義経済の歴史的・地域的変容の研究に取り組んでいる．

　このように，レギュラシオン理論を構成する五つの基礎概念は，現代においても有効な説明力が認められる．したがって，ここでは，フォーディズムと呼ばれる内包的蓄積体制の分析方法をとりあげ，レギュラシオン理論で概ね一貫

して用いられる分析手法のテンプレートとして解説する．これを理解しておけ
ば，1970年代以降の資本主義分析に関する，レギュラシオン理論の新たな研
究成果を理解する際にも役立つはずである．

(4) フォーディズム体制

　フォーディズムとは，1950〜60年代の先進資本主義経済における「資本主
義の黄金時代」，すなわち高度経済成長期の構造を対象とした分析モデルであ
る．この名称は，アメリカの自動車会社フォード社に由来する．1910年代の
フォード社の経営では，二つの先駆的な試みが実施されていた．それは，ベル
トコンベア方式を導入した組立作業による**大量生産**と，日給5ドルという当時
では高賃金の支払いによる**大量消費**の同時実現である．

　フォーディズム体制の発展様式における因果関係を図示したものが，**図
15-2**である．「生産性」と「需要＝生産」を結ぶ対角線よりも右上の領域に
ある回路が，生産性上昇に伴う因果関係であり，左下の領域にある回路が，需
要増加に伴う因果関係を示している．「生産性」からスタートする因果関係は，
再び生産性にフィードバックされることから，**累積的因果連関**を表現するもの
である．

　具体的には，供給サイドの自立的なイノベーションによって生産性が上昇す

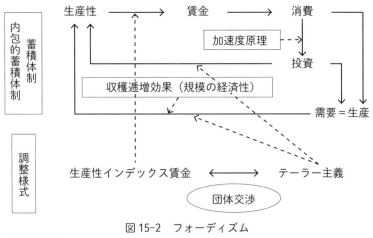

図 15-2　フォーディズム

出所）筆者作成.

ると，それに連動して賃金が上昇する．これが消費そして加速度原理を通じた
投資を刺激し，総需要が増大する．これが規模の経済性を通じてさらなる生産
性上昇をもたらす形で，因果連関が一巡する．この発展様式を支える調整様式
が，労使交渉である．そこでは，使用者における**テーラー主義**（「実行と構想の
分離」を理念とする工場管理法）を通じた生産性上昇というメリット（逆に，労働者
にとっては単純労働化するというデメリット）と，労働者における**生産性インデック
ス賃金**というメリット（逆に，使用者にとっては賃金コスト上昇というデメリット）を，
労使双方が妥協によって受け入れることにより，大量生産と大量消費という，
高度経済成長期を特徴づける発展様式が構築された．これは，主流派のような
市場経済の発展によるものでも，ケインズ的な積極的な政府介入でも，マルク
ス的な国家独占資本主義でもない，新しい分析視点である．

　しかし，このフォーディズム体制は，テーラー主義による生産性上昇が限界
に達したこと，生産性インデックス賃金による**利潤圧縮**によって，構造的危機
に直面することになった．その後，1970年代後半以降は，フォーディズム体
制の豊かさが残した負の遺産（大量廃棄や大量伐採など）への対応や，アジア
NIEsやASEANをはじめとする新興国の台頭による国際的競争の激化などへ
の対応をめぐって，各国ごとに独自の制度諸形態の変革を遂げ，多様な資本主
義経済のあり方が顕在化するようになった．レギュラシオン理論は，いまなお，
資本主義の変容と多様性，制度の階層性と補完性を，問い続けている．

 ## 現代の進化経済学

(1) 経済学と生物学

　経済学は，社会科学という科学的な学問領域の中の一分野であることから，
他の科学的な学問領域との間で，大なり小なり相互に影響し合ってきた．本節
でとりあげる現代の進化経済学にとりわけ関連するのは，経済学と生物学との
関係である．ここでは，特に生物学との関連について明示的に言及した，19
世紀と20世紀をそれぞれ代表する二人の経済学者について取り上げることに
する[1]．

　まず，19世紀を代表するのはマーシャル（**第7章**参照）である．マーシャル
は，『経済学原理』の「第8版序文」で，経済学者にとってのメッカ，すなわ
ち研究活動の拠点は，経済動学というよりも**経済生物学**にある（べきである）と

言及している．しかし，生物学的概念の複雑さを理由に，実際には，経済生物学を具体的に導入したり，展開したりできていない．このマーシャルの言及に対して，シュンペーターは生物学的類推を導入することの妥当性を疑問視し，経済学は他の諸科学と並んで独立した科学であるから，他に依存せず自己充足的であるべきだとした［シュンペーター 1983-84：第 5 部第 1 章］.

　次に，20 世紀を代表するのは，ニコラス・ジョージェスク=レーゲン（1906〜1994 年）である．ジョージェスク=レーゲンは，カール・ピアソン（1857〜1936 年）とシュンペーターからそれぞれ数理統計学と経済学の薫陶を受け，自然科学と社会科学との境界上で斬新かつ重要な研究成果を残した，まさに異端派の名に相応しい経済学者である．そのような研究成果のうち，最もよく知られているのが**エントロピー法則**（熱力学の第 2 法則）[2]を経済学に適用した環境問題やエネルギー問題に対する貢献である．それを論じた主著『エントロピー法則と経済過程』（1971 年）は難解な著作であるが，それは自然科学的な道具立てにあるからであって，経済過程における不可逆性（**非エルゴード性**）の指摘，伝統的な生産関数に代えて，フローとストックとの関係に焦点をあてた独自の**フロー・ファンド・モデル**の提唱，古典力学の機械論に則った新古典派経済学に対する批判的考察など，現代の異端派に通ずる言及が随所に見受けられる．

　さらに，自伝［シェンバーグ編 1994］では，**生物経済学**と進化について語っており，進化を表現する枠組みを開発した経済学者として，シュンペーターを高く評価している．特に，シュンペーターが，人間精神の継続的な発明能力の産物である非連続的な新機軸によって絶えず経済進化が促進されることを，量的増大による「成長」に対置させる形で，初めて「発展」という言葉を充てたことに注目している．

(2) ネルソン・ウィンター・モデル

　現代の進化経済学の源流を探る場合，その出発点に，リチャード・ネルソン（1930 年〜）とシドニー・ウィンター（1935 年〜）による『経済変動の進化理論』（1982 年）を据えることは，概ね同意が得られるだろう．同書で提示された企業進化の理論とは，相互依存関係にある異質な企業からなる集団（個体群）を想定し，個々の意思決定ルール（ルーティン）と集団が属する市場構造（これを市場シェアで表す）とが，時間を通じて共進化していく過程を，コンピュータ・

シミュレーションを用いて分析したものである．彼らが構築した理論モデルを，ここでは「NW モデル」と呼ぶ．

彼らの主流派の企業理論に対する挑戦には，その背景に，様々な源泉が控えている．経済学や経営学における異端派の諸成果はもちろん，それ以上に彼らに影響を与えているのは，特に，**生物進化**の発想とアイデアである．生物進化を経済進化に直接適用するというよりは，経済進化の分析枠組みの構築にあたって類推適用しながら，経済学における概念と対応させたり，彼ら独自の概念を創り出したりする際に，大いに利用されている．

NW モデルの目的は，資本ストックと技術が変化する過程の中で，同質的な製品を生産している複数の個別企業の行動を分析することである．NW モデルの詳細な構造には，経済学史の教科書の範囲を超えるテクニカルな部分もあるので，ここでは，モデルの全体的な特徴を三点に整理して説明するにとどめる．[3)]

第 1 の特徴は，ある変数が，時間を通じてどのような過程を経て，さらに諸変数がどのように相互作用しあって，現時点の産業の状態に到ったかという，考察対象の動態分析に焦点をあてるところにある．このような動態過程の分析は，本質的に非線形現象であって，過程分析のためには，コンピュータ・シミュレーションを用いるのが適している．モデル内で想定されている個別企業は，産業における企業間競争において，生き残りをかけた市場シェア獲得を目的としている．したがって，最も注目すべき被説明変数は，各企業の市場シェアであり，これは産業の平均利潤を基準として増減する．市場シェアは一つの個別企業の意思決定だけではなく，ライバル企業との競争関係を通じて帰結するものであるため，各企業の戦略的行動は，それぞれが満足できる目標を基準に決定される．もし，目標に達しないならば，資本生産性を変化させるようなイノベーション（革新ないし模倣）を模索することになる．こうして，イノベーションに成功すると平均費用が低下し，それに伴って，企業数，企業のストック，市場集中度が時間を通じて変化することになる．以上のプロセスの繰り返しが，企業進化という動態過程を形成する．

第 2 の特徴は，そのような企業の戦略的意思決定は，企業にとってランダムな要因に依存するメカニズムと，組織的に変化を選別するメカニズムとの双方を含んでいることである．ここには，生物進化との関連性が見て取れる．前者は，生物進化でいうところの**突然変異のメカニズム**であり，モデルにおいては，

資本生産性上昇という意味でのイノベーションに関する企業の戦略的行動の定式化に表れている．後者は，市場メカニズムを介した**選択（淘汰）のメカニズム**であり，モデルにおいては，既存の自社技術，イノベーションで獲得した新技術，あるいは，模倣の成功によって知りえた既存の他社技術から，各企業が，それぞれの選択肢のうち最も生産性の高い技術を選択するところに表れている．

　第3の特徴は，産業や市場における淘汰圧力を乗り超えて生き延びた技術や行動には，時間を通じて存続しうる慣性が作用すると考えられていることである．ここでも生物進化における**遺伝のメカニズム**が見て取れる．すなわち，企業行動の特性は時間を通じて保持される傾向があるということである．ネルソンとウィンターは，そのような企業行動を遺伝子になぞらえて，**ルーティン**と呼んだ．これは，競争環境の変化や技術変化の中で生き抜いていくための企業の行動ルールあるいは行動パターンに相当するもので，不確実性やリスクに対処するために，現実にありうべき企業行動の一つのあり方を示したものである．

　以上のような特徴をもつ NW モデルは，確かに，現代の進化経済学におけるエポックメーキングなモデルの一つである．現代の進化経済学は，その後，百花繚乱ともいえるほどアプローチの学際性と多様性が増し，他の異端派との対話も進んできている．しかし，その反面で，NW モデルの直接の後継となりうる支柱となるような理論的展開を欠いていることから，現代の進化経済学に対する悲観的な展望も内部から出されている [Hodgson 2019]．今度の動向に注視しなければならない．

 ## ④　経済主体の行動の見直し——サイモンから行動経済学へ——

(1) サイモンの限定合理性概念

　ハーバート・A・サイモン（1916〜2001 年）は，1978 年に，「経済組織内部の意思決定過程に関する先駆的研究」に対して，ノーベル経済学賞を授与された経済学者である．しかし，経済学に対する貢献は，サイモンが残した功績の一つの側面にすぎない．経済学以外の分野における貢献として，経営学や組織論は言うまでもなく，心理学や人工知能研究が挙げられる．特に，人工知能研究に関しては，サイモンはその創始者の一人とされる．

　このような多彩な顔をもつサイモンが，経済学へ関心をもったきっかけは，複雑性や不確実性，さらに日々の職業上の生活における目標の葛藤や比較秤量

の不可能性にどう対処するか，すなわち人間の問題解決行動の解明だった，とサイモン自身が回想している[4]．このよう経験から，サイモンは，主流派が想定するような経済人（ホモ・エコノミカス）に疑問をもち，『経営行動』（1947 年）で「**限定された合理性**」（bounded rationality）という概念を提唱した．

　主流派の合理性概念は，実質的合理性のことである．そこでは，(1) 選択すべき代替的行動のセットがあらかじめ定義されていること，(2) 異なる行動の結果に関する完全知識があること，そして，(3) 最大化すべき所定の目的関数が存在すること，以上三つの前提条件が要求される．一方，サイモンの限定された合理性は，そうであるがゆえに，**手続き的合理性**にならざるを得ない．これは，同時に追求している異なる諸目的に関して，受け入れ可能な結果に到達することを目的とした満足行動を採用することが合理的であるという考え方である．したがって，手続き的合理性に基づく行動は，**ヒューリスティクス**（経験則）に依拠するものとなる．具体的には，(1) 許容可能な目標水準を設定し，(2) その目標を満たす代替的行動が見つかるまで探索し，(3) それが見つかった時点で探索をやめて採用するのである．これは前節で説明した，ネルソンとウィンターのルーティンの概念に活かされていることに気づいた読者もいるだろう．

　注意が必要なのは，限定された合理性を，不合理であるとか，完全合理的である状態よりも劣るという捉え方をしてはならないということである．実際の人間の意思決定は，認知能力に限界があることは言うまでもない．そうであるがゆえに，人間は受容する環境の範囲を限定することによって，取るべき行動を選択しやすくしているという積極的な意味の方が重要なのである．逆に言えば，あらゆることを知っていたら（完全情報），人間は何も決定できないのである．

　さらに，サイモンは，ゲーム理論の枠組みとミニ・マックス原理を活用して，不完全情報の場合に，適切な意思決定プロセスを定義することを目的として，限定された合理性の運用上の定義を与えようと試みた．このような，人間の意思決定に関する研究は，その後，情報処理心理学や人工知能研究へと応用されていったのである．

(2) カーネマンによる行動経済学の開拓

　近年，ノーベル賞受賞者を輩出し，現代経済学において確固とした地位を確

立しつつある行動経済学を，異端派経済学の潮流に位置づけることに対して，
違和感を感じる読者もいるだろう．ここでは，サイモンが提唱した限定された
合理性を，理論的かつ具体的に展開しているという意味で，行動経済学を異端
派に位置づけ，まだ歴史は浅いが，今後の発展可能性を秘めた行動経済学の，
これまでの研究動向を見ておきたい．

　2002 年にヴァーノン・スミス（1927 年〜）とノーベル経済学賞を共同受賞し
たダニエル・カーネマン（1934 年〜）の受賞理由は，心理学研究から得られた
洞察を経済学に統合し，特に不確実性下での人間の判断と意思決定に関して，
新しい研究分野の基礎を築いたことであった．心理学と経済学との融合という
意味では，人間の意思決定に関する合理性の問題に対するカーネマンの関心は，
サイモンの問題意識と同一である．

　カーネマンの当初の問題意識は，人間の意思決定は，直感（システム 1）と意
識的な推論（システム 2）のいずれかによるものであるというものだった．シス
テム 1 は，速く，自動的で，楽な，何が起こっているかの印象に基づく直感的
判断であるのに対し，システム 2 は，時間をかけて慎重に行われた理性的判断
である．不確実で複雑な判断を迫られた際に，人間は直感的に判断を下す傾向
があることは，心理学で言うところのヒューリスティクスと呼ばれるものであ
る．それは人間にとって便利な方法ではあるが，深刻な論理的エラーを引き起
こす可能性がある．このようなエラー，すなわち，現実の意思決定と最適なそ
れとの乖離のことを，カーネマンは「**バイアス**」と呼んだ．そして，このよう
なバイアスの例として，「代表性（類似性や典型性を基準とする）」，「利用しやすさ
（想起しやすいものを重視する）」，「係留（先に与えられた特定情報に依拠する）」の三つ
を挙げている．

　カーネマンは，このような人間の意思決定におけるエラーやバイアスを，金
融的判断が必要とされる場面に適用して経済学に応用した．そこから生み出さ
れた新たなバイアスとして，ケインズの『一般理論』を想起させる**楽観的バイ
アス**がある．これは，個人や組織が積極的にリスクをとるようになり，失敗や
リスクを過小評価し，戦略が成功する可能性や期待される報酬を過大評価する
傾向があることである．その他にも，後知恵バイアス（成功体験を過大評価する傾
向），確証バイアス（自分の見解に有利な証拠を重視する傾向）など，興味深いアイ
デアを**経済実験**を通じて次々に生み出した．

　このような，不確実性やリスクに直面したときの人間の意思決定に関して，

従来の経済学では，期待効用理論を用いて考察してきたが，これに対して，カーネマンが対置したのが**プロスペクト理論**である．この理論の形成過程には，具体的な問題を提示して行う経済実験の積み重ねがある．その結果として得られた含意は，まず，人々にとって重要なのは現在の富の状態である．そして，それを基準に便益と損失を評価するのだが，人々は便益を得ることよりも損失を避けることの方に強く駆られるという．したがって，例えば経営者と労働者の賃金協定や，大国と小国のグローバルな貿易協定など，一方の当事者が損失を避け，他方の当事者が便益を得ようとする交渉においては，合意に至るのに困難が伴うことになるのである．

　その後の行動経済学は，カーネマンの共同研究者でもあるリチャード・セイラー（1945 年～）や，彼らの次世代にあたるダン・アリエリー（1967 年～），法学分野から参入してきたキャス・サンスティーン（1954 年～）ら多くの後進による研究成果も積み上げられ，現在，一つの大きな経済学のブームを形成している．

お わ り に

　本章では，制度と進化の二つのキーワードに関連する，現代の異端派の潮流をいくつか取り上げた．総じて確認できる特徴は，異端派は，経済のダイナミクスに関心をもち，主流派とは異なるアプローチによってオルタナティブな理論構成を試み，有意義な分析結果や政策提言を提出していることである．経済環境がますます複雑化し，分野横断的なアプローチの必要性が高まり，ますます資本主義経済が混迷を深める現代において，また，主流派経済学に依拠するだけでは解けない課題も山積している現状において，異端派の存在意義はますます高まっていると言える．

注
1）ただし，これとは正反対に，生物学的な類推を経済現象に適応することに対して慎重な見解があることも忘れるべきではない．例えば，エディス・ペンローズ（1914～1996 年）は，企業の出現・成長・消滅を，生物の誕生・成長・死のプロセスになぞらえた企業のライフサイクル理論に対して，慎重であるべきとする議論を展開した．

2）エントロピーとは，物体や状況の無秩序な度合いを表す概念と考えればよい．例えば，エントロピーが増大すると無秩序（複雑）になる．この熱力学の法則を経済現象に適用すると，経済活動はすべてエントロピーを増加させる過程であるとみなせる．特に，産業革命以来，増大したエントロピーは，生態系と自然の循環の中で廃棄されてきたが，これが現代の環境問題を引き起こした本質であると考えられている（リフキン［1990］を参照）．

3）NW モデルの具体的内容や定式化に関心がある読者は，彼らの 1982 年の著書を参照して欲しい．その他，NW モデルの紹介も含め，さらなる展開についても論じた文献として，アンデルセン［2004］がある．

4）このような関心をもつに至った直接のきっかけとして，サイモンが晩年まで記憶していると言っているのは，シカゴ大学の学生時代に学んだ中級価格理論を，ミルウォーキー市のレクリエーション部局が予算決定の際の競合要求をどう裁定するのかの問題に適用しようとしたときに直面した問題（個人や組織の資源の割当に関する問題）であった［シェンバーグ編 1994：143-144］．

5）カーネマンの研究成果は，10 年以上にわたるエイモス・トヴァスキー（1937〜1996年）との共同研究の賜物であったことは，行動経済学のノーベル賞初受賞の際にはすでに他界していたトヴァスキーに敬意を表して心に留め置かれるべきである．

参 考 文 献

　　＜一次文献＞は，原典を邦訳したもの，＜二次文献＞は，原典を理解するための論文や教科書，研究書である．ともに本書編纂時にあたり，用いた文献である．

＜一次文献＞

ヴェブレン［1996］『企業の理論』（小原敬士訳）勁草書房．

――――［2015］『有閑階級の理論　増補新訂版』（高哲男訳）講談社（講談社学術文庫）．

ヴェーバー［2010］『プロテスタンティズムの倫理と資本主義の精神』（中山元訳）日経BP社．

カルドア［1989］『経済成長と分配理論』（笹原昭五・高木邦彦訳）日本経済評論社．

カレツキ［1967］『経済変動の理論　改訂版』（宮崎義一・伊東光晴訳）新評論．

――――［1980］『資本主義経済の動態理論』（浅田統一郎・間宮陽介訳）日本経済評論社．

カルドア，パシネッティ，ロビンソン，サミュエルソン，モディリアニ，ソロー［1982］『マクロ分配理論――ケンブリッジ理論と限界生産力説』（富田重夫編訳）学文社．

ガルブレイス［1972］『新しい産業国家　第二版』（都留重人監訳）河出書房新社．

――――［2004］『ガルブレイスわが人生を語る』日本経済新聞社．

――――［2006］『ゆたかな社会　決定版』（鈴木哲太郎訳）岩波書店（岩波現代文庫）．

――――［2016］『アメリカの資本主義』（新川健三郎訳）白水社．

ケインズ［1979］『貨幣論Ⅰ　貨幣の純粋理論』（小泉明・長澤惟恭訳）東洋経済新報社．

――――［1980］『貨幣論Ⅱ　貨幣の応用理論』（長澤惟恭訳）東洋経済新報社．

――――［1995a］『貨幣改革論』（中内恒夫訳）東洋経済新報社．

――――［1995b］『雇用・利子および貨幣の一般理論』（塩野谷祐一訳）東洋経済新報社．

ケネー［2013］『経済表』（平田清明・井上泰夫訳）岩波書店（岩波文庫）．

サイモン［1998］『学者人生のモデル』（安西祐一郎・安西徳子訳）岩波書店．

――――［2009］『経営行動　新版』（二村敏子・桑田耕太郎・高尾義明ほか訳）ダイヤモンド社．

サマーズ，バーナンキ，クルーグマン，ハンセン［2019］『景気の回復が感じられないのはなぜか』（山形浩生編訳）世界思想社．

ジェヴォンズ［1981］『経済学の理論』（小泉信三・寺尾琢磨・永田清訳）日本経済評論社．

シュタインドル［1962］『アメリカ資本主義の成熟と停滞――寡占と成長の理論』（宮崎義一・笹原昭五・鮎沢成男訳）日本評論社．

シュンペーター［1951-52］『資本主義・社会主義・民主主義』（中山伊知郎・東畑精一訳）東洋経済新報社.

─────［1958-64］『景気循環論──資本主義過程の理論的・歴史的・統計的分析Ⅰ－Ⅴ』（金融経済研究所訳）有斐閣.

─────［1977］『経済発展の理論（上）（下）』（塩野谷祐一・中山伊知郎・東畑精一訳）岩波書店（岩波文庫）.

─────［1983-84］『理論経済学の本質と主要内容（上）（下）』（大野忠男・木村健康・安井琢磨訳）岩波書店（岩波文庫）.

─────［2005-2006］『経済分析の歴史（上）（中）（下）』（東畑精一・福岡正夫訳）岩波書店.

─────［2019］『経済発展の理論　初版』（八木紀一郎監訳・荒木祥三訳）日本経済新聞社.

ジョージェスク＝レーゲン［1981］『経済学の神話』（小出厚之助・室田武・鹿島信吾編訳）東洋経済新報社.

─────［1983］「エントロピー法則とその経済的意味」（小出厚之助訳）『思想』707.

─────［1993］『エントロピー法則と経済過程』（高橋正立・神里公・寺本英ほか訳）みすず書房.

スミス［2003］『道徳感情論（上）（下）』（水田洋訳）岩波書店（岩波文庫）.

─────［2020］『国富論Ⅰ－Ⅲ』（大河内一男監訳）中央公論新社（中公文庫プレミアム）.

スラッファ［1956］『経済学における古典と近代──新古典学派の検討と独占理論の展開』（菱山泉・田口芳弘訳）有斐閣.

─────［1962］『商品による商品の生産──経済理論批判序説』（菱山泉・山下博訳）有斐閣.

ネルソン，ウィンター［2007］『経済変動の進化理論』（後藤晃・角南篤・田中辰雄訳）慶應義塾大学出版会.

ハイエク［1986］『市場・知識・自由──自由主義の経済思想──』（田中真晴・田中秀夫編訳）ミネルヴァ書房.

─────［1988］『貨幣発行自由化論』（川口慎二訳）東洋経済新報社.

ハンセン［1950］『財政政策と景気循環』（都留重人訳）日本評論社.

─────［1953］『貨幣理論と財政政策』（小原啓士・伊東政吉訳）有斐閣.

ピグー［2015］『知識と実践の厚生経済学』（高見典和訳）ミネルヴァ書房.

ピケティ［2014］『21世紀の資本』（山形浩生・守岡桜・森本正史訳）みすず書房.

ペンローズ［2010］『企業成長の理論　第3版』（日高千景訳）ダイヤモンド社.

ボワイエ［2019］『資本主義の政治経済学』（山田鋭夫監修・原田裕治訳）藤原書店.

マーシャル［1991］『経済学原理（一）－（四）』（永沢越郎訳）岩波ブックセンター信山社.

─────［2014］『クールヘッド & ウォームハート』（伊藤宣広訳）ミネルヴァ書房.

マルクス［1982-89］『資本論 1 - 13』（社会科学研究所監修・資本論翻訳委員会訳）新日本
　　出版社.

─────［2002］『新編輯版　ドイツ・イデオロギー』（廣松渉編訳・小林正人補訳）岩波書
　　店（岩波文庫）.

マルクス，エンゲルス［1951］『共産党宣言』（大内兵衛・向坂逸郎訳）岩波書店（岩波文
　　庫）.

マルサス［1968］『経済学原理（上）（下）』（小林時三郎訳）岩波書店（岩波文庫）.

─────［1985］『人口の原理』（大渕寛・森岡仁・吉田忠雄ほか訳）中央大学出版部.

ミル［1959-63］『経済学原理（一）-（五）』（末永茂喜訳）岩波書店（岩波文庫）.

─────［2020］『自由論』（関口正司訳）岩波書店（岩波文庫）.

ミンスキー［1988］『投資と金融』（岩佐代市訳）日本経済評論社.

─────［1999］『ケインズ理論とは何か』（堀内昭義訳）岩波書店.

メンガー［1986］『経済学の方法』（福井孝治，吉田昇三訳）日本経済評論社.

─────［1999］『国民経済学原理』（安井琢磨・八木紀一郎訳）日本経済評論社.

リカードウ［1972］『経済学および課税の原理』（堀経夫訳）雄松堂.

ロビンズ［1957］『経済学の本質と意義』（辻六兵衛訳）東洋経済新報社.

ロビンソン［1977］『資本蓄積論　第 3 版』（杉山清訳）みすず書房.

─────［1988］『資本理論とケインズ経済学』（山田克己訳）日本経済評論社.

＜二次文献＞

邦文献

浅野清［1985］「重農主義」，宮崎犀一・上野格・和田重司編『経済学史講義』新評論.

アンデルセン［2016］『シュンペーター』（小谷野俊夫訳）一灯舎.

依田高典［2010］『行動経済学』中央公論新社（中公新書）.

伊藤誠一郎［2010］「『重商主義』の時代──貧困と救済」，小峯敦編『福祉の経済思想家た
　　ち　増補改訂版』ナカニシヤ出版.

伊藤宣広［2006］『現代経済学の系譜』中央公論新社（中公新書）.

─────［2007］『ケンブリッジ学派のマクロ経済分析──マーシャル・ピグー・ロバート
　　ソン』ミネルヴァ書房.

伊東光晴［1962］『ケインズ──"新しい経済学"の誕生』岩波書店（岩波新書）.

─────［1965］『近代価格理論の構造』新評論.

─────［2016］『ガルブレイス──アメリカ資本主義との格闘』岩波書店（岩波新書）.

伊東光晴・根井雅弘［1993］『シュンペーター──孤高の経済学者』岩波書店（岩波新書）.

井上義朗［1993］『市場経済学の源流——マーシャル，ケインズ，ヒックス』中央公論新社（中公新書）.

———［2004］『経済学史』新世社.

———［2012］『二つの「競争」——競争観をめぐる現代経済思想』講談社（講談社現代新書）.

ヴォーン［2000］『オーストリア経済学——アメリカにおけるその発展』（渡部茂・中島正人訳）学文社.

宇佐美誠・児玉聡・井上彰・松本雅和［2020］『正義論——ベーシックスからフロンティアまで』法律文化社.

宇沢弘文［2000］『ヴェブレン』岩波書店.

江頭進［1999］『F. A. ハイエクの研究』日本経済評論社.

大谷禎之介［2001］『図解　社会経済学』桜井書店.

岡田章［2021］『ゲーム理論　第三版』有斐閣.

岡本哲史・小池洋一編［2019］『経済学のパラレルワールド』新評論.

小沢修司［2002］『福祉社会と社会保障改革——ベーシック・インカム構想の新地平』高菅出版.

置塩信雄［1976］『蓄積論　第二版』筑摩書房.

音無通宏［1985］「古典派経済学の発展」，宮崎犀一・上野格・和田重司編『経済学史講義』新評論.

金子創［2014］「カンティロンとチュルゴ——古典派的利潤論の形成における企業者概念の意義」『経済学史研究』56(1).

川俣雅弘，［2005］「20世紀の経済学における序数主義の興隆と衰退」『経済学史研究』47(2).

喜多見洋［2012］「古典派経済学とフランス」，喜多見洋・水田健編『経済学史』ミネルヴァ書房.

木村健康監修［1973］『現代経済理論のエッセンス　増補改訂版』ぺりかん社.

木村雄一［2009］『LSE物語——現代イギリス経済学者たちの熱き戦い』NTT出版.

———［2020］『カルドア　技術革新と分配の経済学——一般均衡から経験科学へ』名古屋大学出版会.

キング編［2021］『ポスト・ケインズ派の経済理論　第二版』（小山庄三監訳）日本経済評論社.

熊谷尚夫［1978］『厚生経済学』創文社.

グレイ，スミス編［2000］『ミル『自由論』再読』（泉谷周三郎・大久保正健訳）木鐸社.

経済学史学会編［2000］『経済思想史辞典』丸善.

ケルトン［2020］『財政赤字の神話』（土方奈美訳）早川書房.

小泉仰［1997］『J. S. ミル』研究者出版.

小林昇［1978］「フリードリッヒ・リスト」，水田洋・玉野井芳郎編『経済思想史読本』東洋
　　経済新報社.

小峯敦［2021］『経済学史』ミネルヴァ書房.

斎藤幸平［2019］『大洪水の前に――マルクスと惑星の物質代謝』堀之内出版.

―――――［2020］『人新世の「資本論」』集英社（集英社新書）.

―――――［2021］『NHK 100 分 de 名著 カール・マルクス 資本論』NHK 出版.

佐々木隆治［2018］『マルクス資本論』KADOKAWA.

佐々木隆治・志賀信夫編［2019］『ベーシックインカムを問いなおす』法律文化社.

シェーンバーグ編［1994］『現代経済学の巨星（上）（下）』（都留重人監訳）岩波書店.

塩野谷祐一［1995］『シュンペーター的思考――総合的社会科学の構想』東洋経済新報社.

―――――［1998］『シュンペーターの経済観』岩波書店.

重田澄男［2002］『資本主義を見つけたのは誰か』桜井書店.

柴田敬［1987］『増補 経済の法則を求めて』日本経済評論社.

島倉原［2019］『MMT とは何か』KADOKAWA（角川新書）.

清水幾太郎［2000］『倫理学ノート』講談社（講談社学術文庫）.

杉原四郎［1978］「J. S. ミル」，水田洋・玉野井芳郎編『経済思想史読本』東洋経済新報社.

―――――［1994］『J. S. ミルと現代』岩波書店（岩波新書）.

杉本栄一［1981］『近代経済学の解明（上）（下）』岩波書店（岩波文庫）.

鈴村興太郎［2000］「厚生経済学の情報的基礎――厚生主義的帰結主義・機会の内在的価値・
　　手続き的衡平性」，岡田章・神谷和也・黒田昌裕・伴金美編『現代経済学の潮流 2000』
　　東洋経済新報社.

鈴村興太郎・後藤玲子［2001］『アマルティア・セン――経済学と倫理学』実教出版.

高哲男［1991］『ヴェブレン研究』ミネルヴァ書房.

高橋聡［2012］「J. S. ミル――古典派経済学の集大成」，喜多見洋・水田健編『経済学史』ミ
　　ネルヴァ書房.

橘木俊詔［2021］『フランス経済学史教養講座――資本主義と社会主義の葛藤』明石書店.

田中敏弘［2002］『アメリカの経済思想――建国期から現代まで』名古屋大学出版会.

田中敏弘・山下博［1994］『テキストブック　近代経済学史［改訂版］』有斐閣（有斐閣ブッ
　　クス）.

田村信一［2018］『ドイツ歴史学派の研究』日本経済評論社.

伊達邦春［1979］『シュンペーター』日本経済新聞社.

都留重人［1993］『近代経済学の群像』新潮社（新潮文庫）.

―――――［2006］『現代経済学の群像』岩波書店.

堂目卓生［2008］『アダム・スミス』中央公論新社（中公新書）.

ドーフマン［1985］『ヴェブレン』（八木甫訳）ホルト・サウンダース・ジャパン.

内藤敦之［2011］『内生的貨幣供給理論の再構築』日本経済評論社.

中川辰洋［2016］『カンティヨン経済理論研究』日本経済評論社.

中野聡子［2017］「F. Y. エッジワースの契約モデルの特性──不決定性の分析とその応用の
　　視点」『明治学院産業経済研究所　研究所年報』34.

仲正昌樹［2011］『いまこそハイエクに学べ──「戦略」としての思想史』春秋社.

中村隆之［2008］『ハロッドの思想と動態経済学』日本評論社.

中村達也・八木紀一郎・新村聡・井上義朗［2001］『経済学の歴史──市場経済を読み解く』
　　有斐閣.

鍋島直樹［2017］『ポスト・ケインズ派経済学』名古屋大学出版会.

西村和雄［1986］『ミクロ経済学入門　第二版』岩波書店.

───［1995］『ミクロ経済学入門』岩波書店.

根井雅弘編［1994］『20 世紀のエコノミスト──生涯と学説』日本評論社.

───［2011］『現代経済思想』ミネルヴァ書房.

根井雅弘［1989］『マーシャルからケインズへ──経済学における権威と反逆』名古屋大学
　　出版会.

───［1992］『現代アメリカ経済学──その栄光と苦悩』岩波書店.

───［2001］『シュンペーター──企業家精神・新結合・創造的破壊とは何か』講談社.

───［2017］『ケインズを読み直す──入門現代経済思想』白水社.

───［2018］『サムエルソン──『経済学』と新古典派総合』中央公論新社（中公文庫）.

───［2019］『定本　現代イギリス経済学の群像──正統から異端へ』白水社.

───［2020］『現代経済思想史講義』人文書院.

根岸隆編［1995］『経済学のパラダイム──経済学の歴史と思想から』有斐閣.

根岸隆［1985］『ワルラス経済学入門──「純粋経済学要論」を読む』岩波書店.

───［1997］『経済学の歴史［第二版］』東洋経済新報社.

野原慎司・沖公祐・高見典和［2019］『経済学史──経済理論誕生の経緯をたどる』日本評
　　論社.

ハイルブローナー［2001］『入門　経済思想史──世俗の思想家たち』（八木甫・松原隆一郎
　　訳）筑摩書房（ちくま学芸文庫）.

ハーコート［1980］『ケムブリッジ資本論争』（神谷傳造訳）日本経済評論社.

原田哲史［2012］「リストとドイツ歴史学派」，喜多見洋・水田健編『経済学史』ミネルヴァ
　　書房.

───［2020］『19 世紀前半のドイツ経済思想──ドイツ古典派，ロマン主義，フリード

リヒ・リスト』ミネルヴァ書房.

ハリス編［1951］『社会科学者シュムペーター』（中山伊知郎・東畑精一監修・坂本二郎訳）東洋経済新報社.

馬場啓之助［1961］『マーシャル』勁草書房.

────［1970］『近代経済学史』東洋経済新報社.

平井俊顯・野口旭共編［1995］『経済学における正統と異端──クラシックからモダンへ』昭和堂.

平井俊顯［2007］『ケインズ100の名言』東洋経済新報社.

廣瀬弘毅［2018］「現代経済学における方法論的対立──マクロ経済学を中心に」, 只腰親和・佐々木憲介編著『経済学方法論の多元性──歴史的視点から』蒼天社出版.

深貝保則［1995］「J. S. ミルと賃金基金説」, 平井俊顯・野口旭共編『経済学における正統と異端──クラシックからモダンへ』昭和堂.

福田慎一［2018］『21世紀の長期停滞論』平凡社（平凡社新書）.

本郷亮［2007］『ピグーの思想と経済学──ケンブリッジの知的展開のなかで』名古屋大学出版会.

マクロウ［2010］『シュンペーター伝』（八木紀一郎監訳・荒木祥三訳）一灯舎.

松尾匡［2009］『対話でわかる　痛快明解　経済学史』日経BP社.

松嶋敦茂［1996］『現代経済学史　1870-1970──競合的パラダイムの展開』名古屋大学出版会.

マルサス学会編［2016］『マルサス人口論事典』昭和堂.

馬渡尚憲［1990］『経済学のメソドロジー──スミスからフリードマンまで』日本評論社.

────［1997a］『J. S. ミルの経済学』御茶ノ水書房.

────［1997b］『経済学史』有斐閣.

御崎加代子［1998］『ワルラスの経済思想──一般均衡理論の社会ヴィジョン』名古屋大学出版会.

────［2006］『フランス経済学史』昭和堂.

水田洋［1997］『アダム・スミス』講談社（講談社学術文庫）.

宮崎義一［1967］『近代経済学の史的展開』有斐閣.

宮沢健一［1989］『マクロ経済学入門──ジュニア版国民所得理論』筑摩書房.

モスト原著, マルクス加筆・改訂［2009］『マルクス自身の手による資本論入門』（大谷禎之介訳）大月書店.

森嶋通夫［1994］『思想としての近代経済学』岩波書店（岩波新書）.

諸泉俊介［2000］「J. S. ミル──市場経済とアソシエーション」, 中村廣治・高哲男『市場と反市場の経済思想──経済学の史的再構成』ミネルヴァ書房.

八木紀一郎［1988］『オーストリア経済思想史研究──中欧帝国と経済学者』名古屋大学出版会.

───────［2004］『ウィーンの経済思想──メンガー兄弟から20世紀へ』ミネルヴァ書房.

八木紀一郎責任編集［2006］『経済思想のドイツ的伝統』日本経済評論社.

安井俊一［2019］『J. S. ミル社会主義論の展開──所有と制度，そして現代』御茶ノ水書房.

安井琢磨編著［1980］『近代経済学と私』木鐸社.

柳沢哲哉［2012］「マルサス──貧困と不況の経済学」，喜多見洋・水田健編『経済学史』ミネルヴァ書房.

───────［2017］『経済学史への招待』社会評論社.

山崎聡［2011］『ピグーの倫理思想と厚生経済学──福祉・正義・優生学』昭和堂.

山田鋭夫［1993］『レギュラシオン理論』講談社（講談社現代新書）.

山田雄三編［1955］『経済学説全集　第9巻　近代経済学の生成』河出書房新社.

山森亮［2009］『ベーシック・インカム入門』光文社（光文社新書）.

行澤健三［1988］「リカードウ『比較生産費説』の原型理解と変型理解」，森田桐郎編『国際貿易の古典理論』同文舘出版.

吉川洋［1995］『ケインズ──時代と経済学』筑摩書房（ちくま新書）.

───────［2000］『現代マクロ経済学』創文社.

米田昇平［2012］「フランスにおける経済思想の展開」，喜多見洋・水田健編『経済学史』ミネルヴァ書房.

───────［2016］『経済学の起源──フランス　欲望の経済思想』京都大学学術出版会.

ラヴォア［2008］『ポストケインズ派経済学入門』（宇仁宏幸・大野隆訳）ナカニシヤ出版.

リフキン［1990］『改訂新版　エントロピーの法則』（竹内均訳）祥伝社.

レイ［2019］『MMT 現代貨幣理論入門』（島倉原監訳・鈴木正徳訳）東洋経済新報社.

───────［2021］『ミンスキーと〈不安定性〉の経済学』（横川太郎監訳・鈴木正徳訳）白水社.

和田重司［2010］『資本主義観の経済思想史』中央大学出版部.

欧文献

Blaug, M.［1997］*Economic Theory in Retrospect*, fifth edition, Cambridge: Cambridge University Press.

Gintis, H. and S. Bowles［1990］"Contested Exchange: New Microfoundations of the Political Economy of Capitalism," *Politics & Society*, 18(2).

Hodgson, G. M.［2019］*Is There a Future for Heterodox Economics?*, Cheltenham: Edward Elgar.

Jones, C. I. and P. M. Romer [2010] "The New Kaldor Facts: Ideas, Institutions, Population, and Human Capital," *American Economic Journal: Macroeconomics*, 2(1).

Kurz, H. D. [2016] *Economic Thought: A Brief History*, New York: Columbia University Press.

Kuznets, S. [1940] "Schumpeter's Business Cycles," *American Economic Review*, 30(2).

Lavoie, M. [2014] *Post-Keynesian Economics*, Cheltenham, U.K.: Edward Elgar.

Minsky, H. P. [1990] "Schumpeter: Finance and Evolution," in A. Heertje and M. Perlman (eds.) [1990] *Evolving Technology and Market Structure*, Ann Arbor: The University of Michigan Press.

Nelson, R. R., Dosi, G., Helfat, C., Pyka, A., Saviotti, P. P., Lee, K., Dopfer, K., Malerba, F. and S. G. Winter [2018] *Modern Evolutionary Economics: An Overview*, Cambridge: Cambridge University Press.

Schumpeter, J. A. [1910] "On the Nature of Economic Crises," in M. Boianovsky (ed.) [2005] *Business Cycle Theory: Selected Texts 1860-1939*, Vol. 5, London: Pickering & Chatto.

Simon, H. A. [1972] "Theories of bounded rationality," in C. B. McGuire and C. Radner (eds.), *Decision and Organization*, Amsterdam; London: North Holland.

Tabuchi, T. [2017] "Yukizawa's interpretation of Ricardo's theory of comparative costs," in S. Senga, M. Fujimoto, and T. Tabuchi (eds.), *Ricardo and International Trade*, London and New York: Routledge.

Thirlwall, A. P. [1993] "The Renaissance of Keynesian Economics," *BNL Quarterly Review*, 186, September, in A. P. Thirlwall [2015] *Essays on Keynesian and Kaldorian Economics*, Basingstoke: Palgrave Macmillan.

van Parijs, P. and Y. Vanderborght [2017] *Basic Income: A Radical Proposal for a Free Society and a Sane Economy*, Cambridge, Mass.: Harvard University Press.

用　語　集

新しいカルドアの事実
20 世紀の経済成長の現実を踏まえてカルドアがまとめた「定型化された事実」に対して，21世紀の経済成長の現状を踏まえて，ジョーンズとローマーがリメイクした新しい「定型化された事実」のことを指す．具体的には，① グローバル化や都市化などに伴う市場範囲の拡大，② 人口と 1 人あたり GDP に関する成長の加速，③ 技術フロンティアからの距離に伴う 1 人あたり GDP 成長率のバラツキ，④ 所得の増大と全要素生産性（TFP）格差，⑤ 労働者 1 人あたり人的資本の増大，⑥ 相対賃金の長期安定性，の六つの事実を含んでいる．

ウェル・ビーイング
辞書的には，幸福，福利，健康である．ウェルフェア（welfare）と類似した概念であるが，ウェル・ビーイングは，肉体的にも，精神的にも，社会的にも，すべて満たされた状態を目指すという目的のことを指す．それに対してウェルフェアは，その目的を達成するための手段としての意味合いが強い．

売上高最大化仮説
競争的市場において，短期の利潤最大化を目的とする従来の企業行動理論に対して，ウィリアム・ボーモルが提唱したオルタナティブな企業行動の仮説である．寡占市場における少数の大企業は，最低限の目標利潤が達成されるのであれば，自社製品の市場占有率を拡大するために販売量の拡大を目的とするという，長期的視点に立った企業行動の仮説である．

エージェンシー
辞書的には，代理店，機関，作用，仲介を意味する概念であるが，現代においては，自ら主体的に行動し，責任をもって社会変革を実現していく意欲や姿勢を意味するカタカナ言葉として用いられるようになっている．

SDR
IMF 加盟国の国際収支が赤字のとき，外貨の豊富な国に対して，必要な外貨を引き出す権利のことを「SDR（特別引出権）」という．ドル不安が生じていた 1969 年に創設された．SDRの価値は，米ドル・ユーロ・日本円・イギリスポンド・人民元の加重平均によって決定され，加盟各国には IMF への出資額に応じて配分されている．

価格硬直性

需要・供給の変動に対して価格が反応しないことを「価格硬直性」という．超過需要であっても価格が上昇しない「上方硬直性」と，超過供給があっても価格が下落しない「下方硬直性」がある．原因としては，市場の寡占化による寡占価格の形成や政府の市場への介入などが挙げられる．寡占価格の硬直性を説明するためにポール・スウィージーによる屈折需要曲線が代表的な理論の一つである．

加速度原理

消費の増加や所得の増加が投資を誘発することを意味する．最初にこの原理を発見したジョン・モーリス・クラークは，資本財産業と消費財産業との産出高の変動の相違に注目したが，それを産出高の増加（ΔY）と投資（I）との関係に一般化したのがハロッドとヒックスである．定式化すると $I=v\Delta Y$ となり，係数 v のことを加速度係数と呼ぶ．

貨幣ヴェール説

貨幣は，実物経済の表面にかけたヴェールにすぎず，実物経済の動きを円滑にはするものの，その本質にいかなる影響をも与えるものではないという考え方を「貨幣ヴェール説」という．貨幣としてのヴェールをとり除き，実物経済自体を分析することで，経済現象の本質を明らかにすることができると考えられている．「貨幣ヴェール説」は，「古典派的二分法」とほぼ同義である．

完全競争

ある市場において，次の四つの条件，① 消費者・生産者が多数存在すること，② 製品差別化が存在しないこと，③ 情報の非対称性が存在しないこと，④ 参入・退出が自由であること，が満たされている場合，「完全競争（市場）」という．多数の生産者が市場に存在するとき，市場で決まる価格をそのまま受け入れて財を供給するため，経済主体はプライステイカー（価格受容者）である．完全競争市場では価格と限界費用が等しいとき利潤が最大になる．

官房学

19 世紀前半までのドイツで発達した行政・財政・経済に関する学問のことである．当時のドイツの政治的な分立状況のもとで，領邦や君主の財政を豊かにするための領地経営，産業振興策および課税の方法などを含んでいた．

管理通貨制度

通貨の発行額が中央銀行・政府によって決定される通貨制度このことを「管理通貨制度」という．1930年代以降，金本位制をやめた国が採用した通貨制度で，金保有額が少なく通貨があまり発行できなかった国にとっては，便利な制度である．

企業のライフサイクル

企業は資本設備を増強して規模を拡大すれば，内部経済によって費用は低下していくが，時間がかかる．企業の活力は，創業者から2代目・3代目…と続くが，新しい企業との競争のなかで，低下していくから，規模の経済はなかなか実現せず，産業を支配する大企業は存在しない．このように成長・衰退という個々の企業の盛衰を「企業のライフサイクル」という．企業と産業の関係について，マーシャルは若木が成長する一方で老木が衰えるが，森全体は変化しないことにたとえた．

基軸通貨

国際間の取引に用いられ，各国の通貨の基準になる通貨のことを「基軸通貨」という．第2次世界大戦前のイギリスのポンドや対戦後のアメリカのドルである．キーカレンシーともいう．

期待効用理論

不確実性が存在する下で，個人が効用の期待値を最大にしようと行動するという仮説である．賭け事において，人は，獲得金額の期待値（期待所得）を最大化するように行動していないという事実に対して，フォン・ノイマンとモルゲンシュテルンは，効用が，完全性・推移性・連続性・独立性という四つの公理を満たすならば，その効用は量的に計測可能で，人は，効用の期待値を最大化するように行動していると考えてよいと論じた．

逆U字仮説

1954年のアメリカ経済学会年次大会における会長講演でクズネッツが提唱した仮説である．経済発展の過程において，当初は所得分布の不平等が拡大するものの，発展に伴って不平等は縮小するという考えを，縦軸に低所得層の所得シェア，横軸に1人あたり国民所得をとって図示した形状からその名がついている．このクズネッツの講演を機に，多くの実証と検証が試みられた．

教育バウチャー

学校の授業料の支払いに使える利用券を支給し，保護者や生徒が自分の選んだ学校に利用券

を渡して授業を受ける仕組みのことを「教育バウチャー」という．現在の公立学校は，非効率性が生じて特定の集団の利益をもつ独占企業と同じであるから，教育バウチャー制度を導入して市場の中で学校を競争させることで，貧困者にも自立する機会と意欲を与えることができ，教育革命が生じるとした．

金本位制度

ある国の通貨の価値基準が，ある一定量の金の価値と等価関係を維持するように組織された制度のことを「金本位制度」という．この制度下では，その国の通貨発行高は，その国の金の保有高に応じて増減する．金本位制度は，19世紀初頭イギリスで実施され，多くの国々で採用されたが，金保有高以上に通貨発行に迫られた国々が現れるに至り，1930年代に崩壊した．

クーポン経済

アナリティカル・マルキシズムの代表的論者であるジョン・ローマーが提案した社会主義経済モデルの一つである．通常の商品交換に使用される貨幣と，株式のみを購入できる貨幣（＝クーポン）の2種類が存在する経済において，クーポンは平等主義的に市民に配分され（死後は再配分のため国庫に返却される），これによって市民は企業の資産の所有権シェアを購入できる．株式市場は存在するがクーポンの名義書換えや譲渡ができないため，所有権が少数者に集中することに制限をかけることができる．クーポンのおかげでマルクスの意味での資本の運動の暴走を防ぐことが可能となるような一種の社会主義経済が実現されるとされた．

クラウディング・アウト効果

政府が財政赤字をファイナンスするために民間部門における貯蓄をいくらか使用するとによって，民間投資がいくらか押しのけられることを意味する．

クルーグマンの収穫逓増モデル

従来の新古典派経済学における国際貿易論では，規模に関する収穫一定と生産要素の限界生産力逓減を仮定して，各国の生産要素の賦存状態の差から貿易を説明していた．これに対してクルーグマンは，消費者の需要や生産要素の量に差がないとしても，収穫逓増によって貿易が生じることを理論モデルを用いて説明した．

経済人（ホモ・エコノミカス）

自己の経済的利益を最大化するという経済的合理性のみに基づいて行動する個人主義的・利

243

己的な人間像のことを「（合理的）経済人」という．ホモ・エコノミカスやホモ・エコノミクスとも呼ばれる．経済学では，一般的にこのような合理的に振る舞う経済人を仮定した上で，経済理論や経済政策を展開する．

契約曲線
一方の効用を低下させずに他方の効用を高めることが不可能な状態を示した曲線のことを「契約曲線」という．エッジワースによって考案された．

限界生産力説
労働，土地，資本などの生産要素を使用して生産物を生産するとき，他の生産要素の量を一定にして，ある生産要素をもう1単位だけ増加することにより可能になる生産物の量の増加をその生産要素の「限界生産力」という．生産物は賃金，地代，利潤として生産要素に分配されるが，それぞれの生産要素の限界生産力によって決定されるという分配理論を「限界生産力説」という．

公共選択論
官僚制，政党制，選挙，民主主義などの政治的な問題に，合理的な経済人を想定する経済分析を適用することで，民主主義社会において，その成員すべてに関わる集合的な意思決定としての政治過程を分析する経済学のことを「公共選択論」という．ブキャナンやタロックを中心に発展してきた．

国家独占資本主義
国家が経済の管理に大きく関与するようになった資本主義のことである．レーニンは第1次世界大戦戦時下の経済統制が進んだ資本主義の段階を，単なる独占資本主義と区別して国家独占資本主義と呼んだが，その後，この概念規定をめぐって活発な議論が展開された．第2次世界大戦後は，国家は福祉国家としての性格を帯び，経済運営に国家が広く関与するようになったが，1980年代からは新自由主義への政策転換により，経済への国家の介入は弱まる傾向が強まった．

古典力学の機械論
自然現象に適用されるような，決定論的な因果関係のみで解釈や予測が可能であるとするアプローチの仕方や方法論のことを指す．

コルベール主義

コルベールが推進した典型的な重商主義政策のことである．輸出奨励と国内産業の保護を中心とし，低穀価政策によって工業労働者の賃金の引き下げをはかり，ゴブラン織やガラスなどのような奢侈品産業を興した．

最後の貸し手機能

中央銀行の機能の一つである．中央銀行は，銀行の銀行として決済システムの中心に位置しており，また，発券銀行として唯一の現金（中央銀行預金）の供給者であることから，金融危機が生じた場合に銀行の連鎖倒産を防ぐために，豊富な流動性を供給することによってそれを防ぐ役割を担う．

最適貯蓄を考えるラムゼー・モデル

現在から無限の将来まで生きる消費者（代表的家族もしくは代表的個人）の最適消費・最適貯蓄の問題を考え，各世代間の効用の連鎖を通して，無限の計画期間をもつ効用積分を最大化する，最適な消費・資本蓄積経路を検討するモデルを「ラムゼー・モデル」という．ラムゼー・モデルの最適成長経路・最適解は，市場均衡の時間経路・均衡点と一致する．リアル・ビジネス・サイクル理論をはじめとする新古典派的マクロ経済学の基本となっている．

参加所得

アンソニー・アトキンソンによって提唱されたベーシック・インカムの変種といえる考え方である．すべての人に例外なく給付するベーシック・インカムではなく，現代の社会保障を補完する制度として，社会参加に基づいて支払われることから参加所得と呼ばれる．

収穫逓増・収穫逓減・収穫一定

労働者や機械設備を倍にすると，倍以上の生産増加が見込まれる状況を「（規模に関する）収穫逓増」という．労働者や機械設備を同時に2倍にしても，生産量は2倍以下にしかならない状況を「（規模に関する）収穫逓減」という．労働者や機械設備を倍にすると，倍の生産増加が見込まれる状況を「（規模に関する）収穫一定」という．

集計的生産関数

マクロ経済的な産出高（Y）を，経済全体で集計された資本量（K）と労働量（L）に結びつけて表現される生産関数のことである．一般的な形式では $Y = F(K, L)$ と表現される．ヴィクセルが，集計的な資本は物量ではなく価値額であることが，限界生産力説に基づく新古典派の分配理論と矛盾することを指摘し，それが後のケンブリッジ資本論争における論点

の一つとされた.

所有と経営の分離

株式会社等で，資本の所有者で株式売買に興味をもつ株主と，経営を担当する経営者とが分離していることを「所有と経営の分離」という．資本主義の初期では，資本家が会社の経営権をもっていたが，資本主義が発展していくにつれ，経営規模や管理部門の拡大し，株主という形態で多数の投資家が参加するようになり，大株主が経営権を握るようになり経営者が雇われるようになった.

新制度学派

新古典派経済学では制度は与件とみなされていたが，それを経済学の考察対象と位置づけ，ミクロ経済学の手法を用いて分析するところに特徴がある経済学の立場である．取引費用に注目したコースによる法制度の経済的分析や，公共選択理論を提唱したブキャナンやタロックらによる政治制度の経済的分析など，考察対象とされる制度は多岐に渡っている.

信用創造

銀行がその社会的信用を背景に，預金量をはるかにこえる資金量を貸し出すことを「信用創造」という.

スコットランド啓蒙思想

社会の改革や改良を担うべき市民によって形成される文明社会の政治的・経済的・道徳的構造を社会科学的に分析した，ハチソン，ファーガソン，アダム・スミスなどの一連の知識人の思想群のことを「スコットランド啓蒙思想」という．啓蒙とは一般的に「lumière（光）」が語源であるようにフランス絶対王政に反する知識人の啓蒙思想を意味するが，スコットランド啓蒙思想は，リベラルな社会改革である点が特徴である.

スタグフレーション

1970 年代の欧米諸国で景気の停滞（スタグネーション）と物価上昇（インフレーション）が同時に生じた現象に対して，当時のイギリス蔵相マクロウドが作った造語である.

正義論

不平等や格差の問題に対して，正しい分配のあり方を考える公正としての正義のことを正義論という．ロールズによって次の2点が提唱された．すなわち人々は，自分の能力や立場を知ることができない「無知のヴェール」に包まれた原初状態では，① 全ての人が自由を等し

くもつこと，②不平等や格差が生じるとしても，全ての人に機会が等しく与えられた結果で
なけばならず，恵まれない人々の境遇の改善につながる必要があること，という正義の原理
に合意するというものである．

生産性インデックス賃金
労使間の交渉を通じて賃金が決定されるような制度下において，消費者物価と生産性上昇ト
レンドに応じたスライド性によって賃金を設定する，すなわち，生産性上昇に実質賃金上昇
を対応させるような賃金決定方式である．

生存賃金
労働者階級は最低限の生存を維持できるだけの賃金を受け取るという理論的仮定のことを
「生存賃金」という．スミスでは賃金の最低率，リカードウでは労働の自然価格（自然賃金）
がそれに相当する．

ゼロサム・ゲーム
参加者の得点（利益）と失点（損失）を合計するとゼロになるゲームや状況のことを「ゼロ
サム・ゲーム」という．この場合，ある参加者の利益は別の参加者の損失を意味する．

潜在能力
健康である，社会に参加するなど，財やサービスを利用して達成可能となる状態や活動を
「機能」と呼び，そうした諸機能の集合のことを「潜在能力」という．潜在能力の中から何
を実際に選ぶかは，本人が価値をおく理由のある生をもとに決められる．しかし本人が選ぶ
ことのできる諸機能が不足していると判断された場合には，社会的に保障する手立てが必要
である．潜在能力の拡大こそ福祉の目的である．

兌換制度
紙幣の所有者が兌換請求をすれば，政府や発券銀行が紙幣と正貨（本位貨幣，例えば金貨）
との交換に応じる制度のことを「兌換制度」という．

タトヌマン（模索過程）
オークショナーが価格を叫び，買い手と売り手が需要量と供給量を表明する市場を考える場
合，買い手と売り手の価格が一致しなければ，改めて定めた価格をもう一度叫ぶ．このよう
に価格の上下を通じて，最終的に需給が一致して取引が成立するまで，こうした試行錯誤を
繰り返すことを「タトヌマン（tâtonnement）」あるいは「模索過程」という．

賃金の下方硬直性

労働の需給調整のバランスが崩れて，次の3点の理由から，労働者の賃金が一定以下に低下しない状態のことを「賃金の下方硬直性」という．すなわち，① 政府の規制や労働組合の圧力のために企業が賃金を引き下げることができないこと，② 賃金の引下げで労働生産性が悪化する恐れがあるなら，企業は賃金を下げない可能性があること，③ 実質賃金が低下しないこと，である．主に失業の原因となる．

テイラー・ルール

アメリカの経済学者テイラーが1993年に提唱した，中央銀行が誘導する政策金利の適正値をマクロ経済の指標により定める関係式のことを「テイラー・ルール」という．政策金利は，現在のインフレ率が目標インフレ率を上回るほど，実質GDP成長率が潜在GDP成長率を上回るほど，引き上げられる．

取引費用経済学

市場取引そのものに費用がかかることに着目してロナルド・コースは「取引費用」概念を提唱した．取引に関する価格情報や取引相手に関する情報を収集したり，解析したりする費用，交渉や契約締結に伴う費用などが含まれる．このような費用が企業内部組織の費用に比べて大きければ，市場取引よりも企業内部の取引の方が有利になる．オリバー・ウィリアムソンは，取引費用が生じることを前提に，不確実性・取引の繰返しの頻度・投資の特殊性の程度に着目して，どのような取引形態が成立するかを論じた．

ドル危機

1950年代末以降，アメリカの国際収支の悪化によってドルと金の流出がすすみ，国際通貨としてのドルの信用不安が広がった状況のことを「ドル危機」という．1960年代になると西ヨーロッパや日本の経済力が強まったことで，ドルの海外流出が進行し，取得したドルと金の交換を求めたため，アメリカの金保有量が減少した．

パレート基準

資源配分をどのように変えても，誰かの効用を下げることなしに他の人の効用を上げることができない状態のことを「パレート最適（効率)」という．「パレート改善」は，誰の効用も犠牲にすることなしに，少なくとも一人の効用をあげることができることである．「パレート基準」は「パレート最適」を基準（ベンチマーク）として考えることである．

非自発的失業
働く能力があり，現行賃金水準またはそれ以下でも働く意思をもつ労働者が就業の機会が得られない状態のことを「非自発的失業」という．

ヒステリシス（履歴効果）
一般に，一時的原因によって変化した状態が，原因が解消した後も元の状態に戻らないような現象のこと指す．1970 年代以降のヨーロッパで失業率が上昇した際，その原因と考えられる要因が解消しても失業率が元の水準に戻らなかった事実を説明するための概念として用いられた．

必要資本係数
産出量 1 単位増大のために生産技術の点から要求される必要資本量の増大比率のことを「必要資本係数」という．実際の生産増によって現存する資本増を割った，事後的な現実資本係数（C）とは異なり，必要資本係数（Cr）は事前的な均衡概念である．例えば，現実の産出増が ΔY，現存する資本ストック K を完全に稼働したときに技術的に生み出される（であろう）産出増を $\Delta Y'$ とすれば，$C = \Delta K / \Delta Y$，$Cr = \Delta K / \Delta Y'$ と表される．

不安定性原理
現実成長率が保証成長率から乖離することで経済成長が不安定になることを，「不安定性原理（ナイフの刃先にたとえられるため，ナイフエッジ原理とも呼ばれる）」という．保証成長率は，資本が完全に利用されている場合の経済成長率である．現実の成長率が保証成長率を上回る場合，資本が不足しているため，企業が投資を行い資本を増大させるので，市場の規模が大きくなり，さらに経済は成長する．逆に，現実成長率が保証成長率を下回る場合，資本が完全に利用されずに，企業が供給する財に対する需要が少ないため，企業は資本の削減に努め，投資を縮小する．

フェデラル・ファンド金利
アメリカの中央銀行である連邦準備銀行に加盟銀行が預け入れる無利息の準備預金のことをフェデラル・ファンドと呼び，それが不足している加盟銀行が，余裕のある加盟銀行から無担保で資金を借りるような，銀行間でのファンドの過不足の調整の際に適用される金利のことを指す．

フェミニスト経済学
女性解放の思想的・実践的課題を経済学の領域における問題として再考し，既存の経済学の

体系および方法論を問い直す，フェミニズムに基づく経済学の潮流のことである．

負の所得税
ミルトン・フリードマンによって提案され，所得水準が一定水準以下になると税金が負にな
る，すなわち一定率で所得が支給されるというものである．現在の日本の生活保護費のよう
に所得が一定額生じると生活保護が打ち切られたりして，働くインセンティブを阻害するよう
な弊害を回避するために考案されたものである．

プラスサム・ゲーム
参加者の得点（利益）を合計するとプラスになるゲームや状況のことを「プラスサム・ゲー
ム」という．この場合，ある参加者の利益は別の参加者の損失を意味するわけではない．

プラットフォーム企業
商品，サービス，情報などを集約した場（土台＝プラットフォーム）を提供することによっ
て，利用者を増やし，市場での優位性を確立するような企業のことを指す．代表的な例とし
て，Amazon，楽天などが挙げられる．

フル・コスト原理
企業の価格決定方法の一つである．製品あたりの直接費（賃金と原材料費）を推計し，過去
の経験や実績から標準的と思われる操業度を定め，その下での生産量で固定費用総額を除し
て製品あたりの固定費を算定して直接費に加え，さらに製品あたりの目標利潤を加えること
によって，製品価格を設定するという考え方である．

フロー・ファンド・モデル
定常状態あるいはマルクスの単純再生産のような，一つの過程が繰り返される状況を表した
理論モデルに対して，特にそのような過程において，ファンド要因（資本設備）が劣化せず，
不変のファンドとして維持されると考えられていることを虚構と指摘し，ジョージェスク＝
レーゲンがファンドの劣化や消耗，廃棄，維持管理などを考慮して提唱したオルタナティブ
な理論モデルである．

プロスペクト理論
カーネマンとトヴァスキーによって提唱された理論である．意思決定者は，行動や選択の結
果を利得あるいは損失のいずれかとして評価する場合，心理的な原点（基準）となる参照点
からの乖離によって評価するものとする．その際，意思決定者の価値関数（効用関数）は，

利得の領域ではリスク回避的になり，損失の領域ではリスク愛好的になるケースが一例として挙げられる．もちろん価値関数は個人によって異なりうる．

平価
ある国と他の国との貨幣の価値の比のことを「平価」という．それぞれの国の本位貨幣（一国の貨幣制度の基本となる貨幣のこと）が含む特定の金属（たとえば金本位国では純金）の量を基準として算定した，通貨単位の比価のことである．

ベヴァリッジ報告書
1942 年にイギリスでウィリム・ベヴァリッジ委員長を中心に作成・発表されたレポートのことで，第 2 次世界大戦後の福祉国家の基礎とされた．主に貧困の解消を政策目的とし，社会保障制度の中核に社会保険が据えられた．その基本原則は，職の有無を問わずすべての人に強制的に適用されること，均一拠出・均一給付の原則の下で最低生活水準の維持に必要な国民的最低限（ナショナル・ミニマム）の給付水準とすること，生活上のすべての危険を包括的にカバーすること，とされた．

ミニ・マックス原理
ゼロサム・ゲームにおいて相手の戦略が予想できない場合，自分にとって最も不利な戦略（相手にとっては最も有利な戦略）を相手がとるということを前提に，その中で自分の利得を最大にするという観点から自分の戦略を決定するという戦略的意志決定の原理である．

無差別曲線
同じ効用水準を有する無差別な各財の組合せをすべて選び出して図示した曲線のことを「無差別曲線」という．無差別曲線は，次の四つの性質を持つ．① 無差別曲線は右下がりである．② 各々の無差別曲線は互いに交わることはない．③ 原点より遠い位置にある無差別曲線ほど効用は高い．④ 無差別曲線は原点に対して強く凸である．

幼稚産業保護論
先進国と対等に競争できるようになるまでの間，後発国の産業の保護・育成を正当であるとみなす学説のことを「幼稚産業保護論」という．18 世紀の終わりにアメリカのアレクサンダー・ハミルトンによって唱えられ，19 世紀にリストや J.S.ミルもそれを支持した．

余剰分析
人間の幸福や福祉を示唆する社会厚生や資源の効率的配分の問題について，家計の消費から

得られる満足の大きさを意味する「消費者余剰」と，企業の生産から得られる満足の大きさを意味する「生産者余剰」，および「消費者余剰」と「生産者余剰」の合計である「社会的（総）余剰」を用いて分析することを「余剰分析」という．

呼び水政策

政府が国債発行による借金をしてでも，それを原資として財政支出を行ない，有効需要を喚起する政策のことである．そのような財政政策によって消費需要が増大し，民間部門の生産が増大して収益も増大するため，そこから税を徴収することによって最初の赤字を補填することになる．

ラディカル派経済学

1960 年台の公民権運動，ヴェトナム戦争反対運動などを背景に増大した経済・社会問題（人種差別，不平等）への関心に対して，1968 年にボウルズやギンタスらが中心となってラディカル派政治経済学連合（Union for Radical Political Economy：URPE）が結成され，マルクス経済学や制度派経済学の研究成果と，社会的，政治的，歴史的考察を積極的に取り入れながら社会問題の分析に取り組んでいる経済学の潮流のことである．

労働錯覚

名目賃金が上昇すれば，労働者は，一時的・短期的に貨幣賃金率だけが上昇していると錯覚し，労働供給を増加させることを「労働錯覚」という．短期的・一時的には，労働者は，企業と異なり，自分の労働の対価である名目賃金の情報はすぐに入手できるが，一般物価水準の情報は入手することが困難である．しかし長期的には労働者の錯覚は解消される．

労働抽出曲線

ある大きさの失職コストと，労働者が提供する労働努力との関係を表した曲線のことである．雇用主が「解雇の威嚇」を行使して労働者から努力を引き出す効果を示している．

労働の限界不効用

ある財の生産に労働を限界的に 1 単位追加投入したとき，それによってもたらされる苦痛（不効用）の増分の割合のことを「労働の限界不効用」という．

ローマーの内生的成長モデル

財の生産に用いられる生産財にそれぞれ技術（知識）が体化されており，生産財生産部門は生産財の用役から報酬を受け取るが，公共財的な性格をもつ体化された技術（知識）がさら

に新しい知識を生み出し，部門内で広く利用されることから，内生的な経済成長がもたらされることを説いた理論モデルである．

年　　表

年	人　物	著作 （タイトルの後に付した番号はその 著作が言及された主な章を表す）	世界の出来事
1664 年	トマス・マン	『外国貿易によるイングランドの 財宝』①	
1665 年			ルイ 14 世の財務総監としてコル ベールが任命される
1694 年			イングランド銀行の創設
1714 年	マンデヴィル	『蜂の寓話』①	
1755 年	カンティロン	『商業試論』①	
1756 年			七年戦争（〜1763 年）
1758 年	ケネー	『経済表』①	
1759 年	スミス	『道徳感情論』②	
1766 年	チュルゴ	『富の形成と分配に関する諸考察』①	
1775 年			アメリカ独立戦争（〜1783 年）
1776 年	スミス	『国富論』②	アメリカ独立宣言
1793 年			対仏戦争（〜1815 年）
1795 年			スピーナムランド制度（イギリス）
1797 年			イングランド銀行券の兌換停止 （〜1821 年）
1798 年	マルサス	『人口論』③	
1803 年	セー	『経済学概論』⑤	
1817 年	リカードウ	『経済学および課税の原理』③	
1819 年	シスモンディ	『経済学新原理』⑤	
1820 年	マルサス	『経済学原理』③	
1826 年	ラウ	『政治経済学教本』（1826〜1837 年）⑤	
1832 年			第 1 次選挙法改正（イギリス）
1833 年			一般工場法（イギリス）
1834 年			ドイツ関税同盟の発足
1841 年	リスト	『経済学の国民的体系』⑤	
1843 年	ロッシャー	『歴史的方法による国家経済学講 義要綱』⑤	
1845 年	マルクス	『ドイツ・イデオロギー』（1845〜 1846 年）⑫	
1846 年			穀物法廃止（イギリス）
1848 年	J.S. ミル	『経済学原理』④	二 月 革 命（パリ），三 月 革 命 （ウィーン，ベルリン）

	マルクス，エンゲルス	『共産党宣言』⑫	
1852 年	J.S. ミル	『経済学原理』（第 3 版）④	
1854 年	ロッシャー	『国民経済学体系』（1854〜1894 年）⑤	
1859 年	J.S. ミル	『自由論』④	
	マルクス	『経済学批判』⑫	
1865 年	J.S. ミル	『経済学原理』（第 6 版）④	
1867 年	マルクス	『資本論』第 1 巻（第 2 巻は 1885 年，第 3 巻は 1894 年）⑫	
1869 年			最初の大陸横断鉄道の開通（アメリカ）
1870 年	シュモラー	『19 世紀ドイツ小営業史』⑤	プロイセン=フランス戦争終結，初等教育法（イギリス），スタンダード・オイル社の設立
1871 年	J.S. ミル	『経済学原理』（第 7 版）④	
	メンガー	『国民経済学原理』⑥	ドイツ帝国の成立（1 月），パリ=コミューンの樹立（3 月）
	ジェヴォンズ	『経済学の理論』⑥	
1872 年			社会政策学会の創設（〜1936 年. 1948 年再建）
1874 年	ワルラス	『純粋経済学要論』（第 1 分冊，第 2 分冊は 1877 年）⑥	
1878 年			社会主義者鎮圧法（ドイツ）
1879 年	J.S. ミル	『社会主義論』④	
1881 年	エッジワース	『数理心理学』⑥	
1883 年	メンガー	『社会科学とくに経済学の方法に関する研究』⑤	疾病保険（ドイツ）
1884 年			労働者災害補償保険（ドイツ）
1889 年			傷害・老齢保険（ドイツ）
1890 年	マーシャル	『経済学原理』⑦	シャーマン反トラスト法（アメリカ）
1898 年	ヴェブレン	「経済学はなぜ進化論的科学ではないのか」⑮	
1899 年	ヴェブレン	『有閑階級の理論』⑮	
1901 年			US スチール社の設立
1902 年	ゾンバルト	『近代資本主義』（初版）⑤	
1903 年			フォード自動車会社の設立
1904 年	ヴェブレン	『企業の理論』⑮	
	ヴェーバー	『プロテスタンティズムの倫理と資本主義の精神』（〜1905 年）	
1905 年	カウツキー	『剰余価値学説史』（〜1910 年）⑫	
1908 年	シュンペーター	『理論経済学の本質と主要内容』⑬	
1910 年	ヒルファーディング	『金融資本論』⑫	
	シュンペーター	"On the Nature of Economic Crises" ⑬	

1912 年	シュンペーター	『経済発展の理論』（初版）⑬	
1916 年	ゾンバルト	『近代資本主義』（第 2 版）（〜1927 年）⑤	
1920 年	ピグー	『厚生経済学』⑨	
1923 年	ケインズ	『貨幣改革論』⑧	
1926 年	ロバートソン	『銀行政策と価格水準』⑧	
	シュンペーター	『経済発展の理論』（第 2 版）⑬	
	シュンペーター	「歴史と理論——シュモラーと今日の諸問題」⑤	
1929 年			世界恐慌
1930 年	ケインズ	『貨幣論』⑧	
1931 年	ハイエク	『価格と生産』⑧⑩	
1932 年	ロビンズ	『経済学の本質と意義』⑨	
1933 年	カレツキ	「景気循環理論概説」⑭	ニュー・ディール政策の開始（アメリカ）
	チェンバレン	『独占的競争の理論』⑦	
	ジョーン・ロビンソン	『不完全競争の理論』⑭	
1934 年	ロビンズ	『大不況』⑧	
1935 年			緊急救済法（アメリカ）
1936 年	ケインズ	『雇用・利子および貨幣の一般理論』⑧	
1937 年	ヒックス	「ケインズ氏と古典派」⑧	
	カレツキ	「危険逓増の原理」⑭	
1939 年	シュンペーター	『景気循環論』⑬	第 2 次世界大戦（〜1945 年）
	ヒックス	『価値と資本』⑥	
	ハイエク	『利潤・利子および投資』⑩	
	ハンセン	「経済進歩と人口増加率の低下」⑪	
	カレツキ	*Essays in the Theory of Economic Fluctuations* ⑭	
1941 年	ハンセン	『財政政策と景気循環』⑪	
	ハイエク	『資本の純粋理論』⑩	
1942 年	シュンペーター	『資本主義・社会主義・民主主義』⑬	ベヴァリッジ報告
1944 年	ハイエク	『隷属への道』⑩	ブレトン＝ウッズ体制（〜1973 年），『雇用白書』（イギリス）
	ポランニー	『大転換』⑮	
1946 年			雇用法（アメリカ）
1947 年	サイモン	『経営行動』⑮	
	シュタインドル	『小企業と大企業』⑪	
1951 年	アロー	『社会的選択と個人的評価』⑨	
1952 年	ガルブレイス	『アメリカの資本主義』⑮	
	シュタインドル	『アメリカ資本主義の成熟と停滞』⑪	
1953 年	フリードマン	「実証経済学の方法論」⑩	
	ジョーン・ロビンソン	「生産関数と資本の理論」⑭	
1954 年	カレツキ	*Theory of Economic Dynamics* ⑭	
	シュンペーター	『経済分析の歴史』⑬	

1955 年	カルドア	「分配の代替的諸理論」⑭	
1956 年	ジョーン・ロビンソン	『資本蓄積論』⑭	
1958 年	ガルブレイス	『ゆたかな社会』⑮	
1960 年	ハイエク	『自由の条件』⑩	
	スラッファ	『商品による商品の生産』⑭	
1967 年	ガルブレイス	『新しい産業国家』⑮	
1971 年	ジョーン・ロビンソン	「経済学の第二の危機」⑭	ニクソン・ショック
	ジョージェスク゠レーゲン	『エントロピー法則と経済過程』⑮	
1973 年	ハイエク	『法と立法と自由』（〜79 年）⑩	第 4 次中東戦争，オイル・ショック（第 1 次）
	ブキャナン	『選択のコスト』⑩	
1975 年	ウィリアムソン	『市場と企業組織』⑮	ヴェトナム戦争の終結（1973 年説もあり）
1976 年	ハイエク	『貨幣発行自由化論』⑩	
	アグリエッタ	『資本主義のレギュラシオン理論』⑮	
1977 年	ブキャナン＆ワーグナー	『赤字の民主主義——ケインズが遺したもの』⑩	
1979 年			サッチャー政権（〜1990 年）（イギリス）
1981 年			レーガン政権（〜1989 年）（アメリカ）
1982 年	ネルソン＆ウィンター	『経済変動の進化理論』⑮	中曽根政権（〜1987 年）（日本）
1988 年	ハイエク	『致命的な思いあがり』⑩	
1989 年			東ヨーロッパ社会主義諸国の消滅，ベルリンの壁の開放
1990 年	ボウルズ＆ギンタス	「抗争的交換——資本主義の政治経済学のためのミクロ的基礎づけ」⑫	
1991 年			ソ連の解体・消滅
2008 年			リーマン・ショック
2009 年			ソブリン危機
2013 年	ピケティ	『21 世紀の資本』⑪	
2018 年			米中貿易戦争の本格化
2020 年			COVID-19 によるパンデミック

人 名 索 引

事 項 索 引

261

さ

著者紹介（五十音順）

木 村 雄 一（きむら　ゆういち）［第6章～第10章］
1974年生まれ．
京都大学大学院経済学研究科博士後期課程修了，博士（経済学）．
現在，日本大学商学部教授．
主要業績
『LSE物語——現代イギリス経済学者たちの熱き戦い——』NTT出版，2009年．
『カルドア　技術革新と分配の経済学———一般均衡から経験科学へ——』名古屋大学出版
　　会，2020年．
『はじめて学ぶ経済学　第3版』（共著），慶應義塾大学出版会，2022年．

瀬 尾　　崇（せお　たかし）［第11章～第15章］
1973年生まれ．
京都大学大学院経済学研究科博士後期課程学修認定退学．
現在，金沢大学人間社会研究域経済学経営学系准教授．
主要業績
「ヴィジョンとしての『経済進化』の継承」『季刊　経済理論』46(1)pp.83-92，2009年．
「ネオ・シュンペーター学派の経済学——現在までの到達点——」『季刊　経済理論』47(4)
　　pp.76-82，2011年．
「資本主義経済における技術へのシステム論的アプローチ」『季刊　経済理論』58(3)
　　pp.31-48，2021年．

益 永　　淳（ますなが　あつし）［第1章～第5章］
1970年生まれ．
中央大学大学院経済学研究科博士後期課程満期退学，博士（経済学）．
現在，中央大学経済学部教授．
主要業績
『経済学の分岐と総合』（編著），中央大学出版部，2017年．
"Foreign Trade, Profits, and Growth: A Comparative Study of Ricardo and Malthus," in
　　S. Senga, M. Fujimoto, and T. Tabuchi (eds.) *Ricardo and International Trade*,
　　Routledge, 2017.
「エドワード・ウェストの穀物法論——リカードウとの異なる諸側面——」『マルサス学会
　　年報』(28) pp.1-33，2019年．

学ぶほどおもしろい　経済学史

| 2022 年 4 月 10 日　初版第 1 刷発行 | ＊定価はカバーに
表示してあります |

	木　村　雄　一
著　者	瀬　尾　　　崇ⓒ
	益　永　　　淳
発行者	萩　原　淳　平
印刷者	田　中　雅　博

発行所　株式会社　晃　洋　書　房

〒615-0026　京都市右京区西院北矢掛町 7 番地
電話　075 (312) 0788番代
振替口座　01040-6-32280

装幀　HON DESIGN（北尾　崇）　印刷・製本　創栄図書印刷㈱
ISBN 978-4-7710-3611-6

松山 直樹 訳
想 い 出 す こ と
──ヴィクトリア時代と女性の自立──
A 5 判　176 頁
定価 2,200 円（税込）

パメラ・ホーン 著，藤井 透・廣重 準四郎 訳
は た ら く 子 ど も の 世 界
──産業革命期イギリスを生きる──
四六判 162 頁
定価 2,090 円（税込）

A. センほか 著，玉手 慎太郎・児島 博紀 訳
生 活 の 豊 か さ を ど う 捉 え る か
──生活水準をめぐる経済学と哲学の対話──
四六判 238 頁
定価 3,520 円（税込）

バーリ・ゴードン 著，村井 明彦 訳
古 代・中 世 経 済 学 史
A 5 判　242 頁
定価 3,080 円（税込）

ブリューノ・テレ 著，坂口 明義 監訳
社 会 的 事 実 と し て の 貨 幣
──その統一理論と多様な現実　ネオ・レギュラシオン・
アプローチ──
菊判　314 頁
定価 3,630 円（税込）

岩橋 勝 編著
貨幣の統合と多様性のダイナミズム
A 5 判　376 頁
定価 7,480 円（税込）

和田 聡子 著
改訂版　産業経済の発展と競争政策
──ポストコロナ時代を見据えて──
A 5 判　240 頁
定価 3,080 円（税込）

松本 朗 編著
グローバル経済と債務累積の構造
A 5 判　198 頁
定価 3,520 円（税込）

晃 洋 書 房